“十二五”普通高等教育本科国家级规划教材
山东省特色专业建设系列教材

# 实用文体读写教程

马修浩　孙义山　编著



山东人民出版社
国家一级出版社　全国百佳图书出版单位

## “山东省特色专业建设系列教材”
## 编委会成员

# 前　言

2011年，德州学院汉语言文学专业获批“山东省特色专业”，在建设期内，按照“基础为先，实践成才”的培养理念，重点进行了以专业实践能力培养为主的课程和教材建设，由四本教材和一本教学改革成果组成了“山东省特色专业建设系列教材”，本套教材同时还是“十二五”普通高校本科国家级规划教材。

李景升编著的《教师口语训练教程》是面向师范类专业开设的“教师口语”课程的适用教材。教师口语课是教育部规定的高等院校师范专业开设的专业必修课，本教材在应用语言学理论的指导下，突出了教师口语技能训练，在每一节中专门设有训练模块，具有较强的实用性和可操作性。

马修浩、孙义山编著的《实用文体读写教程》以实用文体的读写能力培养为目标。与同类教材相比，更关注应用型人才培养目标下，学生在实际学习和工作过程中常用的实用文体写作能力培养。从理论讲解、范文阅读、操作训练三个方面导向写作能力训练。在内容上更侧重基层实际工作中的常用文体，如消息、公文、事务文书、专用文书等，并把学生毕业论文、公务员考试申论收录进来，为学生毕业、就业提供帮助。

俞泽峰等编著的《语文教学技能训练》以培养高素质复合型语文学科教师为指向，以新课程的研究实践为背景，培养训练师范生的备课、说课、上课、听课、评课等基本教学技能，培养他们的教育智慧。本教材力求科学性、实践性、可操作性和时代性的统一，通过典型而丰富的教学案例让他们获得教学的参照，为将来的教书育人打下基础。

张金平、昝风华编著的《中国传统文化十六讲》主要介绍中国传统的制度和思想。本教材逐根寻源，先是衣食住行，之后依次是官制、选官、科举、书籍制、经学、教育、礼仪、宗教、哲学、艺术、习俗等。这样安排既有利于学生学习相关课程，也符合学生接受古代文化的从感性到理性的顺序。

李桂廷等编写的《汉语言文学专业（本科）专业规范与核心课程课程标准》是专业建设与改革的成果之一。对汉语言文学专业核心课程在人才培养中的地位和作用、课程教学目标、课程知识体系，尤其是教学过程和方式，在实践探索的基础上，做出明晰的表述和更规范性的要求。在课程规范中，我们强调研究性教学和研究性学习的统一，强化学生的自主学习和能力培养，根据课程特点，分别设计了课外阅读、课程实践（包括案例教学、项目教学、技能训练、研究与设计等项目）等环节，力图改变以往注重知识和理论的传授，轻视能力培养和实践环节的传统教学模式，真正实现以学习能力、创新能力、实践能力等综合素质的培养为目标的教学模式。

在教材使用过程中发现的不足之处，请及时反馈给主编或出版社，以便在修订时改进，对于提出意见、建议的批评者，我们表示诚挚的谢意。

姜山秀

2014 年 10 月

# 目　录

# 第一章

# 实用文体写作概述

## 第一节　实用文体写作的含义、特点及分类

### 一、实用文书与实用文体写作

实用文书，是指党政机关、企事业单位、社会团体及人民群众，在处理事务、传递信息时撰写的具有实用价值的文章。实用文体写作是以交流实用信息为目的，以实用文书为研究对象的写作活动，广泛应用于人们的日常生活、学习和工作中。

在现代社会里，作为一种工具和信息载体的实用文书越来越受到人们的重视，实用文体写作能力已成为现代人必备的基本能力之一。概括地说，它有四个方面的作用：

（一）规范、约束行为

实用文书中有不少是法律和行政法规文件。如规章文书中的条例、规定、通则等，一经有关权力机关通过并发布施行，就具有法规、准绳作用，任何人都要自觉遵守，不得违反，否则将受到不同程度的处罚。

（二）指导、协调工作

实用文书是对社会进行管理的重要工具。在党政机关、企事业单位、群众团体的公务活动中，上级通过下行公文，如决定、指示、批复、规定性通知等，指导、规范下级机关的工作，下级机关必须“遵照执行”或“参照执行”。下级则通过请示、报告、简报等实用文体向上级反映情况，汇报工作，请求指示和指导，以便上下一致，协调行动，共同完成工作任务。

（三）交流、沟通信息

实用文书是现代社会中人们交流、沟通的重要工具之一。公务文书在交流信息、沟

通上下左右关系，以求相互协作完成任务方面的作用，已为人们所熟知。其实，个人与个人之间、个人与群体之间，相互交流、沟通信息也离不开实用文书，比如出租房屋需要贴启事或登广告，请朋友赴宴需要发请柬等。

（四）凭证、依据作用

实用文书作为一种以记录事实为主的书面语体，在记载、传递实用信息的同时，又对事实本身具有一种证实作用，能为日后查考提供依据。比如会议记录就是了解会议进行情况的依据；合同是当事双方权利义务的凭证，可以作为解决经济纠纷时的证据。

实用文书四个方面的作用是互相联系的，不同的文种各有侧重。有时一篇实用文书，同时发挥着几方面的作用。

## 二、实用文书的特点

（一）使用的广泛性

实用文书的使用者包括了人类社会中的一切组织、个人，可以说，只要是人类，就离不开实用文书。

实用文书的使用范围可以是单位之间、个人之间，也可以是单位与个人之间；可以用于工作，也可以用于生活、学习等方面；可以用于公务，也可以用于私务。在各种文章中，实用文书可以说是使用范围最广的。

（二）目的的实用性

实用文书是为解决实际问题或达到某种目的而写的，对象明确，内容务实，实用价值大。失去了实用性，实用文书也就失去了自身存在的价值。实用文书为办事而写，有着明确的目的性和针对性。如写一篇请示，是为了向上级请求指示或批准办理某一事项。有没有实用性是判断实用文书写作成败的首要标准。

（三）内容的客观真实性

实用文体不管是公务文书还是私人文书都应以事实为依据。实用文体的真实性，要求我们应客观地反映事实情况，对涉及的资料、数字等都要保证其准确无误。

（四）体裁的程式性

所谓程式，指有大致相同或相似的布局和写法，有大体统一的文字要求、习惯用语等。实用文书的程式性具体表现在其结构形式和语言程式（习惯语）上。

就其结构形式来看，实用文书多数有惯用格式或规范格式。格式是在长期的写作实践中形成的，如果逐渐为大家所接受，约定俗成，就成为惯用格式，如书信、条据、日记等日常实用文；如果格式被法定固定化，就称为规范格式。2012 年 6 月 29 日颁布的《党政机关公文格式》中对 15 种公文的格式作了明确规定。

（五）语言的简约性

实用文书多用事务语体，内容表述明晰、准确、简练、周密；语言风格简约、朴实、庄重；表达方式以叙述、说明与议论为主。

### 三、实用文书的分类

实用文书的体裁种类繁多。我国的实用文发展已有3000多年的历史，目前常用的实用文近200种，要对这一庞大的系统进行分类实非易事。实用文体写作学界至今没有权威的分类体系，有的按行文关系进行分类，有的按功用进行分类，由于标准不同，分类结果也不尽相同。

本着实用性强、便于教学的原则，我们对使用频率较高的一些实用文体，编为通用文体、专用文体、科研文体、传播文体、应试文体五类。其中：①通用文体包括党政机关公文和事务文书。党政机关公文主要有决议、命令（令）、决定、公报、公告、通告、通知、通报、议案、报告、请示、批复、意见、函、纪要等；事务文书主要有计划、总结、调查报告、简报、述职报告等。②专用文体包括感谢信、慰问信、贺信、求职信、经济合同、经济活动分析报告、可行性研究报告等。③科研文体包括学术论文、毕业论文等。④传播文体包括消息等。⑤应试文体主要指申论。

## 第二节 实用文体的构成要素

具体地说，主旨、材料、结构、语言是一切文章的构成要素，实用文体的构成要素也体现在这四个方面。

### 一、实用文体的主旨

（一）实用文体主旨的特性

1. 客观性

实用文的主旨，要么来自单位领导、工作实践、党政机关文件，要么来自个人的客观需要，即是因为单位或个人客观的现实需要而形成的，正是这种需要才促使其行文，行文意图的客观性决定了其主旨的客观性。因此，主旨必须与材料达到本质意义上的契合，体现出客观性的特征，客观需要什么，就表达什么。比如，一则只有几行字的任免通知，任免信息本身就是主旨，因为这些信息人们需要了解，这是一种客观要求，不是写作主体的主观所为。

2. 单一性

实用文体写作要求主旨单一纯粹，即一文一意，每篇实用文只能表达一个意思。忌讳离题别议，旁逸斜出。如下级机关所写的请示，只能针对本机关工作中的某一事项或问题进行请示，而上级机关的“批复”，则仅能针对下级机关的某一请示事项或请示问题进行批复。否则，就会意多文乱，令人难得要领。要使主旨单一，作者在动笔前就必须明确写作目的和意图，在行文中就题论事，删除多余的信息和材料。

3. 明晰性

实用文体的主旨明白、显露，通常采用议论、说明的方式直接表达出来。而且要在文本中用简明的语言概括出来，并在文章的显要位置直接而明白地表达出来，如在标题中概括主旨、用“主旨句”在段的首句揭示等。主旨清晰明白，是为了吸引读者的注意力，节省读者的阅读时间，使读者一看就明白，不致产生歧义。而不像文艺作品的主题那样隐含在艺术形象的塑造中，需要读者去体味揣摩。

（二）实用文体主旨的表现方式

1. 标题显旨，即在文章标题中直接表达主旨。不少实用文标题的事由部分就是文章的基本主旨。例如《国家工商行政管理局关于加强工商行政管理工作的报告》的事由，“加强工商行政管理工作”就是这则报告的基本主旨。

2. 篇首点旨，即开门见山，起句立意。开头用简短的文字把基本主旨表达出来，常见的方式是直接交代行文缘由、背景、依据、目的或总体要求。

3. 段首明旨，即在文章显要位置——自然段的开头，用简洁准确的语言点出主旨。常见的是用小标题或领句（层旨句或段旨句）概括主旨。

4. 篇末结旨，即“卒章结意”。如表彰通报通常采用这种写法。

## 二、材料

（一）选材应遵循的原则

第一，要围绕主旨选择材料，即材料具有切旨性。

要紧紧围绕主旨来选择材料。凡是与主旨有关、并能有效地表现主旨的材料，就应选用；凡是与主旨无关或似是而非的材料，就要坚决舍弃。这是一条重要原则。

第二，要选择典型的材料，即材料具有典型性。

所谓典型性，是能够深刻揭示事物本质，具有广泛代表性和强大说服力的材料。只有选取具有典型意义的材料，才能深刻有力地表现主旨。

第三，要选择真实、准确的材料，即材料具有真实性。

实用文以事实性、概括性的材料为主，包括具体事实、基本情况和具有指导意义的理论、法规、指示等。实用文所使用的材料必须是完全真实的，是既成的事实和论断。因此，不管是反映情况，提出问题，传达精神或是告知事项，都必须是已经存在的事实，要准确无误，真实可靠。

第四，要选择新颖、新鲜的材料，即材料具有新颖性。

所谓新颖，就是不陈旧，具有时代感，能够体现时代精神，反映客观事物的最新面貌。要善于发现生活中的新人、新事、新思想、新问题，这样，所选用的材料才具有新鲜感。如果材料陈旧，主旨再深刻也很难引起读者的兴趣。只有材料新颖，引人入胜，主旨的表达才鲜明有力。

（二）材料的处理方法

处理材料也叫剪裁，就是根据观点的需要，对选择的材料确定先后顺序、主次、详略，进行加工处理，合理安排。对材料剪裁应做到：

1. 要服从表现主题的需要。分清主要材料和次要材料，然后再根据文种的需要，合理安排材料，决定其前后顺序、详略轻重。

2. 要合理安排材料的顺序。对已选定的材料，要按照人们认识事物的规律有条理地组织安排顺序。有的开门见山，先提出观点，接着用材料来说明观点；也有的先用材料阐述观点，然后水到渠成地得出结论。等等。

3. 要点与面结合。既要有整体的情况说明，又要有典型事例的介绍，这样才能全面具体反映情况，抓住重点、突出中心。

4. 要详略得当。根据主旨的需要，主要材料要详写，次要材料略写，以起到突出主旨的作用。

## 三、结构

结构，指文章各个组成部分的搭配和排列，解决材料的安排问题，是写作主体思路的体现。实用文体文本结构由外在格式和内在模式组成。内在模式主要是实用文体正文在外部形态上表现出来的形式，大体有以下类型。

篇段合一式。正文全文内容包容在一个完整的自然段内，即一个段落就是一篇完整的文章。这种体式主要适用于命令（令）、公告以及内容简单的决定、决议、函、批复、任免通知、请柬、启示等实用文书。

摄要分条式。这种形式的实用文书，开头部分属于篇前撮要，概括出全文的中心内容，然后，对所要解决的若干问题按照主次先后，形成若干条，并用数码序号标明。通知、指示、通告、公告以及内容复杂一些的决定、决议等下行公文文种通常采用此种形式。

分列小标题或序号式。这种结构形式，通常把文章分成几个大部分，每个部分就是一个层次。为了做到眉目清楚，每个部分可用小标题或者序号列出，但多用序号加小标题的形式。小标题或者作为层旨句概括该部分中心，或者提示该部分内容范围。这种结构形式容量较大，眉目清楚，头绪分明，适用于内容较多、篇幅较长的实用文书。如工作总结、理论文章、意见、调查报告等多采用这种体式。

章断条连式。适用于内容多、篇幅长的法规、规章。这种结构全篇分章、章下有条、条下设款，分条列目，款项清楚。极少数还在章下分节，节下再分条。它是法律、章程、条例、规定、规则、办法、细则等法规性文书的基本写法。

条文并列式。适用于内容不太多、篇幅不太长的法规、规章和其他实用文书。条下同样可分款或项、目。非法规、规章的其他实用文书，通常不用“第×条”标示，其标法形如：第一层为“一、”，第二层为“（一）”，第三层为“1.”，第四层为“（1）”；不另以其他数码为序数。若只有一个层次，则以“一、”“二、”这类数码为序数。

条、段贯通式。即把全文划分为若干条，标以序号，无单独的开头与结尾；或划分为若干个自然段，段落不标序号。它是一些指示、指示性通知、内容比较简单的法规性文件以及领导讲话材料常用的体式。

并列句式。先以简要文字做开头，开宗明义，然后用若干句子排列组合而成，有的还讲究押韵，类似诗词歌赋一样。这是守则、公约等文件的基本写法。

总分条文式。这是实用文书用得较多的一种外部结构形式，公文、规章、合同等文书，常采用这种结构。文章开头部分（即引言部分）先总说，后文则分条文分述有关内容，每条或说明事物的一个方面，或围绕主旨阐述一个问题，或分析事件的一个原因，或提出一项要求、措施、办法等等。条文的层级结构序数，与条文式的写法一样。有的在分条之后还有一个总说的结尾，形成“总说—分说—总说”的结构。安排条文的要求，与条文并列式结构相同。

表格式。这是实用文书不同于其他文体所特有的一种结构形式。不少经济管理职能部门如工商行政管理部门、税务部门、专利管理部门等机构和不少企业如银行、保险公司及厂矿、公司等单位，他们制发的各种专门文件，大都采用表格式。

## 四、语言

主要表现在表达方式的运用和语体使用上。

（一）表达方式

文章的表达方式通常有五种，即叙述、议论、说明、描写、抒情。由于受实用文体的实用性特点和写作目的的制约，实用文书常用叙述、说明和议论三种表达方式。

1. 叙述

叙述，就是把人物的经历和事物发展变化的过程表现出来。完整的叙述包括时间、地点、人物、事件、原因、结果六要素。叙述是实用文书的基本表达方式。以叙说情况为主的情况报告、表彰或处分通报、市场调查报告等文种常以叙述作为主要表达方式。交代背景，介绍人、单位或事件的基本概况，揭示事物发展变化过程以及相互关系，都离不开叙述；为议论提供事实依据，也要用到叙述。

实用文体中的叙述主要有如下特点：

第一，以顺叙为主，讲求平铺直叙，注重叙述事件的过程。

第二，一般采用概括叙述，极少是具体、详细的叙述。

第三，常与其他表达方式结合运用。如夹叙夹议，叙事论理，叙述说明等。

2. 说明

说明，是用简明扼要的文字，对客观事物或事理的状态、性质、特点、功能、成因、关系、功用等属性，加以客观的解释和介绍的表达方式。其中事物的特征、本质及其规律性，则是说明的要点。总结、简报、调查报告、工作报告对某些基本情况的介绍，规章文书、事务书信以及启事、经济合同、广告等，常用说明的表达方式。

实用文书中的说明主要有如下特点：

第一，实用文书的说明常与议论、叙述结合使用。

第二，实用文书常多种说明方式同时使用。常用的说明方法有：定义说明、举例说明、数字说明、比较说明、分类说明、引用说明和图形说明等。

3. 议论

议论，是作者运用概念、判断、推理的思维形式对客观事物进行分析、推理、评论，表明自己的立场、观点、意见的一种表达方式。包括论点、论据和论证三个要素。实用文书对人或事作出自己的评价、判断，阐明处理某些公务活动或社会事务的立场观点、政策原则、决策主张，都离不开议论。议论在实用文书中是不可缺少的一种重要表达方式。

实用文书中的议论主要有如下特点：

第一，在手法上往往是直接加以议论，以正面议论为主，而且只是原则性地表述事理，一般不作多方面、多层次、多角度的完整性论证。有时只是一两句结论性的话，是直接说明性质的简单逻辑论证方法。

第二，一般较少单独使用议论的形式，多与其他表达方式结合使用，如夹叙夹议。

（二）语体

语体是为了适应不同类别文章的表达需要而形成的语言体系，是修辞规律的间接体现者。可以分为科学语体、文艺语体、事务语体、政论语体、新闻语体等。

不同的文体在语言的运用上各有特点，这些特点表现在词汇选择、句子构造、辞格（修辞手段）运用等方面，具有相当的差别，实用文体写作主要使用事务语体。

事务语体是适应各种事务交往、事务处理和事务管理的目的而形成的语言体系。它主要运用于行政公文、事务文书、条据、契约、事务书信、经济文书等实用性文体之中，具有务实性、简要性、逻辑性、规范性等特点，多使用专业词语、文言词语，多用陈述句和祈使句，多用单句和并列复句，多用叙述、说明和议论，力避方言俚语，力避个人用语风格，不用冷僻字，较少使用外来词汇，一般不用积极修辞，句法完整、严谨，讲求格式。

## 第三节　实用文体的写作要求

### 一、提高写作主体的修养

写作主体的修养包括思想理论修养、知识文化修养、辞章文体修养等。

（一）思想理论修养

思想理论方面的修养包括思想水平和理论水平两方面，是写作主体对客观世界的认知水平和政策理论水平的综合体现，直接影响到实用文书写作成品的质量。

写作主体思想水平的高低直接涉及其世界观和认识世界的方法，涉及其信仰、觉悟、人生观、价值观等，而理论水平则集中体现在对各种现象的观察、分析、评论和表述中。写作主体的思想理论水平高，看问题就深、准、远，就全面而辩证，写出的文章说服力就强。尤其在写作政策性、法规性强的文章时，就能透过现象看本质，就不会停留在对现实材料的简单认识和处理上，就能灵活运用马克思主义的观点、方法，揭示客观事物的规律。

因此，实用文体写作主体，要坚持不懈地学习哲学理论，学习党和国家各个历史时期的方针、政策，经常阅读报纸杂志，努力提高思想理论修养。

（二）知识文化修养

扎实的基础知识和精深的专业知识构成了实用文体写作主体的知识文化修养。

实用文体是处理事务的工具，写作主体没有足够的知识储备难以圆满完成实用文体实用性的使命。实用文体写作主体主要需储备两类知识：

一是基础知识，包括自然科学、人文科学等方面的知识。如社会学知识、心理学知识、管理学知识、公共关系学知识、传播学知识、天文学知识、地理学知识以及马克思主义理论基础知识、法规基础知识等等。一般而言，知识储备越丰富，写作时的视野和思路就越开阔，也才能更好地把个人的创造性发挥出来，一个优秀的写作者应善于将自己掌握的知识进行有效组合和恰当运用，发挥知识结构的优势。

二是专业业务知识，任何一个实用文体写作主体都应该掌握与自己所在的行业、环境、岗位、领域等密切相关的专业知识。如在行政机关从事文案工作的秘书人员，必须掌握行政机关秘书工作涉及的专业知识，像文书工作、信息工作、档案工作、会务工作、公关工作、日常事务管理工作等内容。不同职责的行政机关，所要求的知识涵盖又是不同的。在工业、农业、商业、电力部门做秘书工作，当然要求掌握相应的工业、农业、商业、电力方面的专业知识。即使同样在工业部门做秘书工作，在钢铁工业、水泥工业、汽车工业、化工工业、造船工业等不同行业，也必然涉及不同的专业知识、管理知识，对秘书工作提出不同的要求。再比如，写作专业文书中的法律文书或经济文书，如果不熟悉《刑法》《民法》《中华人民共和国合同法》以及相应的诉讼程序等方面的行业知识，就很难写得准确规范。

（三）辞章文体修养

写作就是运用书面语言对认识的外化表达，是认识与表达的融合、统一，需要写作主体具备较强的文字、辞章、文体修养。

实用文体写作，用语不仅要规范严谨，而且要直接明了，这就要求写作主体具有较好的文字修养和扎实的语言基本功。因此，实用文书的写作主体，一要掌握本民族语言的使用规范，通晓字、词、词组、句子、语法、修辞等知识；二要掌握一定的职业用语、行业术语，熟悉专业表达习惯等。另外行政公文中经常使用的特定用语也需熟练掌握。

实用文体写作主体除了掌握文字、用语的表达规范外，还必须掌握文章的写作规范，培养文体感，熟悉各种实用文书法定的或约定俗成的体式。

辞章文体修养靠长期学习而成。选择规范的实用文书进行阅读，模仿其结构模式和用语技巧，有意识地进行练习，是提高实用文体写作辞章文体修养的有效手段。

## 二、提升写作主体的能力

要写好实用文书，实用文体写作者需具备以下几种能力：

### （一）调查研究能力

调查是获取事实材料的一种主要手段，选择恰当的调查方法与方式搜集到所需的材料对实用性极强的实用文体写作至关重要。因此调查能力是实用文体写作主体必需的一种重要能力，要求写作主体能够根据需要和写作对象适当选用科学的调查方法，有效、快速地发现事实、核实事实、选择事实，并能透过纷繁的现象，捕捉揭示本质的真实材料，了解事物本质或事实真相。

实用文体写作主体在熟悉本地区、本单位、本系统内外及上下左右的情况后，还需要对获得的大量信息进行处理，包括对材料进行分析和综合，对数据进行加工整理，在科学地分析、归纳、整理的基础上，提出有价值的意见。综合分析能力是从感性认识到理性认识飞跃的保障，因此成为实用文体写作主体的一种基本能力要求。

### （二）语言表达能力

语言表达能力是指写作主体把认识、思维的结果文字化形成文章的能力。包括遣词造句的素养，主要表达方式的运用，文体感、语体感的把握等，这是写作的基本功。因此，实用文体写作主体要多阅读典范的实用文，培养实用文的语体感，学会有条理地表达思想；要掌握常用的文体模式，熟记文体要素排列组合方式，熟练地写作实用文。

### （三）把握受体心理的能力

现代写作学把受体作为影响写作活动的重要因素之一，强调写作主体必须具有明确的“受体意识”，写作活动中必须考虑受体因素，如何认识和顺应受体的接受心理，是每一个追求成功的写作主体始终应当关注的。在实用文体写作中，受体的地位非常突出，因为它是实用文实用价值的实现者。因此，实用文体写作主体要有把握写作受体阅读和接受心理的能力，要有强烈的受体意识，在写作中要设想受体如何阅读，明确文章会产生什么样的阅读效果，并以此来调整自己的写作思路。

## 三、重视实用文的修改

所谓“修改”，是指对文稿从内容到形式进行全面的加工、调整和修订。修改主要体现为深化认识、调整结构和润色语言。

### （一）修改内容

第一，审查政策：看思想内容是否符合党和国家的方针政策、法律法令或有关规定。

第二，斟酌主旨：看主旨是否明确、突出。

第三，审核材料：看能否满足主旨表达的需要，材料是否真实、典型、新颖。

第四，推敲结构：结构是否合理、自然、严谨，包括层次是否清楚，段落是否适宜，开头、主体、结尾是否贯通，各部分之间的联系是否紧密，过渡是否自然等。

第五，润色语言：语言运用是否符合规范，包括表达是否准确、简练、通顺、清楚，是否符合公文的特殊要求，有无错别字和不规范的简化字，标点符号是否正确、标准，行文是否流畅等。

第六，检查格式：文种运用是否正确，行文格式、行文关系是否符合规范。

（二）修改方法

1．看读法

这是最基本而又最有效的修改方法。其优点是利用语感来修改文章，根据平时说话的习惯以及朗读时的语感，容易发觉文字上的疏忽之处。凡是读起来别扭，听起来含混的地方，就可能是有语病的地方。

2．求助法

通过求助他人，发现自己不能发现的问题，寻找到修改的着手点。尤其是一些政策性强、业务难度大的公文文稿，更应邀请熟悉政策的有关领导或熟悉业务的权威人士，对文稿进行把关或提出意见，使文章更加真实、准确、科学。

3．商讨法

一些内容复杂、事关重大的文章，初稿草就后，可以组织有关人员进行集体修改，先就文稿的内容和形式进行认真的讨论和研究，提出具体的修改意见，然后确定专人汇集整理大家的看法并进行必要的修改。通过集体的力量，将文章改得更全面、深透和精辟。

# 第二章

# 党政机关公文

## 第一节　党政机关公文概述

### 一、党政机关公文的概念、特点和种类

（一）党政机关公文的概念

文书是党政机关、企事业单位、社会组织或个人在社会活动中为处理事务、交流信息而使用的文字、图表、声像等各种载体的记录材料。它是社会管理和社会交往的工具。

文书就其形成者和使用范围，可分为公务文书和私人文书两大类。公务文书指国家机关、社会组织和企事业单位在履行其公务的活动中产生和使用的文书；私人文书指个人、家庭或家族在处理自身事务的活动中产生和使用的文书，如信件、笔记、契约、书稿、家谱等。

公文是文书的一种，是公务文书或公务文件的简称。公文有广义和狭义之分，狭义的公文即指党政机关公文。中共中央办公厅、国务院办公厅 2012 年 4 月发布的《党政机关公文处理工作条例》（中办发〔2012〕14 号）第一章第三条对党政机关公文的概念作了明确的界定："党政机关公文是党政机关实施领导、履行职能、处理公务的具有特定效力和规范体式的文书，是传达贯彻党和国家方针政策，公布法规和规章，指导、布置和商洽工作，请示和答复问题，报告、通报和交流情况等的重要工具。"阐明了党政机关公文的内涵和作用。

（二）党政机关公文的特点

1. 作者的法定性

党政机关公文的作者只能是中国共产党的机关和国家行政机关及其领导人。除此之外的任何单位和个人都不得擅自制作和发布公文，如若违反，其行为是非法的，行文是无效的，会受到法律的严惩。

2. 效力的特定性

党政机关公文效力的特定性主要体现在法律效力和行政约束力两个方面，规范性的公文如决议、命令、决定等都是社会主义的法律形式，具有法定效力；非规范性的公文在制发、运转过程中，根据行文关系涉及者彼此的权利和义务，产生的是一种行政约束力，它不直接产生行政法上的法律后果。但是它们一经制发，即具有法定的权威性和效力，有关组织和个人必须认真遵循、执行和参照处理，不得违反。

3. 体式的规范性

体式是公文写作在体制、结构和格式三方面的概括。体制是指文章类型即公文文种，每个公文文种都有自己鲜明的文体特征；结构是指文章内容的安排顺序，是谋篇布局方面的规定和要求即公文正文的模块特征；格式是指文章的撰写、制作、编辑、印刷、出版等方面的明文规定或约定俗成的规范和标准，即党政机关公文在纸张要求、排版和印制装订要求、各要素的编排规则等方面的规定。党政机关公文的体式在《党政机关公文处理条例》（中办发〔2012〕14 号）和《党政机关公文格式》（GB/T9704—2012）中有着严格的规定，对党政机关公文写作具有毋庸置疑的约束力。因此在党政机关公文的写作过程中，必须遵守这些规范化的要求，写出符合要求的规范文件。

4. 制作的程序性

党政机关公文必须按严格的程序制发。《党政机关公文处理条例》（中办发〔2012〕14 号）中对公文拟制、公文办理和公文管理各个环节都做了细致的规定。公文拟制包括公文的起草、审核、签发等程序；公文办理包括收文办理、发文办理和整理归档，公文制发的每个阶段都有其步骤和程序，必须严格遵守。

（三）党政机关公文的种类

1. 按行文方向可分为上行文、平行文、下行文和泛行文四种。

（1）上行文是下级机关对上级领导机关的行文。

（2）平行文是平级机关或不相隶属机关之间的行文。

（3）下行文是上级机关向属下的机关行文。

（4）泛行文是既向发文机关的上级单位、下级单位、平行单位行文，也向不相隶属的单位行文，行文面广泛，方向不定，如公告等。

2. 按发文机关的个数可分为单独行文、联合行文。

（1）单独行文是只有一个机关署名发出的公文。

（2）联合行文是由两个或两个以上平级机关联合署名发出的公文。

3. 按行文对象的主次可分为主送、抄送。

（1）主送。发文机关直接针对与行文内容关系最密切、需主要负责受理公文的机关单位行文。

（2）抄送。发文机关在主送的同时，向需执行或知晓行文内容的其他机关单位行文。

4. 按适用范围可分为 15 种。

（1）决议；

（2）决定；

（3）命令（令）；

（4）公报；

（5）公告；

（6）通告；

（7）意见；

（8）通知；

（9）通报；

（10）报告；

（11）请示；

（12）批复；

（13）议案；

（14）函；

（15）纪要。

## 二、党政机关公文的格式

公文的格式是指公文的整体格局和公文的外部组织形式。2012 年 6 月 29 日中华人民共和国国家质量监督检验检疫总局和中国国家标准化管理委员会发布的《党政机关公文格式》（GB/T 9704—2012）对党政公文的用纸规格、印装格式以及文面格式作了明确具体的规定。其目的在于准确、有效地撰制、收集、传递和存贮公文信息，提高公文处理效率，以适应现代化管理的需要。

（一）公文用纸幅面尺寸及版面要求

1. 幅面尺寸

公文用纸采用 GB/T 148 中规定的 A4 型纸，其成品幅面尺寸为：210 mm × 297 mm。特殊形式的公文用纸幅面，根据实际需要确定。

2. 版面

（1）页边与版心尺寸。公文用纸天头（上白边）为 37 mm ± 1 mm，公文用纸订口（左白边）为 28mm ± 1mm，版心尺寸为 156 mm × 225 mm（见图 2 – 1）。

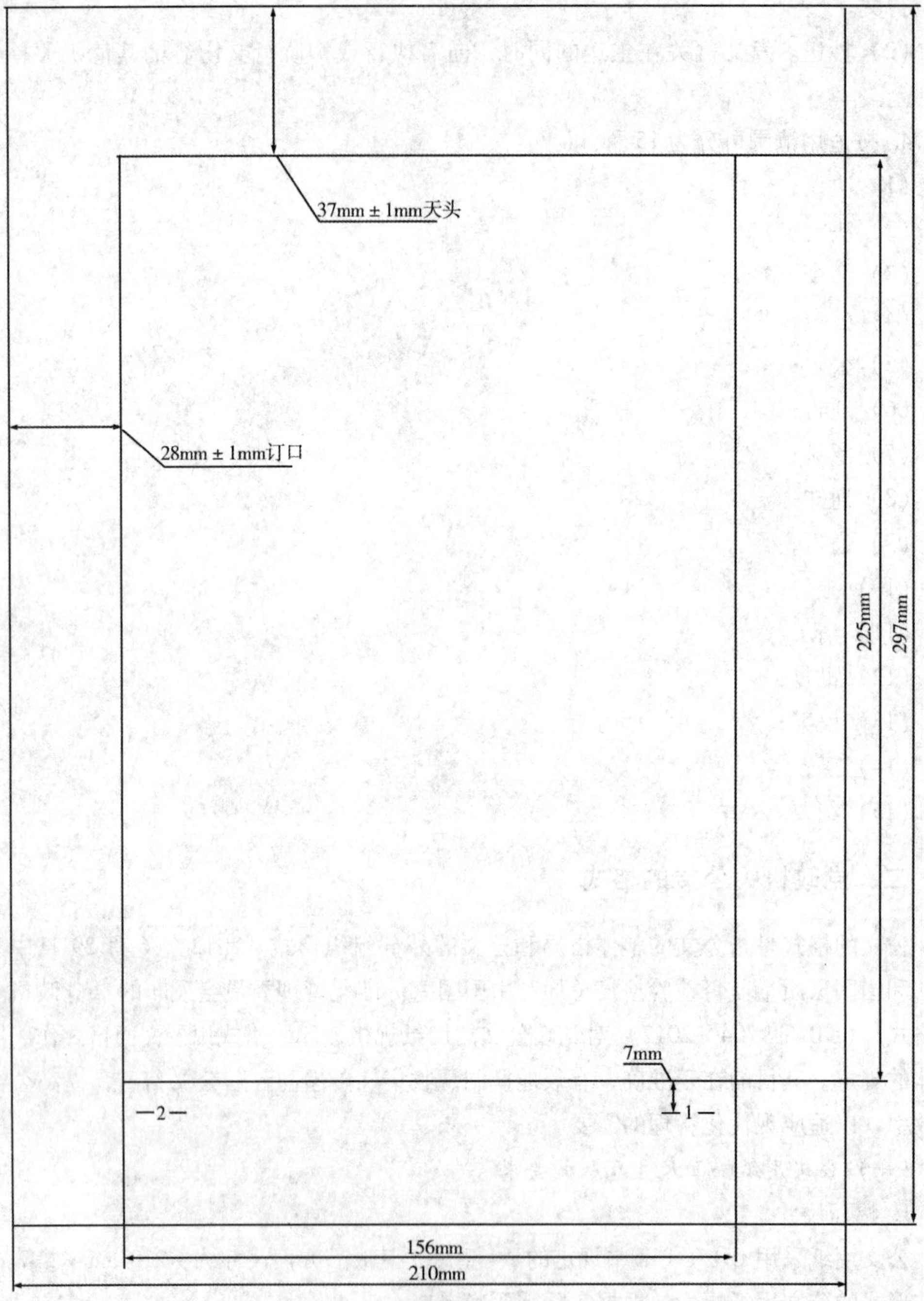


图2-1 A4型公文用纸页边及版心尺寸

（2）字体和字号。如无特殊说明，公文格式各要素一般用 3 号仿宋体字。特定情况可以作适当调整。

（3）行数和字数。一般每面排 22 行，每行排 28 个字，并撑满版心。特定情况可以作适当调整。

（4）文字的颜色。如无特殊说明，公文中文字的颜色均为黑色。

（二）印制装订要求

1. 制版要求

版面干净无底灰，字迹清楚无断画，尺寸标准，版心不斜，误差不超过1 mm。

2. 印刷要求

双面印刷；页码套正，两面误差不超过2 mm。黑色油墨应当达到色谱所标BL100%，红色油墨应当达到色谱所标Y80%、M80%。印品着墨实、均匀；字面不花、不白、无断划。

3. 装订要求

公文应当左侧装订，不掉页，两页页码之间误差不超过4 mm，裁切后的成品尺寸允许误差±2mm，四角成90°，无毛茬或缺损。

骑马订或平订的公文应当：

（1）订位为两钉外订眼距版面上下边缘各70 mm处，允许误差±4mm；

（2）无坏钉、漏钉、重钉，钉脚平伏牢固；

（3）骑马订钉锯均订在折缝线上，平订钉锯与书脊间的距离为3mm－5mm。

包本装订公文的封皮（封面、书脊、封底）与书芯应吻合、包紧、包平、不脱落。

（三）公文格式各要素编排规则

公文格式各要素在2012年4月16日中共中央办公厅、国务院办公厅发布的《党政机关公文处理工作条例》（中办发〔2012〕14号）和2012年6月29日国家质量监督检验检疫总局、国家标准化管理委员会发布的《党政机关公文格式》国家标准（GB/9704－2012）中做出了明确规定：

公文一般由份号、密级和保密期限、紧急程度、发文机关标志、发文字号、签发人、标题、主送机关、正文、附件说明、发文机关署名、成文日期、印章、附注、附件、抄送机关、印发机关和印发日期、页码等组成。

其中将版心内的公文格式各要素划分为版头、主体、版记三部分。公文首页红色分隔线以上的部分称为版头；公文首页红色分隔线（不含）以下、公文末页首条分隔线（不含）以上的部分称为主体；公文末页首条分隔线以下、末条分隔线以上的部分称为版记。

页码位于版心外。

下面对各要素编排规则分别加以说明。

1. 份号

（1）解释：公文印制份数的顺序号。涉密公文应当标注份号。

（2）位置：顶格编排在版心左上角第一行。

（3）说明：一般用6位3号阿拉伯数字。

2. 密级和保密期限

（1）解释：公文的秘密等级和保密的期限。涉密公文应当根据涉密程度分别标注

“绝密”“机密”“秘密” 和保密期限。

（2）位置：顶格编排在版心左上角第二行。

（3）说明：一般用 3 号黑体字，保密期限中的数字用阿拉伯数字标注。

3. 紧急程度

（1）解释：公文送达和办理的时限要求。根据紧急程度，紧急公文应当分别标注“特急”“加急”，电报应当分别标注 “特提”“特急”“加急”“平急”。

（2）位置：顶格编排在版心左上角第三行。

（3）说明：一般用 3 号黑体字。

注：如需同时标注份号、密级和保密期限、紧急程度，按照份号、密级和保密期限、紧急程度的顺序自上而下分行排列。

4. 发文机关标志

（1）解释：由发文机关全称或者规范化简称加“文件”二字组成，也可以使用发文机关全称或者规范化简称。联合行文时，发文机关标志可以并用联合发文机关名称，也可以单独用主办机关名称。

（2）位置：发文机关标志居中排布，上边缘至版心上边缘为 35mm。

（3）说明：推荐使用小标宋体字，颜色为红色，以醒目、美观、庄重为原则。

联合行文时，如需同时标注联署发文机关名称，一般应当将主办机关名称排列在前；如有“文件”二字，应当置于发文机关名称右侧，以联署发文机关名称为准上下居中排布。

5. 发文字号

（1）解释：由发文机关代字、年份、发文顺序号组成。联合行文时，使用主办机关的发文字号。

（2）位置：下行文和平行文编排在发文机关标志下空二行位置，居中排布。上行文的发文字号居左空一字编排，与最后一个签发人姓名处在同一行。

（3）说明：年份、发文顺序号用阿拉伯数字标注；年份应标全称，用六角括号“〔〕”括入；发文顺序号不加“第”字，不编虚位（即 1 不编为 01），在阿拉伯数字后加“号”字。

6. 签发人

（1）解释：上行文应当标注签发人姓名。由“签发人”三字加全角冒号和签发人姓名组成。

（2）位置：居右空一字，编排在发文机关标志下空二行位置。

（3）说明：“签发人”三字用 3 号仿宋体字，签发人姓名用 3 号楷体字。

如有多个签发人，签发人姓名按照发文机关的排列顺序从左到右、自上而下依次均匀编排，一般每行排两个姓名，回行时与上一行第一个签发人姓名对齐。

7. 版头中的分隔线

发文字号之下 4 mm 处居中印一条与版心等宽的红色分隔线。

8. 标题

（1）解释：由发文机关名称、事由和文种组成。

（2）位置：编排于红色分隔线下空二行位置。

（3）说明：一般用 2 号小标宋体字，分一行或多行居中排布；回行时，要做到词意完整，排列对称，长短适宜，间距恰当，标题排列应当使用梯形或菱形。

9. 主送机关

（1）解释：公文的主要受理机关，应当使用机关全称、规范化简称或者同类型机关统称。

（2）位置：编排于标题下空一行位置，居左顶格，回行时仍顶格，最后一个机关名称后标全角冒号。

（3）说明：如主送机关名称过多导致公文首页不能显示正文时，应当将主送机关名称移至版记。

10. 正文

（1）解释：公文的主体，用来表述公文的内容。

（2）位置：编排于主送机关名称下一行，每个自然段左空二字，回行顶格。

（3）说明：公文首页必须显示正文。一般用 3 号仿宋体字，文中结构层次序数依次可以用“一、”“（一）”“1.”“（1）”标注；一般第一层用黑体字、第二层用楷体字、第三层和第四层用仿宋体字标注。

11. 附件说明

（1）解释：说明公文附件的顺序号和名称。

（2）位置：在正文下空一行左空二字。

（3）说明：如有附件，编排“附件”二字，后标全角冒号和附件名称。如有多个附件，使用阿拉伯数字标注附件顺序号。附件名称后不加标点符号。附件名称较长需回行时，应当与上一行附件名称的首字对齐。

12. 发文机关署名

13. 成文日期

14. 印章

（1）解释

发文机关署名：署发文机关全称或者规范化简称。

成文日期：署会议通过或者发文机关负责人签发的日期。联合行文时，署最后签发机关负责人签发的日期。用阿拉伯数字将年、月、日标全，年份应标全称，月、日不编虚位（即 1 不编为 01）。

印章：公文中有发文机关署名的，应当加盖发文机关印章，并与署名机关相符。有特定发文机关标志的普发性公文和电报可以不加盖印章。

（2）位置

第一，加盖印章的公文。

成文日期一般右空四字编排，印章用红色，不得出现空白印章。

单一机关行文时，一般在成文日期之上、以成文日期为准居中编排发文机关署名，印章端正、居中下压发文机关署名和成文日期，使发文机关署名和成文日期居印章中心偏下位置，印章顶端应当上距正文（或附件说明）一行之内。

联合行文时，一般将各发文机关署名按照发文机关顺序整齐排列在相应位置，并将印章一一对应、端正、居中下压发文机关署名，最后一个印章端正、居中下压发文机关署名和成文日期，印章之间排列整齐、互不相交或相切，每排印章两端不得超出版心，首排印章顶端应当上距正文（或附件说明）一行之内。

第二，不加盖印章的公文。

单一机关行文时，在正文（或附件说明）下空一行右空二字编排发文机关署名，在发文机关署名下一行编排成文日期，首字比发文机关署名首字右移二字，如成文日期长于发文机关署名，应当使成文日期右空二字编排，并相应增加发文机关署名右空字数。

联合行文时，应当先编排主办机关署名，其余发文机关署名依次向下编排。

第三，加盖签发人签名章的公文。

单一机关制发的公文加盖签发人签名章时，在正文（或附件说明）下空二行右空四字加盖签发人签名章，签名章左空二字标注签发人职务，以签名章为准上下居中排布。在签发人签名章下空一行右空四字编排成文日期。

联合行文时，应当先编排主办机关签发人职务、签名章，其余机关签发人职务、签名章依次向下编排，与主办机关签发人职务、签名章上下对齐；每行只编排一个机关的签发人职务、签名章；签发人职务应当标注全称。

签名章一般用红色。

15. 附注

（1）解释：公文印发传达范围等需要说明的事项。

（2）位置：居左空二字加圆括号编排在成文日期下一行。

16. 附件

（1）解释：公文正文的说明、补充或者参考资料。

（2）位置

第一种情况：附件应当另面编排，并在版记之前，与公文正文一起装订。“附件”二字及附件顺序号用3号黑体字顶格编排在版心左上角第一行。附件标题居中编排在版心第三行。

第二种情况：如附件与正文不能一起装订，应当在附件左上角第一行顶格编排公文的发文字号并在其后标注“附件”二字及附件顺序号。

（3）说明：附件顺序号和附件标题应当与附件说明的表述一致。附件格式要求同正文。

17. 版记中的分隔线

版记中的分隔线与版心等宽，首条分隔线和末条分隔线用粗线（推荐高度为0. 35 mm），中间的分隔线用细线（推荐高度为0. 25 mm）。首条分隔线位于版记中第一个要素之上，末条分隔线与公文最后一面的版心下边缘重合。

18. 抄送机关

（1）解释：除主送机关外需要执行或者知晓公文内容的其他机关，应当使用机关全称、规范化简称或者同类型机关统称。

（2）位置：在印发机关和印发日期之上一行、左右各空一字编排。

（3）说明：一般用4号仿宋体字，“抄送”二字后加全角冒号和抄送机关名称，回行时与冒号后的首字对齐，最后一个抄送机关名称后标句号。

如需把主送机关移至版记，除将“抄送”二字改为“主送”外，编排方法同抄送机关。既有主送机关又有抄送机关时，应当将主送机关置于抄送机关之上一行，之间不加分隔线。

19. 印发机关

（1）解释：公文的送印机关。

（2）位置：编排在末条分隔线之上，印发机关左空一字。

（3）说明：一般用4号仿宋体字，一般是发文机关＋办公室（厅）。

20. 印发日期

（1）解释：公文的送印日期。

（2）位置：编排在末条分隔线之上，印发日期右空一字。

（3）说明：一般用4号仿宋体字，用阿拉伯数字将年、月、日标全，年份应标全称，月、日不编虚位（即1不编为01），后加“印发”二字。

21. 页码

（1）解释：公文页数顺序号。

（2）位置：编排在公文版心下边缘之下，数字左右各放一条一字线；一字线上距版心下边缘7 mm。

（3）说明

第一，一般用4号半角宋体阿拉伯数字，单页码居右空一字，双页码居左空一字。公文的版记页前有空白页的，空白页和版记页均不编排页码。公文的附件与正文一起装订时，页码应当连续编排。

第二，公文中的横排表格的页码标注。A4纸型的表格横排时，页码位置与公文其他页码保持一致，单页码表头在订口一边，双页码表头在切口一边。

## 三、党政机关公文的行文规则

（一）行文的必要性原则

行文应当确有必要，讲求实效，注重针对性和可操作性。

（二）行文关系的确立原则

行文关系根据隶属关系和职权范围确定。一般不得越级行文，特殊情况需要越级行文的，应当同时抄送被越过的机关。

（三）上行文规则

1. 原则上主送一个上级机关，根据需要同时抄送相关上级机关和同级机关，不抄送下级机关。

2. 党委、政府的部门向上级主管部门请示、报告重大事项，应当经本级党委、政府同意或者授权；属于部门职权范围内的事项应当直接报送上级主管部门。

3. 下级机关的请示事项，如需以本机关名义向上级机关请示，应当提出倾向性意见后上报，不得原文转报上级机关。

4. 请示应当一文一事。不得在报告等非请示性公文中夹带请示事项。

5. 除上级机关负责人直接交办事项外，不得以本机关名义向上级机关负责人报送公文，不得以本机关负责人名义向上级机关报送公文。

6. 受双重领导的机关向一个上级机关行文，必要时抄送另一个上级机关。

（四）下行文规则

1. 主送受理机关，根据需要抄送相关机关。重要行文应当同时抄送发文机关的直接上级机关。

2. 党委、政府的办公厅（室）根据本级党委、政府授权，可以向下级党委、政府行文，其他部门和单位不得向下级党委、政府发布指令性公文或者在公文中向下级党委、政府提出指令性要求。需经政府审批的具体事项，经政府同意后可以由政府职能部门行文，文中须注明已经政府同意。

3. 党委、政府的部门在各自职权范围内可以向下级党委、政府的相关部门行文。

4. 涉及多个部门职权范围内的事务，部门之间未协商一致的，不得向下行文；擅自行文的，上级机关应当责令其纠正或者撤销。

5. 上级机关向受双重领导的下级机关行文，必要时抄送该下级机关的另一个上级机关。

（五）联合行文原则

同级党政机关、党政机关与其他同级机关必要时可以联合行文。属于党委、政府各自职权范围内的工作，不得联合行文。

（六）相互行文原则

党委、政府的部门依据职权可以相互行文。部门内设机构除办公厅（室）外不得对外正式行文。

## 四、公文的特定格式

（一）信函格式（见图2－2）

1. 发文机关标志使用发文机关全称或者规范化简称，居中排布，上边缘至上页边为30mm，推荐使用红色小标宋体字。

联合行文时，使用主办机关标志。

2. 发文机关标志下4 mm处印一条红色双线（上粗下细），距下页边20 mm处印一条红色双线（上细下粗），线长均为170 mm，居中排布。

3. 如需标注份号、密级和保密期限、紧急程度，应当顶格居版心左边缘编排在第一条红色双线下，按照份号、密级和保密期限、紧急程度的顺序自上而下分行排列，第一个要素与该线的距离为3号汉字高度的7/8。

4. 发文字号顶格居版心右边缘编排在第一条红色双线下，与该线的距离为3号汉字高度的7/8。

5. 标题居中编排，与其上最后一个要素相距二行。

6. 第二条红色双线上一行如有文字，与该线的距离为3号汉字高度的7/8。

7. 首页不显示页码。

8. 版记不加印发机关和印发日期、分隔线，位于公文最后一面版心内最下方。

其他与公文一般格式要求相同。

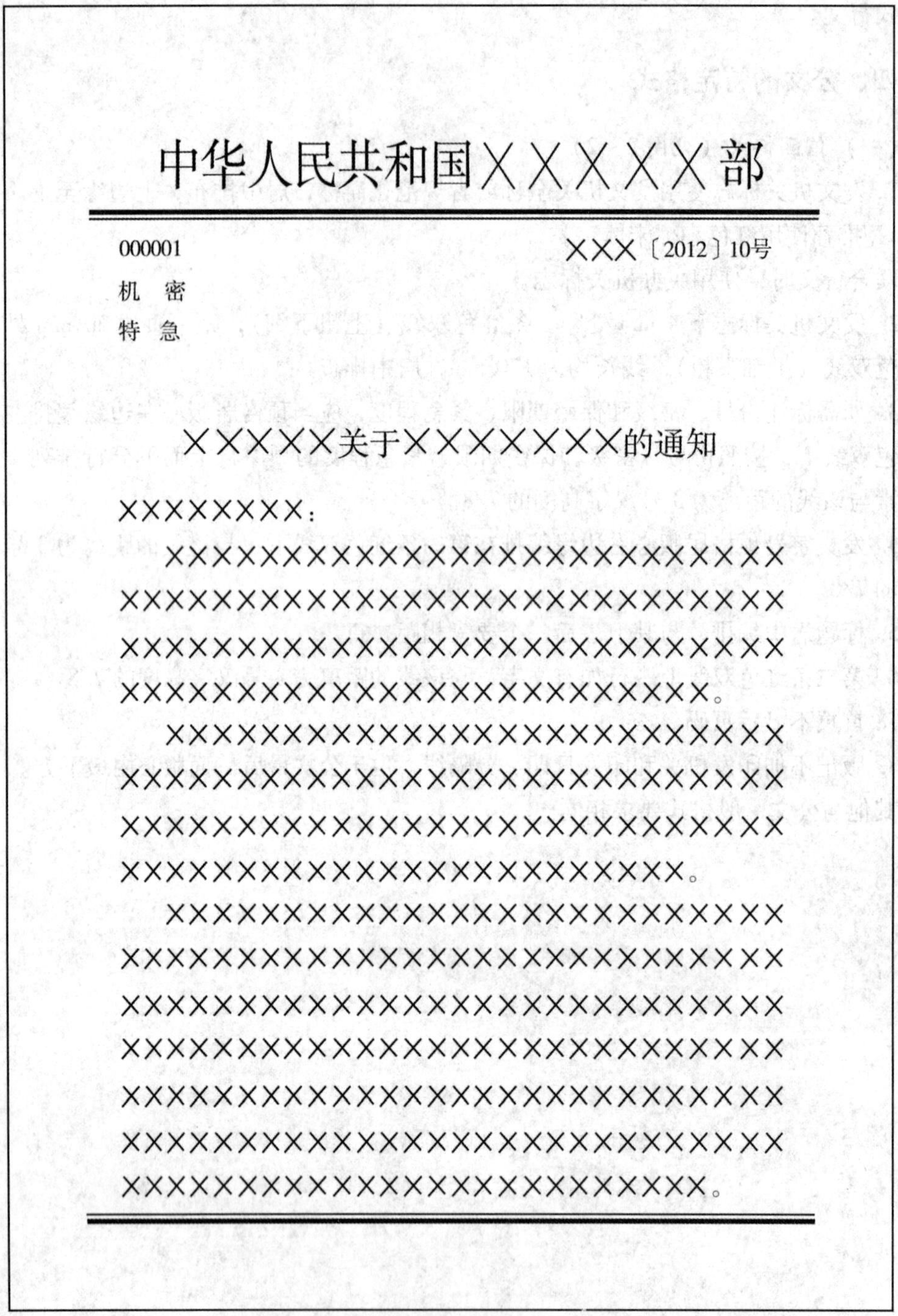
中华人民共和国×××××部

000001　　　　　　　　　　×××〔2012〕10号

机　密

特　急

×××××关于××××××××的通知

××××××××：

　　××××××××××××××××××××××××××××××××××××××××××××××××××××××××××××××××××××××××××××××××××××××××××××××××××××××××××××××××××××××××××××××××××××××××××××××××××××××××××××××××××××××××××××××××××。

　　××××××××××××××××××××××××××××××××××××××××××××××××××××××××××××××××××××××××××××××××××××××××××××××××××××××××××××××××××××××××××××××××××××××××××××××××××××××××××××××××××××××××××××××××。

　　××××××××××××××××××××××××××××××××××××××××××××××××××××××××××××××××××××××××××××××××××××××××××××××××××××××××××××××××××××××××××××××××××××××××××××××××××××××××××××××××××××××××××××××××××。

图2-2 信函格式首页版式

注：版心实规框仅为示意，在印刷公文时并不印出。

（二）命令（令）格式（见图2-3）

1. 发文机关标志由发文机关全称加“命令”或“令”字组成，居中排布，上边缘至版心上边缘为20 mm，推荐使用红色小标宋体字。

2. 发文机关标志下空二行居中编排令号，令号下空二行编排正文。

3. 签发人职务、签名章和成文日期的编排见公文一般格式主体部分介绍。

其他与公文一般格式要求相同。

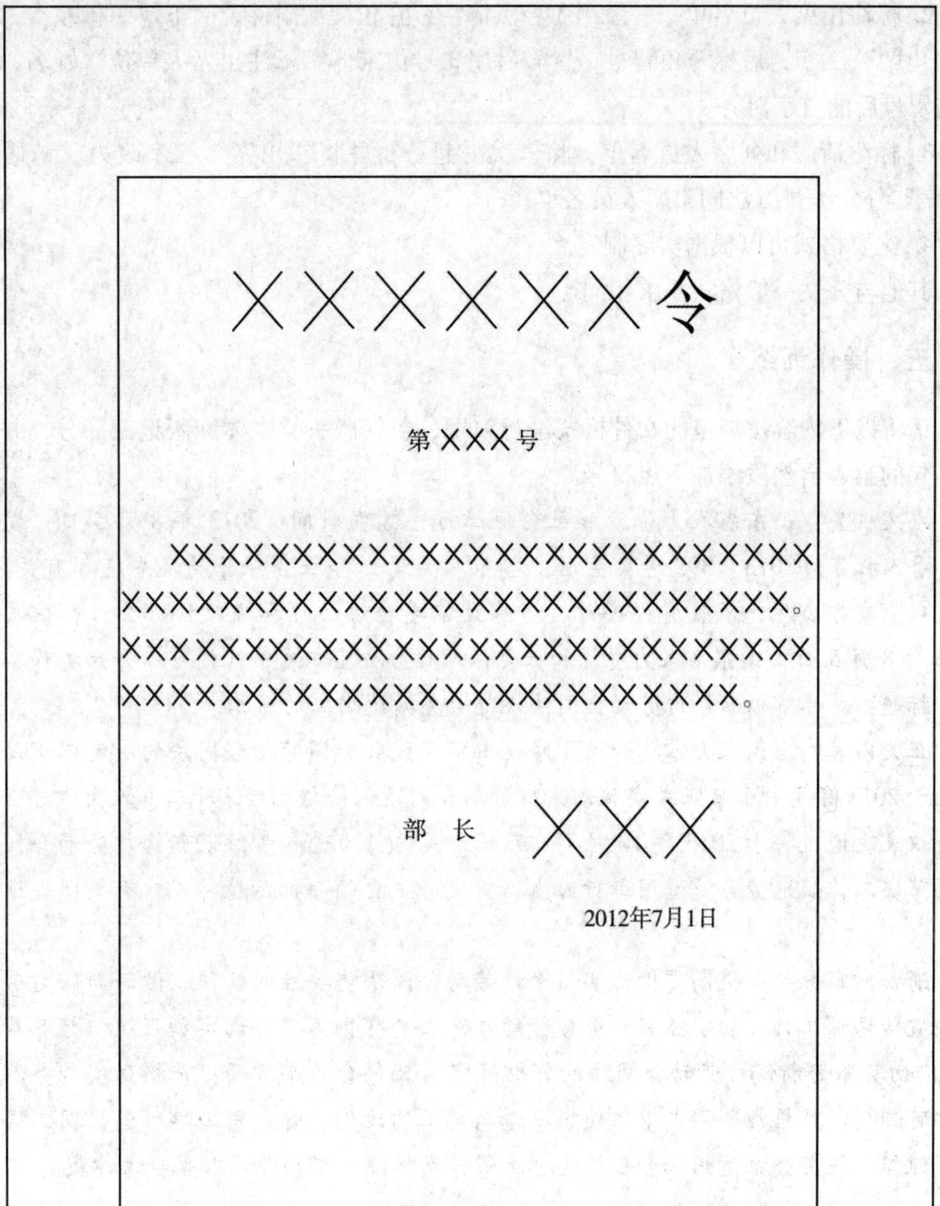


**图2-3 命令（令）格式首页版式**

注：版心实线框仅为示意，在印刷公文时并不印出。

（三）纪要格式

1. 纪要标志由“×××××纪要”组成，居中排布，上边缘至版心上边缘为35 mm，推荐使用红色小标宋体字。

2. 标注出席人员名单，一般用3号黑体字，在正文或附件说明下空一行左空二字编排“出席”二字，后标全角冒号，冒号后用3号仿宋体字标注出席人单位、姓名，回行时与冒号后的首字对齐。

3. 标注请假和列席人员名单，除依次另起一行并将“出席”二字改为“请假”或“列席”外，编排方法同出席人员名单。

4. 纪要格式可以根据实际制定。

其他与公文一般格式要求相同。

## 五、操作训练

请将以下内容按规范的文件格式进行整理，包括版头、主体和版记三部分，并为没有断句的第一自然段添加标点符号。

发文机关：山东省人力资源和社会保障厅；签发时间：2013年8月5日；发文字号：鲁人社字〔2013〕392号；主送：各市人力资源和社会保障局及省直各有关单位；抄送：省委办公厅、省政府办公厅、省人大常委会办公厅和省政协办公厅；该文件于2013年8月5日由山东省人力资源和社会保障厅办公室印发；此件可以公开发布。

标题：关于贯彻新修订劳动合同法规范劳务派遣用工的通知

正文内容：全国人大常委会关于修改中华人民共和国劳动合同法的决定以下简称决定已于2013年7月1日正式实施山东省劳动合同条例修订已经省十二届人大常委会第三次会议表决通过将于2013年10月1日开始正式施行为进一步做好新修订劳动合同法的贯彻落实工作规范劳务派遣用工行为根据省政府主要领导批示精神现就有关问题通知如下

通知内容分为：提高贯彻落实新修订劳动合同法重要性的认识、做好新修订劳动合同法宣传培训工作、切实抓好新修订劳动合同法的贯彻落实、切实加强组织领导4个方面。“切实抓好新修订劳动合同法的贯彻落实”又包含5个方面：严格落实劳务派遣行政许可制度、严格控制用工单位使用派遣制员工的比例、督促用工单位遵循同工同酬原则、组织开展劳务派遣用工专项检查、加强劳动保障监察和劳动人事争议仲裁。

# 第二节　通　知

## 一、通知的含义与特点

（一）通知的含义

通知适用于发布、传达要求下级机关执行和有关单位周知或者执行的事项，批转、转发公文。是各级党政机关、人民团体、企事业单位使用最多的公文。

（二）通知的特点

1. 使用的广泛性

通知是发文机关受限最少的文种之一。在公务活动中，发文机关不论级别高低都能使用通知这一文种；问题不论大小、事情不论巨细都能以通知的形式发布。因此通知的使用最广泛，领域最广阔。

2. 功能的多用性

通知可以用于对工作、事项的指示、指导，也可以用于对信息的发布、告知，还可以用于对其他文件的处理、转达，是党政机关公文中用途最多的文种之一。

## 二、文种类型写作

（一）处理文件类通知

1. 类型简介

处理文件的通知一般用于批转、转发有关文件和发布行政规章、管理规章以及印发计划等。

其中，上级机关转发下级的文件，用批转性通知；下级机关转发上级文件、同级或不相隶属的机关之间的文件，用转发性通知。

发布行政法规、规章、办法的通知属于发布性通知。根据不同情况，可分为发布、印发。一般说来，对比较重要的行政法规、规章、办法用发布，而对一般性的、暂行或试行的行政规章、管理规章用印发。

2. 写作范式

（1）标题

发文机关 +（关于）处理文件类型 + 被处理的文件标题 + 文种

需要注意的是：

第一，“关于”的用法。当被处理文件的标题中含有“关于”时，处理文件类型的前面不加“关于”；当被处理文件的标题中不含有“关于”时，处理文件类型的前面加“关于”。

第二，被处理的公文若是法规、规章时，一般应加上书名号，其他情况一般不加。

第三，当公文被多次处理转发时，为避免公文标题过长和防止标题中出现多个“的通知”，一般可保留末次处理文件机关和始发文件机关，只保留一个“关于”和一个“的通知”字样。至于中间曾转发过的情况，可在正文中交代清楚。

例如：

[国务院办公厅] + 关于 [印发] + [2013年食品安全重点工作安排] 的 + [通知]

[国务院] + 关于 [批转] + [交通运输部等部门重大节假日免收小型客车通行费实施方案] 的 + [通知]

[北京市人民政府办公厅] + [转发] + [市交通委关于调整本市公路养路费免征范围文件] 的 + [通知]

[山东省物价局] + [转发] + [国家发改委关于开展全国涉农价格和收费专项检查的通知] + 的 [通知]

（2）正文

正文部分称为批语，一般包括三至四个内容：（态度） + 处理文件名 + 处理方式 + 要求。示例如下：

《2013年食品安全重点工作安排》已经国务院同意，现印发给你们，请认真贯彻执行。

处理文件名　　态度　　处理方式　　要求

一般文件的批语很简单，只要表明态度加上处理方式和处理的文件名以及简单的要求即可。

如果较重要的文件需要在批语中对“要求”进一步做出说明的，则可以从下面三个方面考虑：

第一，说明批转的目的或陈述转发的理由或阐述该文件的意义所在；

第二，对受文单位提出贯彻执行的具体要求；

第三，根据具体情况做出补充性的规定。

（二）指示性通知

1. 类型简介

指示性通知，是上级机关向下级机关就某些事项、工作，或提出具体原则和要求，或作出部署和安排，以及提出具体措施、步骤等，以让受文单位贯彻执行的通知。这种通知的内容，多数不宜以命令或意见行文。

2. 写作范式

（1）标题

[发文机关] + 关于 [事由] + [文种]

例如：

[国务院办公厅] 关于 [做好城市排水防涝设施建设工作] 的 [通知]

[国务院办公厅] 关于 [继续做好房地产市场调控工作] 的 [通知]

（2）正文

正文一般由二至三部分组成，即开头＋主体＋结尾。

第一部分是开头，一般由行文依据和行文目的组成。

行文依据（包括现实依据、文件依据）如缘由、背景、针对的问题等；行文目的往往由“为”或“为了”引导的目的句引出。

第二部分是主体，即事项部分，将通知的具体内容用条文式一项一项列出，把布置的工作的政策规定或具体做法阐述清楚，并讲清要求、措施、办法及步骤等等。

第三部分是结尾，多提出贯彻执行要求，如“请遵照执行”“请认真贯彻执行”“请研究贯彻”等习惯用语，也有的通知结尾不写习惯用语。

（三）知照性通知

1. 类型简介

知照性通知，是用于告知某一事项或某些信息的通知，即告知有关单位或个人某些事项的通知。如告知有关单位或人员参加会议；设立、调整、合并或撤销机构；迁移办公地点；启用或更换印章；调整办公时间；更改电话；更正文件差错等事项。

2. 写作范式

（1）标题

[发文机关]＋关于[事由]＋[文种]

例如：

[国务院]关于[机构设置]的[通知]

[国务院办公厅]关于[2013年部分节假日安排]的[通知]

[国务院办公厅]关于[成立国务院教育督导委员会]的[通知]

[重庆松风电子有限公司]关于[召开代理商工作会议]的[通知]

[国家安全监管总局]关于[召开全国安全生产工作会议]的[通知]

（2）正文

正文一般由两部分组成，即开头＋主体。

第一部分是开头，一般由行文依据、行文目的和文种承启语组成。

行文依据（包括现实依据、文件依据）如缘由、背景、针对的问题等。

行文目的往往由“为”或“为了”引导的目的句引出。

文种承启语往往用“现将有关事项（或××事项）通知如下”过渡到第二部分即主体部分。

第二部分是主体，即事项部分。如果内容较多，可用条文式分段列项来撰写。

注：告知性通知一般不写结尾，如有也常常用“特此通知”之类的简单结尾语。

## 三、范文品读

**【例文1】**

**国务院关于印发《国务院工作规则》的通知**

国发〔2013〕16号

各省、自治区、直辖市人民政府，国务院各部委、各直属机构：

《国务院工作规则》已经2013年3月20日召开的国务院第1次全体会议通过，现予印发。

国务院

2013年3月23日

（此件公开发布）

**【例文2】**

**国务院办公厅关于印发2013年食品安全重点工作安排的通知**

国办发〔2013〕25号

各省、自治区、直辖市人民政府，国务院各部委、各直属机构：

《2013年食品安全重点工作安排》已经国务院同意，现印发给你们，请认真贯彻执行。

国务院办公厅

2013年4月7日

（此件公开发布）

**【例文3】**

**国家外汇管理局关于发布《外债登记管理办法》的通知**

汇发〔2013〕19号

国家外汇管理局各省、自治区、直辖市分局、外汇管理部，深圳、大连、青岛、厦门、宁波市分局，各中资外汇指定银行：

为深化外汇管理体制改革，简化行政审批程序，强化外债统计监测，防范外债风险，国家外汇管理局决定改进外债登记管理方式。为此，国家外汇管理局制定了《外债登记管理办法》和《外债登记管理操作指引》，现印发给你们，请遵照执行。

本通知自2013年5月13日起实施。之前规定与本通知内容不一致的，以本通知为准。本通知实施后，附件3所列法规即行废止。

国家外汇管理局各分局、外汇管理部接到本通知后，应及时转发辖内中心支局、支局、城市商业银行、农村商业银行、外资银行、农村合作银行；各中资银行接到通知后，应及时转发所辖各分支机构。执行中如遇问题，请及时向国家外汇管理局资本项目管理司反馈。

附件：1. 外债登记管理办法
2. 外债登记管理操作指引
3. 废止法规目录

国家外汇管理局
2013 年 4 月 28 日

【例文 4】

国务院关于批转交通运输部等部门重大节假日免收小型客车通行费实施方案的通知

国发〔2012〕37 号

各省、自治区、直辖市人民政府，国务院各部委、各直属机构：

国务院同意交通运输部、发展改革委、财政部、监察部、国务院纠风办制定的《重大节假日免收小型客车通行费实施方案》，现转发给你们，请认真贯彻执行。

国务院
2012 年 7 月 24 日

【例文 5】

国务院办公厅转发工商局等部门关于严厉打击传销和变相传销等非法经营活动意见的通知

各省、自治区、直辖市人民政府，国务院各部委、各直属机构：

工商局、公安部、人民银行《关于严厉打击传销和变相传销等非法经营活动的意见》已经国务院同意，现转发给你们，请认真贯彻执行。

最近一个时期，一度被禁止的传销活动又以各种名目在全国各地重新抬头，其表现形式多种多样，具有更大的隐蔽性、欺骗性和危害性，严重损害了人民群众的合法权益，扰乱了正常的经济秩序，并引发了一些社会问题，成为社会治安的巨大隐患。地方各级人民政府一定要本着对人民高度负责的精神，切实加强领导，组织工商行政管理、公安、银行等有关部门采取强有力的措施，严厉打击传销和变相传销等非法经营活动，切实保护公民的合法权益，维护正常经济秩序和社会稳定。同时，要加大宣传力度，公开揭露传销和变相传销的欺骗性和严重危害性，及时将查处的典型案件予以曝光，教育广大人民群众提高认识，自觉抵制此类非法经营活动。

国务院办公厅
二〇〇〇年八月十三日

【例文6】

## 国务院办公厅
## 关于继续做好房地产市场调控工作的通知

国办发〔2013〕17号

各省、自治区、直辖市人民政府，国务院各部委、各直属机构：

2011年以来，各地区、各部门认真贯彻落实中央关于加强房地产市场调控的决策和部署，取得了积极成效。当前房地产市场调控仍处在关键时期，房价上涨预期增强，不同地区房地产市场出现分化。为继续做好今年房地产市场调控工作，促进房地产市场平稳健康发展，经国务院同意，现就有关问题通知如下：

一、完善稳定房价工作责任制

认真落实省级人民政府负总责、城市人民政府抓落实的稳定房价工作责任制。各直辖市、计划单列市和省会城市（除拉萨外），要按照保持房价基本稳定的原则，制定本地区年度新建商品住房（不含保障性住房，下同）价格控制目标，并于一季度向社会公布。各省级人民政府要更加注重区域差异，加强分类指导。对行政区域内住房供不应求、房价上涨过快的热点城市，应指导其增加住房及住房用地的有效供应，制定并公布年度新建商品住房价格控制目标；对存在住房供过于求等情况的城市，也应指导其采取有效措施保持市场稳定。要建立健全稳定房价工作的考核问责制度，加强对所辖城市的督查、考核和问责工作。国务院有关部门要加强对省级人民政府稳定房价工作的监督和检查。对执行住房限购和差别化住房信贷、税收等政策措施不到位、房价上涨过快的，要进行约谈和问责。

二、坚决抑制投机投资性购房

继续严格执行商品住房限购措施。已实施限购措施的直辖市、计划单列市和省会城市，要在严格执行《国务院办公厅关于进一步做好房地产市场调控工作有关问题的通知》（国办发〔2011〕1号）基础上，进一步完善现行住房限购措施。限购区域应覆盖城市全部行政区域；限购住房类型应包括所有新建商品住房和二手住房；购房资格审查环节应前移至签订购房合同（认购）前；对拥有1套及以上住房的非当地户籍居民家庭、无法连续提供一定年限当地纳税证明或社会保险缴纳证明的非当地户籍居民家庭，要暂停在本行政区域内向其售房。住房供需矛盾突出、房价上涨压力较大的城市，要在上述要求的基础上进一步从严调整限购措施；其他城市出现房价过快上涨情况的，省级人民政府应要求其及时采取限购等措施。各地区住房城乡建设、公安、民政、税务、人力资源社会保障等部门要建立分工明确、协调有序的审核工作机制。要严肃查处限购措施执行中的违法违规行为，对存在规避住房限购措施行为的项目，要责令房地产开发企业整改；购房人不具备购房资格的，企业要与购房人解除合同；对教唆、协助购房人伪造证明材料、骗取购房资格的中介机构，要责令其停业整顿，并严肃处理相关责任人；

情节严重的，要追究当事人的法律责任。

继续严格实施差别化住房信贷政策。银行业金融机构要进一步落实好对首套房贷款的首付款比例和贷款利率政策，严格执行第二套（及以上）住房信贷政策。要强化借款人资格审查，严格按规定调查家庭住房登记记录和借款人征信记录，不得向不符合信贷政策的借款人违规发放贷款。银行业监管部门要加强对银行业金融机构执行差别化住房信贷政策的日常管理和专项检查，对违反政策规定的，要及时制止、纠正。对房价上涨过快的城市，人民银行当地分支机构可根据城市人民政府新建商品住房价格控制目标和政策要求，进一步提高第二套住房贷款的首付款比例和贷款利率。

充分发挥税收政策的调节作用。税务、住房城乡建设部门要密切配合，对出售自有住房按规定应征收的个人所得税，通过税收征管、房屋登记等历史信息能核实房屋原值的，应依法严格按转让所得的20%计征。总结个人住房房产税改革试点城市经验，加快推进扩大试点工作，引导住房合理消费。税务部门要继续推进应用房地产价格评估方法加强存量房交易税收征管工作。

三、增加普通商品住房及用地供应

各地区要根据供需情况科学编制年度住房用地供应计划，保持合理、稳定的住房用地供应规模。原则上2013年住房用地供应总量应不低于过去5年平均实际供应量。住房供需矛盾突出、房价上涨压力较大的部分热点城市和区域中心城市，以及前两年住房用地供应计划完成率偏低的城市，要进一步增加年度住房用地供应总量，提高其占年度土地供应计划的比例。加大土地市场信息公开力度，市、县人民政府应于一季度公布年度住房用地供应计划，稳定土地市场预期。各地区要继续采取有效措施，完善土地出让方式，严防高价地扰乱市场预期。各地区住房城乡建设部门要提出商品住房项目的住宅建设套数、套型建筑面积、设施条件、开竣工时间等要求，作为土地出让的依据，并纳入出让合同。

各地区发展改革、国土资源、住房城乡建设部门要建立中小套型普通商品住房建设项目行政审批快速通道，提高办事效率，严格落实开竣工申报制度，督促房地产开发企业严格按照合同约定建设施工，加快中小套型普通商品住房项目的供地、建设和上市，尽快形成有效供应。对中小套型住房套数达到项目开发建设总套数70%以上的普通商品住房建设项目，银行业金融机构要在符合信贷条件的前提下优先支持其开发贷款需求。

四、加快保障性安居工程规划建设

全面落实2013年城镇保障性安居工程基本建成470万套、新开工630万套的任务。各地区要抓紧把建设任务落实到项目和地块，确保资金尽快到位，尽早开工建设。继续抓好城市和国有工矿（含煤矿）、国有林区、垦区棚户区改造，重点抓好资源型城市及独立工矿区棚户区改造；积极推进非成片棚户区和危旧房改造，逐步开展城镇旧住宅区综合整治，稳步实施城中村改造。

强化规划统筹，从城镇化发展和改善居民住房条件等实际需要出发，把保障性安居工程建设和城市发展充分结合起来，在城市总体规划和土地利用、住房建设等规划中统筹安排保障性安居工程项目。要把好规划设计关、施工质量关、建筑材料关和竣工验收关，落实工程质量责任，确保工程质量安全。要合理安排布局，改进户型设计，方便保障对象的工作和生活。要加大配套基础设施投入力度，做到配套设施与保障性安居工程项目同步规划、同期建设、同时交付使用，确保竣工项目及早投入使用。

加强分配管理。要继续探索创新保障性住房建设和管理机制，完善保障性住房申请家庭经济状况审核机制，严格准入退出，确保公平分配。加大保障性安居工程建设、分配和退出的信息公开力度。严肃查处擅自改变保障性安居工程用途、套型面积等违法违规行为。2013 年底前，地级以上城市要把符合条件的、有稳定就业的外来务工人员纳入当地住房保障范围。要加强小区运营管理，完善社区公共服务，优化居住环境。

五、加强市场监管和预期管理

2013 年起，各地区要提高商品房预售门槛，从工程投资和形象进度、交付时限等方面强化商品房预售许可管理，引导房地产开发企业理性定价，稳步推进商品房预售制度改革。继续严格执行商品房销售明码标价、一房一价规定，严格按照申报价格对外销售。各地区要切实强化预售资金管理，完善监管制度；尚未实行预售资金监管的地区，要加快制定本地区商品房预售资金监管办法。对预售方案报价过高且不接受城市住房城乡建设部门指导，或没有实行预售资金监管的商品房项目，可暂不核发预售许可证书。各地区要大力推进城镇个人住房信息系统建设，完善管理制度，到“十二五”期末，所有地级以上城市原则上要实现联网。

加强房地产企业信用管理，研究建立住房城乡建设、发展改革、国土资源、金融、税务、工商、统计等部门联动共享的信用管理系统，及时记录、公布房地产企业的违法违规行为。对存在闲置土地和炒地、捂盘惜售、哄抬房价等违法违规行为的房地产开发企业，有关部门要建立联动机制，加大查处力度。国土资源部门要禁止其参加土地竞买，银行业金融机构不得发放新开发项目贷款，证券监管部门暂停批准其上市、再融资或重大资产重组，银行业监管部门要禁止其通过信托计划融资。税务部门要强化土地增值税的征收管理工作，严格按照有关规定进行清算审核和稽查。住房城乡建设、工商等部门要联合开展对房屋中介市场的专项治理工作，整顿和规范市场秩序，严肃查处中介机构和经纪人员的违法违规行为。有关部门要加强房地产开发企业资本金管理，加大对资产负债情况的监测力度，有效防范风险。

各地区、各有关部门要加强市场监测和研究分析，及时主动发布商品住房建设、交易及房价、房租等方面的权威信息，正确解读市场走势和有关调控政策措施，引导社会舆论，稳定市场预期。要加强舆情监测，对涉及房地产市场的不实信息，要及时、主动澄清。对诱导购房者违反限购、限贷等政策措施，造谣、传谣以及炒作不实信息误导消费者的企业、机构、媒体和个人，要进行严肃处理。

六、加快建立和完善引导房地产市场健康发展的长效机制各有关部门要加强基础性工作，加快研究提出完善住房供应体系、健全房地产市场运行和监管机制的工作思路和政策框架，推进房地产税制改革，完善住房金融体系和住房用地供应机制，推进住宅产业化，促进房地产市场持续平稳健康发展。

国务院办公厅

2013 年 2 月 26 日

（此件公开发布）

【例文 7】

**国务院办公厅**

**关于 2014 年部分节假日安排的通知**

国办发明电〔2013〕28 号

各省、自治区、直辖市人民政府，国务院各部委、各直属机构：

经国务院批准，现将2014 年元旦、春节、清明节、劳动节、端午节、中秋节和国庆节放假调休日期的具体安排通知如下。

一、元旦：1 月 1 日放假 1 天。

二、春节：1 月 31 日至 2 月 6 日放假调休，共 7 天。1 月 26 日（星期日）、2 月 8 日（星期六）上班。

三、清明节：4 月 5 日放假，4 月 7 日（星期一）补休。

四、劳动节：5 月 1 日至 3 日放假调休，共 3 天。5 月 4 日（星期日）上班。

五、端午节：6 月 2 日放假，与周末连休。

六、中秋节：9 月 8 日放假，与周末连休。

七、国庆节：10 月 1 日至 7 日放假调休，共 7 天。9 月 28 日（星期日）、10 月 11 日（星期六）上班。

节假日期间，各地区、各部门要妥善安排好值班和安全、保卫等工作，遇有重大突发事件，要按规定及时报告并妥善处置，确保人民群众祥和平安度过节日假期。

国务院办公厅

2013 年 12 月 11 日

【例文 8】

**上海市第一商业局**

**关于催报商品流通中不正之风检查处理情况的通知**

各站、司、店、校、所：

今年 9 月 7 日，市人民政府曾以沪府发〔19××〕73 号文通知各单位，要求切实贯彻国务院《关于制止商品流通中不正之风的通知》，并将检查处理情况逐级上报市政府。为此，请你单位按照市政府通知要求，将有关情况，连同我局 8 月 25 日大会贯彻情况，于11月20日前将书面汇报材料一式三份上报我局。要求如下：

一、汇报材料中，请着重说明局大会以后开展了哪几方面的工作，调查和处理了多少案件，重点案例的进展情况，收到了哪些效果等。

二、汇报内容应包括中纪委通知“关于杜绝‘关系户’不正之风的要求”。

三、福利产品的检查情况，请各单位按市委“沪委〔19××〕26号”通报精神，在11月15日前将清理情况另行报局（前已发文通知）。

以上各点希按照执行。

一九××年十一月十日（公章）

**【例文9】**

**关于召开上半年全国保险监管工作会议的通知**

保监厅函〔2009〕272号

各保监局，机关各部门，国有保险公司监事会，中国保险行业协会，中国保险学会，中国保险保障基金有限责任公司，各保险公司：

为进一步做好全国保险监管工作，保监会党委决定召开上半年保险监管工作会议。现将有关事项通知如下：

一、会议时间

2009年7月20日至21日，会期1天半。

二、会议地点

北京京西宾馆（北京市海淀区羊坊店路1号）。

三、参会人员

（一）保监会及国有保险公司监事会领导；

（二）各保监局局长；

（三）保监会机关和国有保险公司监事会副局级以上干部；

（四）中国保险行业协会和中国保险学会会长、秘书长；

（五）中国保险保障基金有限责任公司负责人；

（六）各保险公司董事长和总经理（其中，保监会5家直管公司班子成员及其子公司董事长和总经理）；

（七）部分中介公司代表。

四、其他事项

（一）本次会议统一安排代表住宿（地点：京西宾馆和京都信苑饭店），公司代表费用自理。

（二）请出席会议人员持此通知或其传真件、复印件于7月19日（星期日）上午10点后到京西宾馆东楼一层大堂报到。

（三）请各单位于7月15日下午5点前将参会人员姓名、职务、性别、民族和联系方式报保监会办公厅综合处。集团公司统一报名。

联 系 人：蒋巍、毛文博

联系电话：(010) 66286167 66286095

传 真：(010) 66288112

(四) 请各保监局将参会领导的航班号、车次等报办公厅行政处，具体接送站事宜请联系办公厅行政处。

联 系 人：张炯昊、尹连军

联系电话：(010) 66286329 66288013

手 机：13910513375 13801113280

传 真：(010) 66288123

附件：全国保险监管工作会议参会回执

中国保险监督管理委员会

二〇〇九年七月十四日

## 四、操作训练

(一) 仔细阅读下文，指出其存在的问题。

### 关于召开全省民政工作会议的通知

各市人民政府、行政公署，省直各单位：

为了贯彻全国民政工作会议精神，省政府决定召开全省工作会议。会议的主要议题是：传达学习全国民政会议的主要文件和领导讲话，讨论研究贯彻的意见和措施，请你们提前做好准备。

参加会议人员：各市人民政府、行政公署分管民政工作的领导同志和各市、行署的民政局长，省直各单位的负责同志。

会议拟开五天，地点××宾馆，于八月十五日前来报到。

××省人民政府办公厅

××××年×月×日

(二) 假定你是××县政府办公室的一名工作人员，请根据以下内容，拟写一份会议通知。

××县人民政府决定于2013年5月10日上午8：30在县委招待所四楼会议室召开防汛抗旱、水利普查暨电站年检工作会议，会期1天。与会人员为各乡镇乡镇长、分管农业的副乡镇长、水利员、国土员，防汛任务和水利普查工作任务繁重的重点村村主任及县直有关单位主要负责人。乡镇、村及水电站与会人员于5月9日下午18：00前到县委招待所报到，县直单位与会人员于当日上午直接参会。通知发文时间为2012年5月4日。

（三）假定你是北京市政府的某工作人员，请阅读下面的给定材料，针对材料中存在的主要问题，写一则通知。

主送机关名称以“×××”代替。

要求：格式正确，内容完整，措施有效，语言规范，字数300—500字。

**京城“泔水油”黑幕**

夜色迷茫中，一辆辆满载泔水的小货车在北京街头缓缓前行。一路淋漓的泔水和浓烈的馊臭味，令路人避而远之。“每到晚餐时间，北京市大部分的饭店门前都停着这样的泔水车”，北京市环保局一位负责人介绍说，该市大概有宾馆、饭店及食堂近5万家，每天会产生1600多吨泔水和120多吨地沟油，其中有50%被私人捞走。

1小时之前，这些令人作呕的垃圾还堆积在航天桥附近的某餐馆里，而货车的主人——一位农夫，每天晚饭后都会驱车来到这里，将泔水集中运走。搬开这家餐馆厨房里的废水井盖，可以看到里面漂浮着黏稠的褐色东西，那是清洗碗碟后的油脂、洗洁精及饭渣混合物，人们称这些废油脂为“地沟油”。

中央电视台《为您服务》栏目的记者以“规划土地”为由跟踪并敲开该农户家的大门。只见昨晚的泔水和地沟油已被混在一个大锅里，熊熊的火苗舔着锅底。那位农夫用大勺把浮在上面的油脂刮出来，倒进旁边的另一个容器里。“这些炼出来的油”，农夫解释说，“会有人来收购再加工，然后转手卖出去”。据“线人”介绍：如此“炼油”的农家厂子，在北京地区不下1000家。

袁老板的家坐落在北京大兴区旧宫附近，在这个近600平方米的院落中，摆放着上百只庞大的油桶——里面装满了收购来的泔水和地沟油，据“线人”称这里是北京最大的私人“黑油”集散地。记者以购油者的身份取得了袁老板的信任。在这片肮脏的油桶中，记者发现了一桶清亮透明、近似于食用色拉油的液体。袁老板得意地介绍说，这是他们自己加工的准备卖给粮油市场供人食用的“成品油”。记者将“成品油”桶提到面前，却闻不出任何异味——难以想象，这清澈而无异味的液体竟然来源于下水道！

那么垃圾是怎样变为“食用油”的？辗转数天后记者终于来到袁家工厂，这是一座大院，四周荒草丛生。见到陌生人来到，院中5条狼狗狂吠。袁老板的父亲把记者引入车间后，展示了他的“发明”——

首先是脱色：泔水油和地沟油被倒进过滤机，加入白土后发生化学反应，原本的褐红色变得清澈透明。而在这个步骤里，油的酸价还会被降低——酸价是衡量油品质好坏的重要指标，酸价越低表明油越好——这可以逃脱卫生部门的检查。第二步是水洗：把经过脱色的油倒入一个大水池后搅拌，去除杂质，并进一步脱色。最后一步是抽真空：把油放入一个真空罐后加温，起到去除异味的作用。一辆大卡车正在院中将“成品油”装车，据袁老板介绍，每天晚上都有人会来这里拉油，十几年风雨无阻。

“以饮食垃圾炼油是个暴利的产业”，一位知情者说，它形成了一个链条，从收购到加工再到销售，而某些人的良心就泯灭在金钱里。

按照国家卫生部、工商总局、环保总局及建设部联合印发的有关文件：“像泔水油以及地沟油等这样的废弃食用油，除直接排放外，只能销售给废弃油脂加工单位，不得销售给其他单位和个人。”但因为泔水车主会以每月100到数百元的价格收购泔水油或地沟油，所以导致餐馆为利益违规操作。据一位泔水车主介绍，他们平均每3天就能生产一桶（约180公斤）泔水油或地沟油，每桶可获利580—600元。按此计算，他们每月就能赚6000元。对于像袁老板这样集生产、销售于一身的油贩子来说，利润更是丰厚。袁老板介绍说，他们收购的地沟油每吨大约3400元，加工后的“成品油”可以卖到每吨5000元，除去各项成本，纯利润在每吨1000元左右。“我在天津还有一个厂子，在安徽淮南还有一个门市部，每月能售出180多桶——大约几十吨油；北京、四川、福建都有我的客户”。

据了解，找袁老板等油贩子收油的人把油拉回去后，会勾兑入大约1/3的色拉油和1/3的棕榈油，以便更好地蒙混过关，而这些混合物便被装入小瓶，进入粮油市场，最后进入居民的口中。

据一位食品专家介绍，重复加工的泔水油中含有大量的甲苯丙醛，而地沟油中还含有大量的磷——这来源于餐具洗涤剂。实践证明，人长期食用这些物质可以致癌。

记者来到北京最大的粮油交易地——玉泉路批发市场。“你先拿一些样品来，我看看货色”，当记者称自己是一位专门“精炼地沟油”的商贩时，有老板凑过来说。第二天，记者带着一瓶样品如约而至，这位老板很快和记者谈妥价格和运送方式。当被问及如何应付市场管理人员的检查时，他说，只要偷偷把烂油掺入成品油，不被别人发现，就可以逃避。“地沟油经过炼制后，与色拉油很难区别——谁又有证据说我是在卖地沟油呢?”

在每天进出约100吨食用油的北京粮油中央批发市场，有老板说，可以把记者提供的“地沟油”直接装桶，销售给小型超市和早点摊位。他还一再叮嘱记者：“你提供的油在一个市场里只能供给某一个商贩，否则就‘穿帮’了。”

北京市环保局有关人员在接受采访时表示，该市曾屡次打击黑油贩卖窝点，并取得了一定成效。但由于处罚条例不健全，致使这种现象屡禁不绝。“另外多口管理也是打击不力的主要原因”，这位人士分析说，“泔水归卫生部门管，下水道归环保部门管，营业执照又归工商部门管，这样一来，执法必须是联合行动，但人手很难凑齐”。

记者曾拨通了北京市大兴区环保局的电话，举报袁老板的“黑油”加工厂。但执法人员却以地理位置不清为由拒绝清查。

——摘自《南方周末》

# 第三节 通 报

## 一、通报的含义和特点

（一）通报的含义

通报是宣传教育、交流信息的文种，属于下行文。通报除起到嘉奖和告诫作用外，还有交流作用。适用于表彰先进，批评错误，传达重要精神和告知重要情况。

（二）通报的特点

1. 内容的典型性

通报所写内容可以是先进典型、错误典型，也可以是重要精神或重要情况，由此可见通报表现的内容是有限制的，必须达到一定的程度，这是通报这一文种对内容选择方面的一个要求，是制发通报的重要前提。

2. 作用的双重性

通报具有两个作用：一是教育作用。通报对先进的表彰和对错误的批评，目的在于树立学习榜样或者提供反面典型以资借鉴，使读者能够总结经验，吸取教训，思想上得到教益；二是交流作用。通报不论是表彰先进事迹，还是批评错误言行或者传达重要精神和告知重要情况，都具有交流信息的作用，通过上情下达，加强上下级之间、部门之间的相互交流，信息共享，促进工作。另外，有的情况通报还有指导作用。

## 二、文种类型写作

（一）表彰性通报

1. 类型简介

表彰性通报即表彰具有典型意义的先进事迹和好人好事的通报。

2. 写作范式

（1）标题

[发文机关]+关于[事由]+[文种]

例如：

[国务院]关于[表扬全国“两基”工作先进地区]的[通报]

[国务院]关于[对“十一五”节能减排工作成绩突出的省级人民政府给予表扬]的[通报]

（2）正文：一般由四个模块构成。

模块一：叙述先进事迹，包括时间、地点、人物、事迹、怎么做及其结果；

模块二：对先进事迹进行分析、评议，指出其典型意义，或概括主要经验；

模块三：提出表彰决定；

模块四：提出希望和学习号召。

（二）批评性通报

1. 类型简介

批评性通报即批评能普遍产生鉴戒作用的单位或个人的通报。

2. 写作范式

（1）标题

发文机关 +关于 事由 + 文种

例如：

国务院安委会办公室 关于 黑龙江省黑河市“1·28”重大铁路道口事故情况 的 通报

（2）正文：一般由四个模块构成。

模块一：叙述事故或错误事实的经过情况、时间、地点、事故及其后果等；

模块二：对事故进行分析评议，分析事故发生的原因，指出事故的性质及其危害；

模块三：提出处分决定；

模块四：引申出应当吸取的经验教训，有的放矢地提出希望和要求。

（三）情况通报

1. 类型简介

情况通报即传达重要精神和告知重要情况，起到交流情况、沟通信息或指导工作作用的通报。可分为一般性情况通报和批评性情况通报。

批评性通报和批评性情况通报有以下几点区别：

第一，针对点不同。批评性通报，是用来批评反面的典型，针对的是个人或单位。

批评性情况通报，是对有关工作出现的失误，重大的问题、事故或者是重要活动中发生的不良情况的一种公布，针对的是问题或事故等。

第二，侧重点不同。批评性通报侧重于分析错误的性质、危害和错误产生的根源，并说明造成错误者必须担负的具体责任，对错误提出严正批评。它通过批评，要求人们从中吸取教训，引起警觉，防止同类事件再次发生。

批评性情况通报侧重于对情况的叙述和预防措施的安排。它通过有重点和有针对性的介绍，使受文单位了解问题产生的根源、预防措施，也有指导有关单位防范于未然的作用。它的目的是促进有关单位了解自身情况，正视问题，根据上级部署针对本单位薄弱环节进行调整、修正，从而达到推动工作、预防类似事故发生的目的。

第三，篇幅不同。因为批评性情况通报侧重于对情况的叙述和预防措施的安排，一般而言，它比批评性通报占用更大的篇幅。

2. 写作范式

（1）标题

发文机关 +关于 事由 + 文种

例如：

国务院安委会办公室 关于 黑龙江省黑河市“1·28”重大铁路道口事故情况 的 通报

关于 全省一季度商务目标完成情况 的 通报

（2）正文模块内容

概括叙述情况、分析情况 + 针对情况提出希望和要求

一般性情况通报和批评性情况通报在正文写作上对模块的处理有差异。

一般性情况通报：模块1（详写） + 模块2（略写）。

批评性情况通报：模块1（详写） + 模块2（详写）。

## 三、范文品读

【例文1】

### 关于表彰全国工程监理先进单位和工程监理先进工作者的通报

建发〔2004〕118号

各省、自治区建设厅，直辖市建委，国务院有关部门建设司，解放军总后营房部，新疆生产建设兵团建设局，国资委管理的有关企业：

近年来，在全国监理行业的共同努力下，我国的工程监理制度进一步完善，监理工作不断规范，建设了大批优质工程，为国家经济建设做出了显著贡献。同时，涌现出一批勇于开拓，积极进取，为工程监理事业做出突出贡献的单位和个人。为表彰先进，树立典型，激励广大监理工作者努力工作，开创监理事业的新局面，建设部决定，对近年来在监理工作中做出突出成绩的126个先进单位和206个先进工作者给予表彰。

希望受到表彰的单位和个人再接再厉，取得更优异成绩。全国工程监理行业的单位和干部职工，要学习先进，努力进取，为推动我国监理事业的健康发展做出贡献。各级建设行政主管部门，要进一步加强对监理工作的指导和监督管理，加大推进监理工作的力度，总结经验，不断完善工程监理制度，为我国工程建设做出更大贡献。

附件：全国工程监理先进单位

中华人民共和国建设部

二〇〇四年七月十三日

【例文2】

### 共青团××铁路局委员会关于表彰周××等同志英勇救险事迹的通报

共青团员周××是××铁路局××分局××火车站客运三班的服务员。今年4月30

日上午9时30分，她和班里的同志正在站台上迎接即将进站的365次旅客列车。突然，在相距行进中的356次列车仅50余米的地方，一辆装有维修工具的三轮车经过道口时，因车轮卡入轨隙，连人带车翻倒在接车轨道的道心。眼看一场事故就要发生，周××同志迅疾冲上前去，扶起运送维修工具的骑车者，并拼尽全力将散落在轨道上的维修工具移到道旁。此时，客运三班的共青团员王××，服务公司青年职工赵××也火速赶来援救，合力将三轮车推出道外。356次列车从他们身边呼啸而过，一场事故得以避免。

周××等三同志不顾个人安危，英勇抢救同志生命，保护了列车的安全，充分体现了现代青年的精神面貌，为广大共青团员树立了好榜样。

为表彰周××等同志的英勇事迹，共青团××铁路局委员会决定，授予周××模范共青团员的光荣称号，同时给予共青团员王××、青年职工赵××通报表扬，并给予他们物质奖励。

希望全局共青团员、广大青年学习周××等三位同志将个人安危置之度外，奋力抢救同志生命和国家财产的无畏精神，积极做好本职工作，努力为社会主义现代化建设事业做出更大贡献。

（章）

一九××年×月×日

【例文3】

## 国务院办公厅关于南京市有关部门越权审批中韩合资南京锦湖轮胎有限公司项目的通报

各省、自治区、直辖市人民政府，国务院各部委、各直属机构：

最近，国务院有关部门对南京市有关部门越权审批中韩合资南京锦湖轮胎有限公司项目的问题进行了调查。经查实，南京轮胎厂是国家定点轮胎生产企业，由于亏损严重，资不抵债，又地处市区，污染严重，南京市决定对其进行搬迁改造。为解决搬迁改造资金问题，南京市人民政府和企业多方寻求国外合作伙伴，于1994年9月与韩国锦湖集团达成协议，合资成立南京锦湖轮胎有限公司，建设年产300万套子午线轮胎项目，总投资11917.7万美元。南京市有关部门违反基本建设程序有关规定，从1994年9月至1995年10月，以增资扩股形式，化整为零，分4次批复了该项目。由于该项目未按国家有关规定审批，有关进口设备不能享受合资企业免征关税政策，需补征税款约5000万元：主要生产原料天然橡胶进口配额也无法解决，每年增加生产成本约3000万元。

根据《国务院关于加强外资企业重大项目审批工作的通知》（国发〔1991〕14号）的精神，凡投资总额在国务院授权省、自治区、直辖市和计划单列市、经济特区人民政府审批权限以上的外资企业项目，由国家计委会同国务院有关主管部门进行综合平衡和审批。投资总额超过1亿美元的重大项目．由国家计委提出审查意见，报国务院审批。

南京市有关部门无视国家规定，越权审批利用外资重大项目，这一做法是极其错误的，给合资企业的生产经营造成了许多困难，并对外造成不良影响。为严肃纪律，国务院决定，给予南京市人民政府通报批评。

各地区、各部门要从这一事件中吸取教训，认真贯彻执行党中央、国务院的各项决定和政策，严格按照国家基本建设程序办理项目审批手续，坚决杜绝此类事件再度发生。

国务院办公厅（章）

一九九六年十二月二十三日

【例文4】

**××市食品酿造公司**
**关于××食品厂司机×××私自开车到北戴河游玩的通报**

公司所属各单位：

今年8月8日晚，××食品厂司机×××以磨合汽车为借口，擅自驾驶“630”食品防尘车并带上五人从××分厂去北戴河游玩。10日8点抵达北戴河，至12日夜间12点才返回公司。行程六百多公里。

×××的行为，违反组织纪律，错误实属严重。车队负责人在问题发生后未及时向公司汇报，这种做法也是错误的。为了严肃纪律，维护公司利益，同时教育×××本人，经公司研究决定：对司机×××予以通报批评，扣发三个月奖金，并责令其上交全程所用汽油费。

望各单位接此通报后，组织员工及时学习、讨论，从中吸取教训，把各项工作提高到一个新水平。

××市食品酿造公司

一九××年×月×日

【例文5】

**关于全省一季度商务目标完成情况的通报**

各市（州）人民政府，省级有关部门：

现将1－3月全省商务运行主要特点及市（州）完成目标进度情况通报如下：

一、进出口快速增长，增幅超过全国平均水平。一季度我省实现进出口22.38亿美元，同比增长45.4%，增幅仅次于黑龙江列全国第2位。其中出口12.47亿美元，同比增长29.3%，增幅比全国平均水平（26.6%）高2.7个百分点，这是22个月以来我省出口增幅首次超过全国平均水平，完成省下达目标考核任务的23.7%。重装设备出口成为今年新增长点，一季度净增出口1.29亿美元，占全省出口增加额的45.6%。民营企业、外商投资企业出口继续保持快速增长势头，出口额分别达到4.71和1.97亿美元，同比分别增长58.4%和37%。机电、高新技术产品、服装、鞋类、羽绒和酒等大宗商品出口增势喜人，分别增长49.9%、42.1%、94%、87.4%、120%和59.7%。加工贸易出口增速加快，出口1.81亿美元，同比增长40.6%。内江市、宜宾市、德阳市、达州市、自贡市、资阳市、巴中市7市达到或超过出口目标考核进度。

二、外商投资实际到位增长迅猛，第三产业和农业领域合同外资增势明显。一季度全省新批外商直接投资企业102家，同比增长10.9%；外商投资合同额3.68亿美元，同比增长9.7%；外商投资实际到位额2.82亿美元，同比增长97.1%，完成省下达目标考核任务的28.2%。外商投资第三产业积极性高，一季度新批的24家总投资1000万美元以上的外资企业中有16家属第三产业。外商投资房地产业继续保持较快增长，外商投资房地产业的合同额、实际到位额分别比去年同期增长141.27%和43.53%。农业领域利用外资大幅增长，全省新批准农业项目7个，合同额4196万美元，同比增长36倍。达州市、宜宾市、绵阳市、成都市、乐山市达到或超过外商投资实际到位额目标考核进度。

三、外派劳务快速增长。一季度全省外派劳务5733人次，同比增长46.9%，完成省下达目标考核任务的29.1%；对外承包工程和劳务合作完成营业额4232万美元，同比下降76.9%，完成省下达目标考核任务的6.4%。绵阳市、达州市、成都市、广安市、广元市、攀枝花市、南充市达到或超过外派劳务目标考核进度；攀枝花市、乐山市2市达到或超过完成营业额目标考核进度。

四、流通业开局良好，商品市场运行总体呈平稳增长态势。一季度全省实现社会消费品零售总额800.1亿元，同比增长13.8%，完成省下达目标考核任务的24%。城乡差距有所扩大，全省城市实现社会消费品零售额412.1亿元，同比增长14.7%，农村实现社会消费品零售额388亿元，同比增长12.9%，低于城市1.8个百分点。住宿和餐饮业增幅继续高于其他行业，实现零售额147.6亿元，同比增长16.6%，高于全省平均水平2.8个百分点。攀枝花市、广安市、南充市、广元市、自贡市、遂宁市、眉山市、雅安市、巴中市、成都市、绵阳市社会消费品零售总额达到或超过目标考核进度。

各市（州）要认真分析研究一季度商务运行情况，采取切实有效措施，确保4月份商务工作各项指标保持较快增长，为上半年实现时间过半，任务过半打下坚实基础。

附件：一季度全省各市（州）商务目标完成情况表

××××××（行文单位）

××××年×月×日

【例文6】

## 国务院安委会办公室关于黑龙江省黑河市“1·28”重大铁路道口事故情况的通报

安委办〔2013〕5号

各省、自治区、直辖市及新疆生产建设兵团安全生产委员会：

2013年1月28日7时35分，黑龙江省黑河铁路集团有限责任公司40296次货运列车运行至管内北黑线襄河站内一平交道口时，与黑河市五大连池市客运有限责任公司一辆号牌为黑N21198的大客车（核载35人，实载55人）尾部相撞，造成大客车上10人死亡、37人受伤，北黑线中断行车3小时41分。

该起事故的发生，暴露出相关企业和地方政府、有关部门安全生产责任制不落实、作业人员疏于值守、驾驶人疏于瞭望、客车严重超员等突出问题。为进一步加强铁路、道路交通等行业领域安全生产工作，有效防范和遏制类似事故发生，现提出以下要求：

一、加大铁路道口交通安全隐患排查整改力度

各地区、各有关部门和单位要组织力量，立即对铁路道口尤其是有人监护的道口进行安全隐患排查：一要查道口设备和警示标志是否齐全；二要查管理制度、作业标准是否健全；三要查作业人员是否严格按标准作业。对设备、标志缺失和制度标准不健全等安全隐患要立即整改；对流量较大、线形困难需改为立交的，当地政府要主动与铁路部门研究制定并落实平交改立交的整改计划，整改计划落实之前要派专人监护。要严格执行道口安全管理制度，落实来车预告制度，严肃道口监护值守纪律，督促道口监护人员认真值守，防止因监护道口列车对数较少产生麻痹大意思想。对不按标准作业、疏于值守的，要严肃处理。要充分发挥各级铁路道口办公室和铁路单位的作用，做到铁路道口管理制度、责任和措施“三落实”，按照各自分工，共同做好铁路道口监护管理工作。

二、严查农村客运车辆超载、站外上客等违法行为

各地区、各有关部门要进一步加强农村客运企业安全监管，班线客车要严格按照许可的线路、班次、站点运行，在规定的途经站点上下旅客，不得站外上客或揽客。对于途经站点安全管理混乱、停靠车辆超载严重的，要依法责令整改；对整改不达标的要按规定取消。要进一步加大对农村地区重点时段、重点路段、重点车辆的巡查管控力度，结合各地区实际，合理安排勤务，进一步严厉打击超速、超员、疲劳驾驶、酒后驾驶等严重交通违法行为，全面落实各项严管措施。

三、举一反三，加强交通安全教育宣传

各地区、各有关部门和单位要结合春运工作深入客运场站、村镇集市、林场矿区等区域，通过发放宣传单、张贴宣传栏、播放宣传片等手段，积极开展交通安全宣传，教育广大出行群众不乘坐超员车辆、非营运车辆、带病车辆出行。要督促道路运输企业加强驾驶员日常培训，用典型事故案例进行警示教育，要求驾驶人严格遵守铁路道口通过

和不得超员载客等规定，切实提高客运驾驶人的安全意识和应急处置能力。

国务院安委会办公室

2013 年 2 月 4 日

## 四、操作训练

（一）仔细阅读下文，指出其存在的问题。

### 表彰通报

市×××化工厂，采取有力措施，切实贯彻《安全生产条例》，建立安全生产岗位责任制，实现全年生产无事故。成为市第一个安全生产年企业，为此，市政府决定对×××化工厂通报表扬。

××市政府

2012 年 1 月 20 日

（二）请根据以下材料，以内蒙古自治区环保局名义就“赤峰自来水污染事件”写一份情况通报。

要求：条理清楚，简明扼要，字数 1000 字左右。

据赤峰市新城区九龙供水公司介绍，7 月 24 日晨，该公司工作人员在例行巡查时，发现新城区车伯尔民俗园内的九号供水井附近地面有存水，已流入井内。水厂向有关部门通报了情况，同时关闭了九号供水井，并对被污染的水进行取样化验、消毒，将已进入供水管网的水通过 5 个末端排水口向外排放，尽可能地减少被污染水对居民生活和身体健康造成不良影响。

该公司于 7 月 26 日向居民发出公告：7 月 23 日，新城区突降暴雨，公司九号水源井被淹，造成水污染，九龙供水公司提醒居民注意如下三点：一是应将自来水烧开饮用；二是请居民于 7 月 27 日 4 时至 8 时打开自来水龙头排放管道内的自来水；三是在清洗蔬菜水果时，要用烧开后的自来水，以免造成二次污染。

7 月 26 日，市建委接到新城区水污染报告后，立即向市政府做了汇报，启动了供水系统事故应急预案，并向卫生主管部门通报了情况。

水源被污染三天后，该公司才向社会以及相关监管部门公布污染信息，很多市民质疑导致水污染的自来水公司存在缓报、迟报、瞒报。记者从当地有关部门和市民群众中了解到，由此当地出现了小范围的用水恐慌。

近年来，因环境污染而引发的自来水被污染的事件已多次引人担忧。继 2007 年太湖蓝藻事件之后，2009 年 2 月，江苏盐城化工厂污染自来水数十万人饮水受影响，这两起事件都是在居民发现饮水有异常之后引起重视，而这次则衍生到成百上千居民住院才通告，当地居民对此表示质疑和愤慨。

家住玉龙小区的居民小孙说，饮用水关乎群众健康和安危，自来水公司 24 日发现水污染26日晚上才通知，这是拿老百姓的身体不当回事。新城区市民张女士说，污化了的水怎么能让人喝呢，年轻人还好能经得住折腾，孩子老人和孕妇怎么办，造成生命危险怎么办！

市民普遍认为，这是一次严重的公共卫生事件。不怕有污染，但要提前告知民众，让老百姓有个心理准备，提前做好防御。23日晚饮用水成混浊状，闻起来有一股腥臭的味道。24日、25日变得清澈一些了，但有可能是经过简单过滤后的水，可还是污染水，许多居民全当没有问题的水饮用。现在，谁还敢饮用自来水？

水污染事件发生后，赤峰市新城区许多用户纷纷热购矿泉水，一些商户开始热卖矿泉水，桶装矿泉水也出现热销现象，很多居民不敢使用家里的自来水，造成了极大的民生不便。由于政府部门还没有公布水污染的具体原因以及对策，很多网民甚至开始互相传播水里含有金属物质汞。

市民普遍认为，通过这次饮用水事件可以看得出，供水公司以及质监部门平时疏于对水源进行检测和监控。这井污染水，应与相关部门的监测工作的不到位有关。

据了解，2006年的《生活饮用水卫生标准》将1985年的检测标准项由30多项提高到100多项。据卫生部门有关专家介绍，自来水厂生产过程中的检测程序至关重要，检验生活饮用水的水质，应在水源、出厂水和居民经常用水点采样。每一采样点，每月采样检验应不少于两次。而出厂水至少每天必须测定一次细菌总数、总大肠菌群、粪大肠菌群、浑浊度、浊度、色度、臭味和肉眼可见物，并适当增加游离余氯的测定频率。

水污染直接导致的是医院此类腹泻病爆发人满为患，市民认为卫生部门早就先知先觉，但是结果却反应迟钝。赤峰市新城区居民杜先生从24号开始就腹泻，当晚社区里输液的人成群，但直到26日才通告是水污染。

正在忙于处理污水事件的赤峰市建委副主任俞秀峰认为，此事政府难脱干系，在监管方面存在一定的漏洞，政府应该对百姓的生活安全负责。俞秀峰介绍说，九龙供水公司一家民营水厂，26日接到该公司水污染的上报后，赤峰市政府召开紧急会议，安排部署新城区水污染事件处置工作，要求相关部门紧急采取应对措施，控制事态进一步发展。同时，市纪检委还成立技术设计组和管理责任组，对该事件进行调查。

为何当水污染发生三天后才向有关部门上报，记者就此问题拨打该公司负责此事一位副经理的手机，可是手机一直处于关机状态。该公司一位办公室工作人员对水污染迟报无法做出解释，并告知记者换个时间采访。

多数市民认为该肇事企业对水污染后果估计不足，且没有事后的补救与及时报告，企业过失严重，应该受到法律制裁。一位网友分析认为，自来水公司之所以迟迟上报，是想通过漂白粉之类的东西把污染消除掉，结果因腹泻去输液的人越来越多。一旦上报就要停水，涉及自来水公司的利益问题。有的网友认为，诸如自来水公司这样的企业，本身就不该民营化。

同时，有市民对这家自来水公司的资质产生质疑。同在一个城市，同时下同样的水量，红山区、松山区的水源没有被污染，却把这家自来水公司的水源给污染了，况且新城区的排水设施非常齐备，是不是这家公司的设施存在问题？网民认为，出现了这么大的明显渎职或者重大安全事故或者危害公共安全，司法机关居然没有采取强制措施。

一些网民表示，一旦发生水污染就应该立即向市民通告并采取措施。而这家自来水公司却拖延到一井“毒水”到了每户家中，居民进了医院自来水公司“逐级”上报才被确认，这中间到底有哪些程序、哪些行政主体有职责避免这种恐慌的一再发生？

内蒙古慧聪律师事务所律师张献华说，《中华人民共和国突发事件应对法》已于2007年11月1日实施，政府部门应该尽快启动的卫生应急预案应对危机。当然，主要是来自自来水企业的管理失职。水厂作为企业，按照《生活饮用水卫生标准》提供安全的饮用水产品是其基本义务。

7月26日，赤峰市政府在接到水污染的报告后，召开紧急会议，安排部署新城区水污染事件处置工作，要求相关部门紧急采取应对措施，控制事态进一步发展。

疾控部门加派力量，组建5个流调组，对新城区所有社区发病情况进行调查，加大采样数量，进行实验室监测。九龙供水企业已排空水池和主管网内的污水，对清水池和主管网进行清洗和消毒。

市建委紧急召开新城区物业公司负责人会议，于26日晚8时前将九龙供水公司的通知下发到新城区所有居民家中，共发放通知21000余份。提醒居民不用直接饮用生水，应将自来水烧开后引用。在清洗蔬菜水果时应使用凉开水，以免造成二次污染。

市卫生局已安排市区大型医疗机构和松山区卫生局，组织辖区医疗卫生机构对所有腹泻、发热症状病例做好医疗救治工作。

俞秀峰说，目前，赤峰市建设部门、供水机构在专业机构的监督指导下，采取有效的措施控制污染继续扩大和蔓延，并对新城区所有生活饮用水主管网进行冲洗、消毒，同时组织技术力量查清污染源，并采取有效对策，避免二次污染，控制新增病例，已动用消防车辆定点定时给居民送水；继续抓好流行病学调查。

赤峰市政府新闻发言人表示，事件发生后，市委、市政府高度重视，指示有关部门尽快查出原因，查找污染源，随时公布相关信息，认真汲取教训，防止类似事件发生。市建委作为行业行政主管部门，对此次事件向新城区居民表示诚挚的道歉。市建委将继续做好水污染处置工作，力争在最短时间内，恢复正常供水，保证居民的正常生产生活。

——摘自 http：//hn. offcn. com/html

# 第四节　通　告

## 一、通告的含义和特点

（一）通告的含义

通告，适用于在一定范围内公布应当遵守或者周知的事项。通告是泛行文。

（二）通告的特点

1. 发布的公开性

通告发布的内容都是在一定范围内对外公开的，发布时既可以采用内部行文方式，也可以采用张贴或登报的方式，了解的人越多越好。

2. 制发主体的限定性

通告的内容决定了其制发主体有一定的限制，制发主体必须是对社会各有关方面事务具有相关决定权或执行权的有关部门，尤其是各级人民政府的各职能部门。比如公安局、交通局等。

3. 告知对象的广泛性

通告是泛行文，告知对象是不确定的，在相关范围内，力求告知尽可能多的相关对象，有时采取张贴或登报的发布方式就是为了让更多的人了解通告内容。

## 二、文种类型写作

（一）告知性通告

1. 类型简介

告知性通告，即公布在一定范围内让有关单位和个人应当周知某些事项的通告。

2. 写作范式

（1）标题

一般分为“发文机关 + 事由 + 文种”或者“事由 + 文种”和“发文机关 + 文种”三种形式。例如：

《××市关于开展2014年税收财务大检查的通告》

《关于××地区电话号码启用七位制的通告》

《中华人民共和国公安部通告》

（2）正文

正文包括三部分：缘由 + 事项 + 结语。

缘由：主要写明目的、根据、背景等。常用特定承启句式“为……，特通告如下”或者“根据……，决定……，现将有关事宜通告如下”引出通告的事项。

事项：即有关单位和个人应当周知的具体事项。

结语：一种是专用尾语，即另起一行，前空两格以“特此通告”作结；另一种是说明式或者要求式尾语。

（二）规定性通告

1. 类型简介

规定性通告，即公布在一定范围内要求有关单位和个人应当执行和遵守某些事项的通告。这类通告的内容往往要求有关单位和个人“做什么”或“禁止做什么”，因此相应地可分为办理性通告和禁止性通告。

办理性通告：即公布要求有关单位和人员需要办理事项的通告。要求办理的事项多为注册、登记、年检等。

禁止性通告：即公布一些令行禁止类事项的通告。令行禁止的事项一般为交通管制、查禁违禁物品等。

2. 写作范式

（1）标题

分为“发文机关＋事由＋文种”“事由＋文种”“发文机关＋文种”三种形式。例如：

《北海市关于大中型客货运车辆年检通告》

《公安部关于严厉打击违反爆炸物品枪支弹药管理违法犯罪活动的通告》

《××市公安局关于收缴非法枪支、管制刀具的通告》

《关于对建筑企业进行资格年审的通告》

《××市交通局通告》

《中国人民银行通告》

（2）正文

正文包括三部分：缘由＋事项＋结语。

缘由：主要写明目的、根据、背景等。常用特定承启句式“为……，特通告如下”或者“根据……，决定……，现将有关事宜通告如下”引出通告的事项。

事项：即公布有关单位和个人应当执行和遵守的某些具体规定。

结尾：一种是专用尾语，即另起一行，前空两格以“特此通告”作结；另一种是说明式或者要求式尾语。

## 三、范文品读

**【例文 1】**

**关于九龙生态园建设用地范围内坟墓限期迁移的通告**

为进一步加快我县生态建设，推动云岩经济社会更大发展，根据浙民复〔2005〕15

号《关于同意建造苍南九龙生态园批复》文件，苍政发〔2005〕152号《关于同意挂牌出让九龙生态园储备地块国有土地使用权批复》文件、苍政发〔2005〕54号《关于九龙生态园工程项目建议书批复》文件精神和工程建设计划，今年11月，该工程将全面进场施工，时间紧，任务重。为确保工程建设顺利实施，云岩乡人民政府决定，对九龙生态园工程建设用地范围内的坟墓实施限期迁移。现将有关事项通告如下：

一、迁移范围：三峰自然村山梁以北，北至南云线公路，西至三峰村黄氏祖坟，东至三峰村林家界线。

二、迁移期限

（一）九龙生态园工程建设用地范围内建造的坟墓，各墓主要在2005年11月18日前到云岩乡三峰村游泳池九龙生态园区办公室登记，办理迁移手续。逾期不登记的，一律按无主坟墓论处，并依法予以拆除。

（二）各墓主要以大局为重，自觉执行国务院《殡葬管理条例》，服从安排、主动配合，共同做好九龙生态园工程建设用地范围内坟墓迁移工作，为我县生态县建设做出应有的贡献。

（三）办公室电话：0577—64895668　64895778　联系人：朱明志

三、任何单位和个人如违反本通告规定，故意煽动群众闹事，拒绝、阻碍国家工作人员依法执行公务，破坏社会秩序，由公安机关依照《中华人民共和国治安管理处罚条例》的有关规定，给予必要的行政处罚；情节严重，构成犯罪的，移送司法机关依法追究刑事责任。

四、本通告自发布之日起施行。

苍南县云岩乡人民政府

二〇〇五年十月十八日

【例文2】

## 关于进行公路工程造价人员资格年检并更换资格印章的通告

根据四川省交通厅交通建设工程造价管理站《关于进行四川省公路工程造价人员资格年检并更换资格印章的通知》（川交造价〔2007〕72号）的规定，需对绵阳市公路工程造价人员进行资格年检和资格印章更换，现将有关事项通告如下：

一、年检及资格印章更换范围

本次年检对绵阳市持公路工程造价甲、乙级资格证书的人员进行一次全面清理，凡2004年前（含2004年）已获交通部公路工程造价甲、乙级资格的所有在岗人员均需参加年检和资格印章更换。

二、提交资料

1. 资格年检表（2份）；

2.《公路工程造价人员资格证书》和资格印章；

3. 近五年内从事公路工程造价工作的主要业绩资料（两个以上项目，主要提供概、预算和清单报价的01—07表）原件及复印件（2份），原件初审完后退还。

三、年检程序与方法

1. 各单位将本单位已取得资格证书的造价人员所应提交的资料（每人一个档案袋）收齐后，统一交到市交通造价管理站。

2. 市交通造价管理站对年检资料进行初审并签署意见，填写造价人员情况汇总表，将汇总表和造价人员年检资料一并报省交通造价管理站审查。

3. 年检合格人员，将在其资格证书后注明有效期并加盖年检合格章，同时更换新的资格印章；年检不合格者，注销其造价人员资格证书。

4. 年检结果将在省交通造价管理站网站上公示。

四、年检时间

2007年7月20日前各单位将造价人员年检资料提交市交通造价管理站，过时不再受理。

五、费用

年检不收费，更换印章每人60元。

了解详情请与市交通造价管理站联系。

联系电话：2336356

附：四川省公路工程造价人员资格年检登记表

绵阳市交通建设工程造价管理站

二〇〇七年五月十八日

**【例文3】**

## 卫生部 公安部通告

为维护医疗机构正常的医疗秩序，保证各项诊疗工作有序进行，保障人民群众就医安全，特通告如下：

一、医疗机构是履行救死扶伤、保障人民生命健康的重要社会公共场所。禁止任何单位和个人以任何理由、手段扰乱医疗机构正常诊疗秩序，侵害就诊者合法权益，危害医务人员人身安全，损坏医疗机构财产。

二、患者在医疗机构就诊，其合法权益受法律保护。任何人不得以任何借口或方式侵害患者的合法权益，违者将依法追究其法律责任。患者及家属要遵守医疗机构的有关规章制度。

三、全社会应当尊重医务人员，医务人员依法履行职责受法律保护。医务人员要牢固树立全心全意为人民服务的思想，努力改善服务态度，讲究医德、医风，提高诊疗技术水平，确保医疗服务质量。

四、医务人员与患者之间要建立相互理解、相互信任的良好医患关系。医患双方发生医疗纠纷时，医疗机构应向患者及家属介绍有关患者的诊疗情况及医疗纠纷的处理程序，并认真、及时、妥善处理；患者及家属应依法按程序解决医疗纠纷，不得寻衅滋事。

五、有下列行为之一构成违反治安管理行为的，由公安机关依据《中华人民共和国治安管理处罚条例》予以处罚；构成犯罪的，依法追究刑事责任：

（一）倒卖医疗机构挂号凭证；

（二）在医疗机构内寻衅滋事的；

（三）在医疗机构内故意损坏公私财物的；

（四）利用封建迷信扰乱医疗机构秩序，损害他人身体健康或者骗取财物的；

（五）偷窃医疗机构、医务人员以及患者财物的；

（六）侮辱、威胁、恐吓、殴打医务人员的；

（七）非法限制医务人员人身自由的；

（八）其他扰乱医疗机构正常诊疗秩序的行为。

六、医疗机构要加强对国家管制的麻醉药品、精神药品的管理，严禁非法使用。对违反者，依据全国人大常委会《关于禁毒的决定》和《中华人民共和国刑法》的有关规定严厉惩处。

七、医疗机构要严格执行国家有关价格政策，增加收费透明度，禁止向患者乱收费；认真执行急诊首诊负责制，对急危重患者应采取紧急措施进行救治。患者就诊、治疗要按章交费，不得以任何理由拒付诊疗费用；医疗机构出具有效的出院通知后，住院患者不得以任何理由长期占据病床拒不出院。

八、患者在医疗机构死亡后，其尸体必须按规定及时处理。传染病患者的尸体必须及时火化；其他病因死亡患者的尸体应立即移放太平间。未经医疗机构允许，严禁将尸体停放在太平间以外的医疗机构内其他场所。死者家属对患者死亡原因有异议时，可在患者死亡后48小时内要求进行尸检。患者家属或单位应及时将死亡原因清楚的患者尸体移至社会法定停尸场所或火化。

本通告自公布之日起施行。

卫生部

公安部

二〇〇一年八月三日

【例文4】

**常熟市关于2012年度保障性住房公积金贷款贴息办理公告**

为进一步支持中等偏低收入住房困难家庭改善住房，减轻购买保障性住房家庭的资金支付负担，充分发挥住房公积金制度的住房保障作用，现将2012年度常熟保障性住房的公积金贷款贴息（以下简称贷款贴息）办理公告如下：

一、贷款贴息对象

贷款贴息对象（以下简称借款人）应同时具备以下条件：

（一）借款人为符合《常熟市经济适用住房管理暂行办法》（常政发〔2008〕93号）文件规定的已购买保障性住房的中等偏低收入住房困难家庭成员；

（二）借款人所购自住住房为常熟政府定向供应的保障性住房；

（三）借款人在偿还该套保障性住房公积金贷款本息期间，未发生连续逾期3期和累计逾期6期以上的行为。

二、贷款贴息期限

（一）2012年1月1日之前已发放的公积金贷款，从2012年1月开始，按月贷款利息贴息至2012年12月（借款人还清全部贷款以后的月份不在其内）；

（二）2012年1月之后发放的公积金贷款，按借款人还款月起算，贷款贴息至2012年12月。

三、贷款贴息额度

（一）借款人在申请日前正常缴存公积金的，贴息额度为借款人上一年度正常偿还公积金贷款利息总额的50%；

（二）借款人在申请日前未正常缴存公积金的，贴息额度为借款人上一年度正常偿还公积金贷款利息总额的40%；

（三）按规定比例计算后贴息额低于500元的，按500元计算；但借款人年度实际支付贷款利息低于500元的，按实际支付利息计算。

四、申办所需材料

贷款贴息业务办理，采取借款人自愿申请、公积金管理机构受理、审核和资金发放的方式进行。贴息申请应由借款人本人办理，如有特殊情况本人无法前来办理，可委托该笔贷款的共同借款人代办。借款人在向苏州市住房公积金管理中心常熟分中心提出贷款贴息申请时，需提供以下材料：

（一）借款人本人或代办人现场签名的《苏州市中等偏低收入住房困难家庭住房公积金贷款贴息申请审批表》（一式两份）；

（二）借款人公积金卡（原件1份）；

（三）借款人身份证（原件、复印件各1份）；

（四）属代办人代办的，需提供代办人身份证及与借款人的关系证明（婚姻关系证明或直系亲属关系证明）（原件、复印件各1份）；

（五）有效银行借记卡（原则上为贴息对象的贷款还款银行卡），户名必须与借款人一致（原件、复印件各1份）；

（六）公积金贷款购买的保障性住房的房产证（原件、复印件各1份）；

（七）需要提供的其他材料。

五、申办期限和资金拨付

苏州市住房公积金管理中心常熟分中心从2013年4月22日开始受理贷款贴息申请，至2013年5月31日截止。在受理截止日后的1个月内，经审核确认的贷款贴息资金一次性拨付至借款人指定的有效银行卡内。

六、申办日期和时间地点

在借款人申办期限内，为进一步方便职工，苏州市住房公积金管理中心常熟分中心将采取日常工作日办理和设立专场相结合的方式为职工办理公积金贴息业务。

（一）日常办理

在2013年4月22日至2013年5月31日办理截止日之前，借款人可在平时工作日到苏州市住房公积金管理中心常熟分中心服务大厅设置的“贷款贴息办理专柜”申办。

（二）专场办理

1. 专场办理日期：2013年5月5日（星期日）、5月12日（星期日）。

2. 专场办理时间：上午8：30—11：30；下午1：00—4：30。

3. 专场办理地点：常熟市海虞北路36号苏州市住房公积金管理中心常熟分中心服务大厅

咨询电话：12345

特此公告。

苏州市住房公积金管理中心常熟分中心

二〇一三年四月十六日

【例文5】

### 公安部关于严厉打击违反爆炸物品枪支弹药管理违法犯罪活动的通告

为加强爆炸物品和枪支、弹药管理，维护社会治安秩序，保障公共安全，保护人民群众生命财产安全，公安部决定，坚决收缴非法爆炸物品、枪支弹药，严厉打击违反爆炸物品、枪支弹药管理的违法犯罪活动。根据国家有关法律、法规的规定，特通告如下：

一、严禁任何单位、组织和个人非法制造、买卖、运输、储存炸药、雷管、导火索、导爆索、震源弹、黑火药、烟火剂、烟花爆竹以及手榴弹、地雷、炮弹等各类爆炸物品，军用枪、射击运动枪、猎枪、麻醉注射枪、气枪、火药枪、催泪枪、仿真枪等各类枪支和弹药。

二、严禁任何单位、组织和个人非法持有、私藏或者使用爆炸物品和枪支、弹药。

三、严禁邮寄爆炸物品和枪支、弹药，严禁在托运的行李包裹和邮寄的邮件中夹带爆炸物品、枪支、弹药，严禁非法携带爆炸物品、枪支、弹药进入公共场所或者乘坐公共交通工具。

四、严禁任何生产、销售、储存、使用爆炸物品和枪支、弹药的单位违法违规生产、销售、购买、运输、储存、使用爆炸物品、枪支、弹药。

五、凡违反上述规定或者有盗窃、抢劫、抢夺爆炸物品、枪支、弹药等违法犯罪行为的，必须立即向当地公安机关投案自首，并将爆炸物品、枪支、弹药和非法制造爆炸物品、枪支、弹药的工具设备、原材料主动上交当地公安机关。

六、凡在本通告发布之日起30日内投案自首并交出爆炸物品、枪支、弹药和非法制造爆炸物品、枪支、弹药的工具设备、原材料的，可依法从轻、减轻或者免予处罚；逾期拒不投案自首、拒不交出爆炸物品和枪支、弹药等物品的，依法从重处罚。

七、公民发现遗弃的爆炸物品、枪支、弹药或者爆炸可疑物的，应当立即报告当地公安机关。

八、广大人民群众应当积极向公安机关举报涉及爆炸物品、枪支、弹药违法犯罪的活动和线索，对举报有功的，给予奖励，有重大立功表现的予以重奖；对包庇、纵容违法犯罪分子的，依法追究法律责任；对举报人进行打击报复的，依法从严惩处。

公安部举报电话（010）65203288，各地举报电话1100。

本通告自发布之日起实施。

公安部

二〇〇一年四月十八日

## 四、操作训练

（一）仔细阅读下文，指出其存在的问题。

### 通　告

本渡口是清香河上最大的渡口，过往车辆、行人很多，等候时间往往较长。为了减少等船时间，加强渡口管理，特做如下规定：

一、凡需乘渡船过河者必须购票，机动车每辆五角；非机动车每辆三角；行人每位二角（一米以下儿童免票）。不买票者，不能乘船。

二、乘客必须听从工作人员指挥，按顺序上下船。各种车辆要按指定位置排放，以保证渡船安全。

三、不准携带易燃、易爆、腐蚀性强的物品上船。违反规定，擅自携带上船，被查出者，没收所带物品，并酌情予以5元至25元的罚款。

四、凡牵引牲畜过渡，到指定仓位，并购票，每头（只、匹）三角。放在筐、篮等容器内携带的家禽、仔猪免票，但数量不能过多。

五、渡船开动后，乘船者不要来回走动；机动车必须熄火；牲畜必须有人看守。

六、乘船者必须爱护渡船及其设备，损坏要赔偿。

七、违反规定或者在船上无理取闹，不听指挥，妨碍渡船正常航行者重罚。情节严重的扭送公安机关，依法惩处。

清香河渡口管理处

2012 年 8 月 20 日

（二）×××省人民政府拟就车用成品油升级问题下发一份通告，请结合以下资料，代为拟写此文件（根据写作需要，不足材料自拟）。

依据：国家《重点区域大气污染防治“十二五”规划》；本省实际。

目的：为减少机动车排气污染，改善大气环境质量，保障人民群众身体健康。

内容：国Ⅳ、国Ⅴ标准汽油、柴油零售价格按照物价部门的规定执行。成品油经营企业要按有关规定做好汽油、柴油销售价格的明码标价工作。自供应国Ⅳ、国Ⅴ标准汽油、柴油开始，要在加油站设立招牌、加油机；购销发票车用汽油、柴油名称后加注“（国Ⅳ）”或“（国Ⅴ）”字样；不得销售不符合规定标准的汽油、柴油。从 2014 年 1 月 1 日起，在全省范围内的加油站全面供应国Ⅳ标准汽油；从 2015 年 1 月 1 日起，在全省范围内的加油站全面供应国Ⅳ标准柴油；从 2018 年 1 月 1 日起，在全省范围内的加油站全面供应国Ⅴ标准汽油、柴油。柴油要标明“车用柴油”或“普通柴油”。

## 第五节　报　告

### 一、报告的含义与特点

（一）报告的含义

报告，适用于向上级机关汇报工作、反映情况，回复上级机关的询问。

党的机关 1989 年将报告列入公文系列，行政机关 1951 年将报告列入法定公文（当时含有请示功能，1957 年请示从报告中分离）。

（二）报告的特点

1. 内容的实践性

实践就是实际地去做，真正地践行、履行。报告所涉及的内容是已经做过的工作，已经发生过的情况，已经出现了的问题，即工作、情况、问题在前，撰写报告在后，报告是对它们的回顾。这一特点揭示了报告内容、材料的来源。只有做过的工作，才能写进报告，没有做过的、未曾实施的计划，不能作为报告的材料。

2. 表述的概括性

这是报告的文体特点。报告是以叙述和说明为主要表达方式的文种，叙述情况、工作，说明成绩、问题，但它的叙述和说明是概括性的，要求作粗线条的勾勒，不必对事件或工作的过程做详尽的叙述。

3. 功能的多样性

报告是党政机关公文中功能比较多的文种之一。它可以向上级机关汇报工作，可以向上级机关反应情况和问题，可以回复上级机关的询问，可以向上级机关提出建设性意见，还可以向上级机关送文送物等，因此报告拥有多种类型。

## 二、文种类型写作

（一）工作报告

1. 类型简介

工作报告，即向上级机关汇报工作的报告。它侧重于陈述一定时间内做了什么，即干了哪些事，采取了哪些措施和主要做法；做得如何，即有哪些成绩，还有什么不足；今后有什么打算等。中间也可以夹有取得成功的经验和导致不足的教训。

2. 写作范式

（1）标题

[发文机关]＋关于[事由]＋[文种]

例如：

[环保总局]＋关于[淮河流域水污染防治工作情况]的＋[报告]

[全国人大常委会专题调研组]＋关于[四川省、陕西省农田水利建设情况]的＋[报告]

（2）正文

正文内容模块一般有 4 个：[概括基本情况]＋[工作实践及主要成绩]（经验、效果、体会）＋[存在问题]（不足、教训）＋[今后意见]（打算、努力方向）

这类报告篇幅较长，应恰当安排其层次结构。可标出序数，分条分项陈述，也可列小标题分部分或分问题写。

基本情况可简要交代时间、背景和工作条件；写工作实践及主要成绩应把工作的过程、措施、结果和成绩叙述清楚；经验体会主要是指对工作实践的理性认识，要从实际工作中概括出规律性的东西来，以便指导今后的工作；写存在问题要写出工作中的缺点与不足；基本教训是指工作失误的原因和值得吸取的教训；今后意见指改进工作的意见，或者提出今后开展工作的建议。

不同类型的工作报告，在这些内容上各有不同的侧重点。

（二）情况报告

1. 类型简介

情况报告，即向上级机关汇报出现的新情况、新问题、突发事件、意外事故的报告。它侧重于反应发生了什么，怎么发生的，结果如何，怎样处理的，原因是什么等。

2. 写作范式

（1）标题

发文机关 + 关于 事由 + 文种

例如：

铁道部 + 193 次旅客快车发生重大颠覆事故 的 + 报告

（2）正文

正文模块一般有 5 个：发生了什么 + 结果怎样 + 处理 1 + 什么原因 + 处理 2

依次写明什么时间、什么地点、什么人、什么事、什么原因、什么结果、什么问题、什么意见等要素。即发生了什么，结果怎样，原因是什么，怎么处理的。

情况报告写法不强求一律，但都要力求做到：

①内容集中、单一，突出重点，抓住事物本质，实事求是地反映情况；

②把情况和问题讲清楚，把事情的经过、原委、结果、性质写明白；

③提出处理意见和建议，要写得具体、明确、简要，尤其要注意提出意见、建议的角度，不能在报告中夹带请示事项；

④理顺文章的思路和结构，无论是纵式结构还是横式结构，都要脉络清楚，层次分明；

⑤写作要及时，以便让上级机关和有关领导尽快了解重大、特殊、突发的种种新情况。

（三）建议报告

1. 类型简介

建议报告，指向上级机关汇报或提出工作建议、措施的报告。可分为呈报性建议报告和呈转性建议报告。呈报性建议报告是向上级机关汇报某项工作的建议、措施，求得上级机关的认可。呈转性建议报告则要求上级机关对工作建议、措施认可后进行批转，让有关部门去执行，这一类报告的写作者往往是职能部门。

2. 写作范式

（1）标题

发文机关 + 关于 事由 + 文种

例如：

国务院扶贫开发领导小组 + 关于 组织经济较发达地区与经济欠发达地区开展扶贫协作 的 + 报告

（2）正文内容模块有两个：情况分析 + 意见措施

情况分析：或者介绍情况，分析问题；或者肯定成绩，指出不足，总结经验教训；或者说明提出意见、建议的目的、原因和依据。这部分一般写得比较简明扼要。其后常以“特提出如下意见（或建议）”“拟采取如下措施”等语领起下文。

意见措施：提出做好某项工作的意见、措施、建议，这是这类报告的重点部分。意见措施部分往往采取条文式的写法，要求写得脉络清楚，逻辑严谨，主次分明。

呈转性建议报告具有以下特点：①要求上级机关批准转发给下级机关执行；②并非只对本单位（只对本单位用“请示”）；③结尾有专用语，如“以上报告如无不妥，请批转各地各部门执行”。

（四）回复报告

1. 类型简介

回复报告，指回复上级机关询问事项的报告。

2. 写作范式

（1）标题

[发文机关]＋关于[事由]＋[文种]

例如：

[××学院]关于[我院离退休干部有关待遇]的[报告]

（2）正文内容模块有两个：[回复依据]＋[回复事项]

回复依据：先点明上级机关的来文（包括来文标题和发文字号），然后指出上级要求回答的问题。要写得十分简要，有时一两句话即可。

回复事项：指针对所提问题回复的意见或处理结果。既要写得周全，又要注意不要答非所问。

（五）报送报告

1. 类型简介

报送报告，指向上级机关报送物件或有关材料的报告。

2. 写作范式

（1）标题

[发文机关]＋关于[事由]＋[文种]

例如：

[××市统计局]＋关于[报送2014年上半年工业报表]的＋[报告]

（2）正文内容模块构成：[报送说明]＋[报送材料、文件的名称、数量]＋[结语]

报送说明主要交代上级机关来文（包括来文标题和发文字号）和来文中要求报送的东西。

结语常常用“请审核”“请查收”之类。

一般报告结尾都有提出要求的习惯用语，应根据报告的不同内容使用不同的习惯用语。

除呈转性建议报告常以“如无不妥，请批转有关单位执行”的请求式用语作结，非呈转性建议报告用“请审批”“请指示”“以上报告，请审核”等作结外，其他各类报告常以“特此报告”“专此报告”“请审阅”“请批示”等用语作结。

## 三、范文品读

【例文1】

### 四川省人民政府关于
### 去冬今春农田水利基本建设情况的报告

国务院：

去冬今春，我省认真贯彻落实全国农田水利基本建设工作会议精神，积极探索农村税费改革后农田水利基本建设的新思路、新机制、新举措，努力推动全省农田水利基本建设持续、协调、健康发展，取得了较好成绩。现将情况报告如下。

一、建设成绩

2003年9月至2004年3月，全省农田水利基本建设累计完成投资68亿元，投劳7.1亿个，完成土石方量4.8亿立方米。全省共治理水土流失面积1774平方公里，完成年度任务的66%；新增节水灌溉面积59万亩，完成年度任务的70%；改造中低产田土203万亩，完成年度任务的101.5%；成片造林519.22万亩（其中退耕还林还草418.2万亩、天保工程造林98.78万亩），完成年度任务的85%；建成县乡标美路1514.91公里，完成年度任务的75.75%；新建乡村机耕道3103.82公里，完成年度任务的155.2%；硬化乡村机耕道1778.3公里，完成年度任务的80.9%；新增提水控灌设备8533台套/82099千瓦，完成年度任务的70%，新建沼气池16.05万口，完成年度任务的116%。

二、主要特点

（一）领导高度重视。四川是农业大省，也是自然灾害多发省，我省高度重视农田水利基本建设。2003年9月17—18日，省委、省政府在广元市苍溪县召开全省农田水利基本建设工作会议，部署了2004年度农田水利基本建设工作。11月10—11日国务院在四川召开全国农田水利基本建设工作会议，温家宝总理作了重要批示，回良玉副总理作了重要讲话。我省对贯彻落实好会议精神非常重视，11月14日省政府召开第21次常务会议，就贯彻全国农田水利基本建设工作会议精神作出具体部署。12月29—30日我省在巴中市再次召开全省农田水利基本建设工作会议，省委书记、省人大常委会主任张学忠，省委副书记、省长张中伟就贯彻全国农田水利基本建设工作会议精神，抓好冬春农田水利基本建设进行了再动员、再部署。会议期间，张学忠、张中伟同志率省委、省人大、省政府、省政协四大班子及相关部门主要领导参加了农田水利基本建设义务劳动。各地掀起了传达贯彻高潮。各市（州）都召开了有党政一把手和分管领导参加的传达贯彻会议，其规格和规模都是多年少有的。各级党政领导高度重视，在农田水利基本建设中率先垂范，一把手亲自抓，分管领导具体抓，农建办搞好综合协调，有关部门积极主动，全省形成了上下齐心协力抓农建的良好氛围。

（二）建设重点突出。按照全国农田水利基本建设工作会议的部署，去冬今春我们重点抓了“五个工程”：一是骨干工程。集中精力抓好具有广泛公共效益的骨干工程项目，如天然林保护、退耕还林、大江大河水利枢纽、重点病险水库整治、水土流失治理等。二是联户工程。积极探索“一事一议”开展农田水利基本建设的新路子，组织发动群众搞好一家一户不易办的、量大面广的“联户工程”。三是户办工程。大力推广苍溪户办工程经验，建设具有四川特色的、组装配套的“六小工程”。全省规划2003年和2004年各实施20至30万户，2006年以后逐步增加，争取2010年前全省建成户办工程500万户。去秋以来，全省已完成户办工程17.07万户。广元市已动工户办工程5.1万户，完工3.22万户。去冬今春，全省新建农村户用沼气池16万余口，总投资2.41亿元，其中农户自投2.14亿元，占总投入的89%。四是业主工程。大力推进业主开发农业，争取把业主工程培育成农建的新增长点，打造成新的亮点。去冬今春，全省新增加从事农业开发的业主2.7102万户，开发土地面积111.83万亩，开发投入的资金达23.6亿元，其中用于农田水利基本建设的投入7.39亿元。五是滴灌工程。滴灌减灾是设施农业的重要内容。针对四川旱灾突出的特点，省农建办积极探索减灾增收的有效措施，从去年以来发现并总结了眉山市东坡区青年农民蒲朝刚同志研究发明的费省效宏的简易节水灌溉系统并在全省大力进行推广，规划从2003年到2007年推广100万亩。目前全省已建成9.47万亩，减灾增收效果十分显著。

（三）注重机制创新。按照回良玉副总理关于“新阶段的农田水利基本建设要有新思路、新机制、新举措”的批示精神，我省积极探索农田水利基本建设新路子。目前新的机制正在开始形成：一是政府扶持办农建。去秋以来，我省已争取中央水利投入2.95亿元，省级投入2.3亿元，市、县财政投入资金3.4亿元用于水利建设。省财政连续3年分别投入6800万元和4800万元用于旱山村集雨节灌及产粮大县万亩以下渠系配套工程建设。南充市各级财政资金对水利的投入每年递增10%以上，去秋以来市级财政已拿出500万元、县级财政拿出1600万元用于农田水利基本建设；宜宾市财政拿出784万元完成了116座水库的病害整治；什邡市财政从去年开始到2006年每年拿出500万元用于乡村道路硬化。二是民主决策办农建。按照“农民自愿参与、村社自行组织、政府协调服务”的组织形式，各地努力抓好村社工程建设，涌现出一大批“一事一议、民主决策”办农建的典型事例。广安市广安区采取“一事一议”的办法兴建各类小型水利工程460处。该区桂花镇的横店村通过“一事一议”筹资31.47万元，新建了集中供水点4处，配套建设防渗引水渠3条2.1公里，新建石河堰1处，解决了全村10个组343户980人2450头牲畜的饮水困难和291亩田的灌溉用水。资阳市的乐至县、简阳县利用民间协会方式组织修路，广元市的苍溪县和巴中市的南江县采取调查问卷方式征求修路意见，使民主决策修建农村公路的方式更加多样化。三是股份合作办农建。一些地方在农村小型水利工程产权制度改革和新建水利工程中组织受益农户以劳动力和资金入股的方式修建和管理水利工程，以投入股份多少分享用水权利和承担相应的义务。广元市对5000多处山平塘采用股份合作的办法进行了改造，新建股份合作制水利工程1200处。四是农户自主办农建。达州市通川区袁光弟个人计划投资6000万元改造余家沟水库、新建蓄水为106万方的望月湖水库和116万方的密月湖水库，目前已投入资金550万元，完成了余家沟水库治理扩建任务，新建两座水库的前期工作已准备就绪。广元市苍溪县漓江镇官庄村二组村民筹资40万元建提灌站1座，集中供水站3座，蓄水池20口，改善了全组120人的生产生活用水。五是改革经营体制办农建。蓬安县通过拍卖水库经营管理权实行民营化管理。该县徐家镇7座小（二）型水库通过公开竞价拍卖经营权，不仅筹集41.5万元完成了7座病险水库整治，还与经营业主签订了水库的运行管理合同，制订了水费征收和水费使用办法，保证了水库正常运行。

（四）加强督促检查。为认真贯彻落实回良玉副总理的批示精神，省级有关部门大力开展调查研究，切实加强工作指导，及时发现新情况，总结新经验，解决新问题。去秋以来，省农建办6次召开办公会，召集省级有关部门分析全省农田水利基本建设进展情况及存在问题，研究提出解决问题的措施和意见。省农建办、省水利厅、省农业厅、省林业厅、省交通厅、省农机局、省农能办等部门共派出57个工作组到基层督促检查，各地共派出13500多名干部和技术人员深入田间地头帮助指导农民开展农田水利基本建设。

（五）强化竞赛激励。我省继续开展农田水利基本建设“李冰杯”竞赛活动，对搞得好的市（州）进行以奖代补，激励各地抓好农田水利基本建设。为适应新阶段农田水利基本建设的新要求，创新农建工作机制，培育农建的新增长点，我省决定从今年开始，在“李冰杯”评选中增设一个管理工作奖，对促进新阶段的农田水利基本建设发挥了积极作用。为了引导各地在新形势下更好地开展农田水利基本建设，省政府组织四川日报、四川电视台、四川人民广播电台等新闻单位开辟专栏，集中版面和时段报道各地农田水利基本建设进展情况和典型事例，特别突出新思路、新机制、新举措的宣传报道。各市（州）和省级有关部门也充分利用各种宣传工具加大了对农田水利基本建设的宣传力度。

三、存在问题

（一）发展不平衡。项目区行动好于非项目区，有国家投入的地方进展都比较好，没有国家投入的地方进展相对较差。

（二）配套资金落实较差。部分地方由于地方配套资金落实较差，导致工程项目进展缓慢。

四、下步打算

（一）加强规划。国家进一步加大了对农业和农村的投入，我省将进一步加强城乡统筹，加强规划，把农田水利基本建设进一步抓出实效，让群众从中得到更多实惠，把农田水利基本建设推进到更高的水平。

（二）抓紧落实。一是加大投入。紧紧围绕粮食增产，农民增收，整体推进农田水利基本建设，提高粮食生产能力。我省今年已决定增加5000万元投入，其中2000万元解决人畜饮水，3000万元用于水利建设，同时决定按土地纯收益15%的比例投入土地整理。二是突出抓好户办工程。户办工程是全面建设小康社会的重要基础，是我省农建的新生长点和新希望，是具有四川特色的、组装配套的“六小工程”。把发展户办工程作为重要工作，千方百计抓出实绩。同时继续抓好业主工程和滴灌工程。三是抓好统计分析。在数据统计中做到实事求是，不重不漏，提高统计数据的准确性、科学性。四是抓好调查研究。针对农村税费改革后出现的新情况，有针对性地开展调查研究，提出解决问题的对策和措施。五是抓好宣传报道。省级有关部门和新闻单位加强配合，进一步加大新闻宣传的力度，为大搞农田水利基本建设营造良好的舆论氛围。

（三）探索创新。根据回良玉副总理关于“新阶段的农田水利基本建设，要有新思路、新机制、新举措”的批示精神，我们将积极探索农田水利基本建设新路子。针对农村税费改革取消“两工”后出现的新情况，及时调整工作思路，在机制上、管理上、投入上、方法上进行创新，进一步改善农村生产生活条件，为四川农建作出新的更大贡献。

专此报告。

四川省人民政府

二〇〇四年四月二十七日

【例文2】

### 关于国家环保总局挂牌督办企业整改情况的报告

国家环保总局西南环保督查中心：

2007年5月中旬，贵中心到我市督导检查，发现并指出我市部分企业存在违法排污、环境风险防范不到位、环保“三同时”制度执行不到位等问题。7月3日，国家环保总局将攀钢（集团）钛业有限公司钛白粉厂、鼎金焦化有限责任公司、川投化工公司黄磷厂、四川省卓越投资有限公司五氧化二钒分厂和钛白粉分厂等4家企业的环保问题列为挂牌督办案件。以上问题是我市环保工作现状的客观反映，也说明了我市的环保工作中存在认识不够、措施不力、执法水平不高、工作不到位的问题，对此，我们进行了深刻反思和认真检讨。

贵中心督导检查我市环保工作以及国家环保总局对我市4家企业实施挂牌督办，帮助我们及时发现了问题、敲响了警钟，特别是为我市提高认识、下定决心、坚定信心做好环保工作指明了方向，对推动我市环保工作开展具有十分重要的意义。对此，市委、市政府表示诚挚谢意！

针对贵中心督导检查中发现的问题以及国家环保总局对我市4家挂牌督办企业的整改要求，市委、市政府高度重视，举一反三，迅速行动，认真整改。通过几个月的艰苦努力，整改工作已取得初步成效，现将有关情况报告如下：

一、强化措施，全方位推进整改工作

（一）高度重视，市委市政府作出全面部署

为使贵中心督查后指出的问题整改到位，5月17日上午，副市长柳康健同志召开了全市污染排查暨整治工作紧急动员会，对全市的污染排查整治工作进行了安排部署。5月18日晚，副市长柳康健按照市委书记赵爱明、市长刘晓华要求，召开紧急会议，提出5条紧急措施：一是对发现问题的污染企业，一律实施停产整改并接受调查，在此期间，市、县（区）两级环保部门停止其建设项目审批；二是由市环保局牵头，对已发现存在问题的企业，进行调查核实、取证，依法进行处理；三是以此为契机，进一步深入开展污染排查整治专项行动，在全市掀起一场环保风暴；四是着眼于标本兼治，建立长效机制；五是结合全省开展的环境保护4个专项整治工作对园区进行彻底整治，给媒体、给上级、更重要的是给广大人民群众一个满意的交代。5月19日，市委书记赵爱明同志在全市副县级以上领导干部大会上通报了有关情况，对我市环保工作提出了明确要求，并进行了安排部署。5月20日，市委常委（扩大）会专题研究环保工作，并对全市环保工作提出了进一步的要求。5月21日，市委书记赵爱明、市长刘晓华、副市长柳康健赴成都向省委、省政府主要领导和分管领导作了专题汇报，并赴北京向国家环保总局有关领导作了汇报。

（二）迅速行动，全市污染排查整治强力推进

全市环保系统从5月17日开始到6月30日止，在全市范围内开展了以污染排查和专项整治为重点的环保风暴行动，对全市建设项目环评和“三同时”制度执行情况、环保设施竣工验收情况、排污费及依法申报缴纳排污费的情况、限期治理项目开展情况进行了全面的摸底排查和整治。此次环保行动全市共出动执法人员1500余人次，检查企业1000余家次，发现存在环保问题企业35家。

（三）严格执法，有关企业受到严厉处罚

对在本次排查整治行动中查出问题的企业，分别采取了停产治理、停止建设、限期整改、限产整改、限期完善环保手续等措施。同时，对四川省卓越钒钛有限公司钒业公司废水超标排放处罚金10万元，对四川省卓越钒钛有限公司钛业公司废水超标排放处罚金10万元，对攀枝花市兴中钛业有限公司废水超标排放处罚金10万元，对利文物资经营部处罚金5万元，对攀枝花市翰通焦化有限责任公司处罚5万元，对盐边县伟建熔炼有限公司处罚金5万元，对德铭化工有限公司处罚金10万元，对富邦工贸有限公司处罚金10万元，对德铭化工有限公司、鑫帝矿业有限公司实施强制断电停产。

（四）严格责任追究，有关人员受到严肃处理

经研究，市委、市政府决定免去刘长金四川攀枝花钒钛产业园区管委会副主任、党工委委员职务，免去税军市环保局副局长、党组成员职务，给予市环保局局长刘富忠、市环保局调研员杨清、市环境监察支队支队长罗廷福、市环境监察支队园区监察大队大

队长刘勇、四川攀枝花钒钛产业园区建设开发局副局长谢玉华行政记大过处分。

（五）标本兼治，建立环保工作的长效管理机制

为进一步落实环保责任，完善环保工作机制，提高工作水平，解决环保问题，市政府于今年7月份制定出台了《关于进一步加强环境保护工作的意见》。制定了《攀枝花市环境保护工作部门联席会议制度》《攀枝花市企业环境保护行为信用等级评价管理办法（试行）》，进一步完善了环境保护工作目标考核体系和环境信息公开制度。同时，积极研究制定完善《关于规划攀枝花钛白粉产业发展的意见》《攀枝花市关于淘汰落后生产能力的意见》。大力加强生态建设，全面推动循环经济发展。

（六）加强领导，切实加强环保班子队伍建设

市委为切实加强对环保工作的领导，调整充实了环保局领导班子，调原仁和区区委常委、组织部部长任礎军同志任市环保局党组副书记、副局长；调攀枝花市出入境检验检疫局副局长彭科国任市环保局党组成员，副局长，该同志已于近期选派到国家环保总局挂职锻炼一年；调原市委目标督查办主任杨国庆任市环保局党组成员、纪检组长。同时，对环保系统的机构、人员进行了完善和充实。

二、注重实效，挂牌督办企业整改取得初步成效（略）

三、整治效果初步显现

（一）环保执法水平得到显著提高

在5月中旬开始的全市污染物排放和专项整治中，我市共出动1500余人次，检查企业1000余家次，共对35家存在问题的企业进行了整治和处罚。环保执法权威进一步树立，环保执法水平进一步提高。企业违法排污、未批先建、超期试生产等得到有效遏制。

（二）环保重点工作全面推进

污染物总量减排工作顺利推进，限期治理项目全面推进。老污染治理推进顺利，省、市、县三级政府共计下达了107家限期治理任务进展情况良好。新建项目审批进一步严格，今年共批准项目110个，项目预计总投资176245万元；完成建设项目竣工环保验收项目19个，项目实际总投资46501万元，其中环保投资8783万元，约占项目总投资19%；审批项目环评98个，项目预计总投资231576万元，其中环保投资27783万元，约占项目总投资11%。

（三）环保机构及队伍建设得到明显加强

一是攀枝花市环保局钒钛产业园区分局已正式成立，全面承担起了园区的环保工作职责，环保工作职责，为园区环保工作顺利开展奠定了基础。二是环保局领导班子进一步充实优化，为全市环保工作顺利开展提供了组织保障。三是环保队伍人员得到进一步加强，在编制紧张情况下，市编制部门为市环保局增加行政编制5人。四是各县（区）环境监察、监测队伍建设取得实质进展。

（四）环境质量得到明显改善

截至目前，今年全市空气环境质量优良率达到86.4%，水环境质量、声环境质量有一定改善和提高。环境质量的改善，为推动和谐社会建设，为推动全市经济又好又快发展做出了应有贡献。

（五）全社会环保意识明显增强

社会各界广泛参与环保工作的热情空前高涨，企业的环保意识和社会责任感得到强化，全社会关心、支持、参与、监督环保工作的局面和氛围初步形成。

（六）环保能力建设和工作条件得到明显改善

为切实保障环保工作需要，市财政局、市机关事务管理局等部门加大了对环保装备的投入水平和支持力度，为环保增加了4台执法车辆，增加600m2的办公场地，环保工作条件得到明显改善。

（七）长效管理机制初步建立

市政府出台了《关于进一步加强环境保护工作的意见》、制定了《攀枝花市环境保护工作部门联席会议制度》《攀枝花市企业环境保护行为信用等级评价管理办法（试行)》，进一步完善了环境保护工作目标考核体系和环境信息公开制度。

建立健全党政联席会议和部门联席会议制度。一是形成党委、人大、政府、政协四大班子有关领导，定期研究重大环保问题的工作机制；二是建立市政府领导下的环保工作联席会议制度，县（区）政府、各有关部门单位、重点企业为联席会议成员，明确职责，密切配合，形成全社会齐抓共管的工作合力。

通过贵中心督导检查和国家环保总局挂牌督办，极大地激发了全社会的环保热情，增强了广大企业的环保意识，树立环保部门的执法权威，进一步促使全市上下树立和落实科学发展观，加快推进资源节约型、环境友好型社会建设，有力地推动了我市环保工作开展和环境质量的改善。在此，再一次向国家环保总局和贵中心表示诚挚的谢意。

四川省攀枝花市人民政府

二〇〇七年十月十五日

【例文3】

## 铁道部193次旅客快车发生重大颠覆事故的报告

国务院：

5月28日16时05分，由济南开往佳木斯的193次旅客快车，行驶至沈山线锦州铁路局管内的兴隆车站（距沈阳43公里）时，发生重大颠覆事故，造成3名旅客死亡，143名旅客和4名列车乘务人员受伤，报废机车1台、客车4台、货车1辆，损坏机车1台、客车5辆、货车1辆和部分线路、道岔等设备，沈山下行正线中断运输近20小时，直接经济损失达170余万元。

事故发生后，东北铁路办事处和锦州、沈阳铁路局负责同志立即随救援列车赶赴事故现场，组织抢救、抢修工作。当地驻军、地方党政领导同志和部分社员、学生也投入抢救工作。辽宁、沈阳市领导同志及沈阳军区、辽宁省军区有关负责同志先后赶到现场，组织抢救伤员，疏运旅客。我部李克非副部长率安监室和运输、机务、车辆、工务、电务、公安各局负责同志也于当日连夜赶赴现场，指挥抢修工作，调查分析事故原因，慰问伤员，并对省市党政领导和部队表示感谢。在省市领导和驻军的大力支持下，伤员的抢救和治疗工作安排得比较周密，受伤的旅客和列车乘务人员，除少数送入就近的新民县医院抢救外，其余的均由沈阳市和军队、铁路医疗部门派车接到沈阳，及时得到了抢救和治疗。

经调查分析，造成这次事故的直接原因，是锦州铁路局大虎山工务段兴隆店养路工区工人在该处做无缝线路补修作业时，违反劳动规律和操作规程，将起道机立放在钢轨内侧，擅离岗位，到附近的道口看守房去吃冰棍，第 193 次快车通过时，撞上起道机，引起列车脱轨颠覆事故。

这次事故是发生在旅客列车上的一次严重事故，又恰是发生在全国开展的“安全月”活动中，使国家和人民生命财产蒙受了巨大的损失，在政治上造成了极坏的影响，性质是非常严重的，我们心情十分沉痛。这次事故的发生和最近一个时期安全不稳定的状况，从根本原因上看，是我们铁路基础工作薄弱，管理不善，思想政治工作不落实，反映了我们作风不扎实，对安全工作抓得不力，在安全生产中管理不严，职工纪律松懈的问题长期没有得到解决。

为了使全路职工从这起严重事故中吸取教训，我们于 5 月 31 日召开了各铁路局、铁路分局、铁路各工务段负责同志参加的紧急电话会议，通报了这次事故，提出了搞好安全生产的紧急措施。要求铁路各部门、各单位必须把安全工作放在第一位，各级领导干部要树立安全第一的思想，并向全体职工进行安全教育，使每个职工都牢固地树立起对国家、对人民极端负责的概念，认真落实岗位责任制，严格遵守劳动纪律，一丝不苟地执行规章制度和操作规程。要求各单位要针对近年来新工人比例不断增加的情况，加强对新工人的教育和考核工作，各行车和涉及安全生产的主要工种不经考试合格不得单独作业，对各种行车设备要进行一次认真检查，发现问题立即解决；同时，各单位要切实解决职工生活中，应该而且可以解决的具体问题，解除职工的“后顾之忧”；动员广大职工干部迅速行动起来，以这次事故为教训，采取措施，堵塞漏洞，保证行车安全。

我们在 6 月份开展的“人民铁路为人民”活动中，要求把搞好安全生产作为重点，并在今后当作长期的根本任务来抓。要求党、政、工、团各部门要从不同角度抓好安全工作，迅速改变目前安全生产不好的被动局面。

锦州铁路局对这次事故的主要责任者，已按照法律程序提出起诉，追究刑事责任；对与事故有关的分局、工务段领导也作了严肃的、正确的处理。铁道部决定对锦州铁路局局长董庭恒同志和党委书记李克基同志给予行政记过处分。这次事故虽然发生在下边，但我们负有重要的领导责任，为接受教训，教育全铁路职工，恳请国务院给我们以处分。

铁道部（公章）

1982 年 6 月 10 日

【例文 4】

**国务院扶贫开发领导小组**
**关于组织经济较发达地区与经济欠发达地区开展扶贫协作的报告**

国务院：

为了广泛动员社会各方面的力量参与扶贫开发工作，共同为贫困地区解决群众温饱、脱贫致富作出努力，根据党的十四届五中全会精神和《国家八七扶贫攻坚计划》的要求，现就经济较发达地区与经济欠发达地区开展扶贫协作的安排意见报告如下：

一、经商有关地方政府同意，确定由北京市与内蒙古自治区，天津市与甘肃省，上海市与云南省，广东省与广西壮族自治区，江苏省与陕西省，浙江省与四川省，山东省与新疆维吾尔自治区，辽宁省与青海省，福建省与宁夏回族自治区，大连、青岛、深圳、宁波市与贵州省，开展扶贫协作。

二、开展扶贫协作的主要任务是：以党的基本理论和基本路线为指导，坚持东西部地区优势互补、互利互惠、共同发展的原则，加大对贫困地区的扶贫开发力度，如期实现《国家八七扶贫攻坚计划》确定的目标。

扶贫协作的主要内容：

（一）帮助贫困地区培训和引进人才，引进技术和资金，传递信息，沟通商品流通渠道，促进物资交流。

（二）开展经济技术合作。帮助贫困地区发展有利于尽快解决群众温饱的种植业、养殖业和相关的加工业，帮助贫困地区发展劳动密集型和资源开发型产品的生产。

（三）组织经济较发达地区的经济效益较好的企业，带动和帮助贫困地区生产同类产品的经济效益较差的企业发展生产。

（四）开展劳务合作。根据实际需要，合理、有序地组织贫困地区的剩余劳动力到经济较发达地区从业。

（五）发动社会力量，在自愿的前提下，开展为贫困地区捐赠衣被、资金、药品、医疗器械、文化教育用品和其他生活用品的活动。

扶贫协作的具体内容和方式，根据需要和可能，由协作双方协商确定。

三、根据八届全国人大四次会议通过的《国民经济和社会发展“九五”计划和2010 年远景目标纲要》和《国家八七扶贫攻坚计划》的精神，为推动扶贫协作工作，建议重申和明确以下政策：

（一）国家产业政策的制定和实施，要照顾到贫困地区的特殊性，对贫困地区给予支持。

（二）国家应优先在中西部地区安排资源开发和基础设施建设项目，对作为全国性基地的中西部地区资源开发项目，在安排资金时给予倾斜。

（三）凡到贫困地区兴办开发性企业，可通过适当方式使用当地的扶贫资金，进行联合开发。

（四）对在国家确定的“老、少、边、穷”地区新办的企业，可在3年内减征或免征所得税。

（五）对贫困地区在利用外资、开展对外贸易和经济合作等方面，实行同等优先，重点支持的原则，并适当放宽外商投资的领域。

（六）铁路、交通部门对协作物资和补偿产品应放宽流向限制。对贫困地区大宗的货物运输要优先列入计划。

贫困地区也应从实际出发，制定优惠政策，吸引外地投资，加快本地资源开发，促进经济发展。

四、全国各地对口支援西藏自治区、有关地区对口支援三峡库区以及原有的区域经济合作安排不变。各省、自治区、直辖市内经济较发达的市、县与经济欠发达的地、县的扶贫协作工作，由各省、自治区、直辖市人民政府负责组织，要形成制度，长期坚持下去。

五、各级人民政府要切实加强对扶贫协作工作的领导，广泛动员社会力量积极参与。要确定一位领导同志负责这项工作，并明确具体承办部门。协作双方应每年召开一次联席会议，总结经验，协商解决有关问题。跨省、自治区、直辖市的扶贫协作工作由国务院扶贫开发领导小组负责组织和协调，国务院有关部门应主动配合，积极支持。各省、自治区、直辖市要将有关扶贫协作的协议书和实施情况的材料报送国务院扶贫开发领导小组办公室备案。

组织经济较发达地区与经济欠发达地区开展扶贫协作，是加快贫困地区脱贫致富步伐的重要途径，是实现共同富裕目标的必要措施。贫困地区的各级人民政府和各级干部要发扬自力更生、艰苦奋斗的精神，带领人民群众苦干、实干，尽快改变贫困面貌。

以上报告如无不妥，建议转发各省、自治区、直辖市人民政府和国务院各部门执行。

国务院扶贫开发领导小组

××××年×月×日

【例文5】

### 关于我校工会干部有关待遇的报告

市总工会：

×月×日函悉。现将我校工会干部有关待遇报告如下：

一、我校基层工会主席由教师兼任，每年减免工作量40学时。

二、部门工会主席任职期间享受本单位行政副职待遇，由教师担任的每年减免工作量30学时。

三、校工会委员任职期间减免工作量30学时；部门工会委员每年减免工作量15学时。

专此报告。

××大学工会

一九八九年六月五日

**【例文6】**

**关于报送《大新镇所属事业单位岗位设置方案》的报告**

大新政发［2008］207号

兴庆区人劳局：

根据《关于加快事业单位岗位设置管理工作及相关问题的通知》（银兴人劳发［2008］119号）精神，按照《兴庆区事业单位岗位设置实施方案》（银兴人劳发［2008］14号）的有关要求和规定，现将我镇所属事业单位岗位设置方案报送你局，请审查核准。

附：《大新镇所属事业单位岗位设置方案》

大新镇人民政府

二〇〇八年十月二十八日

## 四、操作训练

（一）仔细阅读下文，指出其存在的问题。

**关于××高速公路塌方事故的报告**

××市建设委员会：

1997年×月×日，××高速公路××路段发生塌方事故，造成一定的伤亡后果。事故发生前，桥面上分散有二三十名工人，已浇铸了近200立方的混凝土，属于违章施工，按照施工程序应分两次浇筑的混凝土却一次浇铸。估计事故原因是桥面负荷过重。事故发生后，近200名消防队员、工地工人、公安干警赶到现场紧急抢救，抢救时间持续近28小时。据查，该工程承建商是××市市政总公司第一分公司。

特此报告。

××县建设委员会

2012年7月15日

（二）下面资料中提到了B市经济转型过程中重视解决民生问题，请你以B市政府的名义起草一份文件，向省政府汇报本市经济转型发展过程中切实解决民生问题的做法和经验。

要求：格式规范，概述准确，切合题意，结构清晰；篇幅不超过600字。

1. 资源型城市（资源型地区）是以本地区矿产、森林等自然资源开采、加工为主导产业的一种城市类型。一般分为成长型城市、成熟型城市和枯竭型城市三种类型。资源枯竭型城市通常是指自然资源开采进入衰退或枯竭过程的城市。一种比较有代表性的观点认为，资源枯竭型城市是指资源开采已处于后期或末期阶段、累计采出储量已达到可采储量70%以上的城市。由于资源产业与资源型城市发展的规律，资源型城市必然要经历建设—繁荣—衰退—转型—振兴或消亡的过程。因此，资源枯竭型城市如何转型，如何寻找新的出路，是一个普遍的世界性难题。

经过三十多年经济的快速发展，中国资源型城市逐渐受到资源枯竭的威胁，发展前景不容乐观。特别是一些城市和地区由于长期对矿产资源进行掠夺式、粗放式的开采和利用，生态环境破坏严重，并引发一系列社会问题。例如前几年东北某市出现了大面积的土地塌陷。深陷区面积达100多平方公里，区内受到不同程度破坏的民房达2.7万座，其中危房1.52万座，涉及居民2.9万户、7.8万人。又如西北某资源型城市几年来累计下岗职工人数达到了10多万人，其中煤炭采掘业及初级产品加工业下岗职工人数占总数的80%以上。由于资源枯竭，关闭企业多、老企业多、困难企业多等综合因素影响，该市解决各种遗留问题的压力较大。

2. 针对资源枯竭型城市的可持续发展，国务院在2001年曾召开专门会议，专题研究资源型城市的经济转型问题，并推动将辽宁阜新列为全国第一个资源枯竭型城市经济转型试点市。2005年8月，温家宝总理在国家计生委向国务院报送的《用科学发展观统筹解决资源枯竭型城市人口与发展问题》报告上批示：解决资源枯竭型城市存在的贫困、失业和环境问题，是落实科学发展观、构建和谐社会、实现小康目标的一项重要而不可忽视的任务。2007年12月24日，《国务院关于促进资源型城市可持续发展的若干意见》提出："2015年前，在全国范围内普遍建立健全资源开发补偿机制和衰退产业援助机制，使资源型城市经济社会步入可持续发展轨道。同时，应该建立健全长效机制，加大对资源型城市扶持力度，要以市场为导向，以企业为主体，大力培育发展接续替代产业。"根据2012年颁布的《全国资源型城市可持续发展规划》的安排，中央财政在"十二五"期间将投入约1000亿元，加上省级配套资金，我国资源枯竭型城市"十二五"期间将有望获得超过5000亿元的财政支持。

3. B市是一座正处于经济转型期的老工业基地和资源枯竭型城市。与其他城市相比，所面临的民生问题更具有特殊性和复杂性。一是随着矿产资源的逐渐枯竭，原先的一批国有矿山相继破产关闭，导致下岗人员大量增加。由于产业单一，加之传统的手工操作，这些下岗人员普遍技能单一、年龄偏大，再就业能力较差。二是由于B市是一座随着煤矿资源的开发而发展起来的城市，城市布局不合理，老城区、老矿区居民集中，工厂和居民区混杂，居住条件恶劣，城市基础设施老化严重，广大群众要求尽快改善居住和生活环境的愿望十分强烈。三是B市作为经济不发达的西部城市，一直存在着"大城市、小农村”的问题，社会事业发展不平衡，区域间义务教育发展还有差别，农村医疗卫生、城市社区卫生服务以及城乡社会保障体系建设相对滞后。当地老百姓将这些问题形象地归纳为“五多六难”：即下岗失业职工多、待业人员多、公亡遗属和工伤职工多、离退休人员多、不稳定因素多；住房难、行路难、入学难、就医难、就业难和生活难。经济最困难时期，广大群众收入低，在矿区甚至出现了有人因生活无望而自杀的极端事件。因企业破产、职工下岗、相关政策不平衡而引发的群体性事件时有发生。

为解决困难群众的生活问题，近年来B市积极引进食品加工、现代农业、电子元器件、纺织等非资源型工业项目，努力增加财税收入，解决了一批民生工程的建设。比如从2005年起，争取省市两级财政的大力支持，实施了莲花、鲁谷等集中连片棚户区、深陷区改造工程，总投资54亿元，共拆迁213万平方米，新建住宅面积366万平方米，受益群众13.4万户，31.7万人，一定程度上改善了城市居民、特别是矿区居民的居住条件。对改建完的棚改新区，还注意重点解决居民回迁后子女入学等配套服务问题；从2009年起，争取国家、省、市三级财政出资，全市基本建立了以养老保险、失业保险、医疗保险和城镇最低生活保障等为主要内容的社会保障体系，初步解决了群众的后顾之忧；先后为近2万名下岗职工发放基本生活费1.6亿元，为3万余名与企业解除劳动关系的职工发放经济补偿金2亿多元。B市最大的国企某矿区（集团）有限公司全部补发了历史上拖欠职工的工资、取暖费、丧葬费和医药费等，合计达1.9亿元，在职职工工资水平也不断提高，目前年人均收入达2万元，比5年前翻了近2番；通过实施“就业倍增计划”，3年来累计实现稳定就业25.3万人，城镇登记失业率由全省排名首位下降到全省平均水平以下。

B市既重视经济转型发展，又切实解决诸多民生问题，取得了阶段性成效。但是，随着企业的转轨转产，下岗失业人员还在增加，加之新产生的城市劳动力和农村富余劳动力逐年增加，每年尚有10万人的就业问题需要解决。此外，与省内其他城市及全国平均水平相比较，B市的养老保险、最低生活保障、失业保险和城乡医疗保险的标准还不高，城市与农村的社会保障水平差距更大。B市市委、市政府承诺，在“十二五”期间，将进一步加大政策倾斜力度，采取切实措施解决好各项民生问题，让老百姓及时、充分地享受转型发展的现实成果。

——摘自2013年山东省公务员录用考试《申论》C卷

## 第六节　请　示

### 一、请示的含义和特点

（一）请示的含义

请示适用于向上级机关请求指示、批准。

（二）请示的特点

1. 事前行文性

请示一定要在工作开始前行文，得到上级机关批准后才能付诸实施。

2. 请求批复性

请示行文的目的非常明确，即要求上级机关对请示的事项作出明确的批复。

3. 事项单一性

即一份请示只能请求指示、批准一件事情或解决一个问题。

## 二、文种类型写作

（一）请求指示性请示

1. 类型简介

请求指示性请示所涉及的是下级机关对国家的有关方针政策或上级机关的有关规定、决定等，在认识上不明确、不理解；或对在工作中出现的新情况、新问题需要处理而又无章可循、无法可依，不知如何处理；或从本地区本单位的实际情况出发，需要对上级的某项政策、规定做出变通处理。简单地讲就是请求上级机关给答案（答疑解惑）、给政策、给办法。

2. 写作范式

（1）标题

[发文机关] + 关于 [事由] + [文种]

例如：关于 [交通肇事是否给予被害者家属抚恤问题] 的 [请示]

（2）正文

正文内容模块构成：[请示问题] + [参考建议] + [请求语]

请示问题：在请示中要向上级机关把有关问题讲清楚、讲明白。比如新政策、新法规等里面的疑惑点；需要变通的某项政策；遇到的新情况、新问题。下级机关只有把请示的问题说清楚了，上级机关才可能作出有针对性的、明确的答复。

参考建议：下级机关提出问题以后也可以提供一些建设性的建议，以供上级机关参考，这是一种勤政的表现。这一模块不是必有项，也可以不写。

请求语：为了使请示的事项得到答复，发文机关一定要提出要求，因此请求语是必写的。常用的请求语有："以上请示，请批复"，"以上意见当否，请指示"，"以上请示，请审批"等等。

（二）请求批准性请示

1. 类型说明

请求批准性请示所涉及的是下级机关限于自己的职权，无权自己办理或决定的事项；或下级机关遇到仅依靠自己的力量，已很难克服或无法克服的困难，需请上级机关支持、帮助；或工作中出现了一些涉及面广而本部门无法独立解决的困难和问题，需请求上级给予协调和帮助。这类请示多涉及人事（如人员定编）、财物（如财政支出、资产购置）、机构（如科室设置）等方面的具体问题。

2. 写作范式

（1）标题

发文机关 +关于 事由 + 文种

例如：××市人民政府关于建立××市体育学校的请示

（2）正文

正文内容模块：请示缘由 + 请示事项 + 请示要求

请示缘由：即提出请示事项和要求的理由、背景及依据，要写在正文的开头。缘由是请示能否获批的关键，一定要写得细致、全面、充分。

请示事项：指请求上级机关批准、帮助、解答的具体事项。

请示要求：为了使请示的事项得到答复，发文机关一定要提出要求。请示的要求常用的写法有："以上请示，请批复"，"以上意见当否，请指示"，"以上请示，请审批"等等。

## 三、范文品读

**【例文1】**

**关于交通肇事是否给予被害者家属抚恤问题的请示**

最高人民法院：

据我省××县人民法院报告，他们对交通肇事致被害人死亡，是否给予被害者家属抚恤的问题，有不同意见。一种意见认为，被害者若是有劳动能力的人，并遗有家属要抚养的，给予抚恤。另一种意见认为，只要不是由被害者自己的过失所引起的死亡事故，不管被害者有无劳动能力，都应酌情给予抚恤。我们同意后一种意见。几年来的实践经验证明，这样做有利于安抚死者家属。

是否妥当，请批复。

××省高级人民法院

××××年×月×日

【例文2】

## 关于《会计人员职权条例》中“总会计师”是行政职务或是技术职称的请示

财政部：

国务院1987年国发〔1987〕××号通知颁发的《会计人员职权条例》规定，会计人员技术职称分为总会计师、会计师、助理会计师、会计员四种；其中“总会计师”既是行政职务，又作为技术职称。在执行中，工厂总会计师按《条例》规定，负责全工厂的财务会计事宜；可是每个工厂，尤其是大工厂，授予总会计师职称的人有四五人，究竟由哪一位负责全厂的财务会计事宜和执行总会计师的职责与权限呢？

我们认为宜将行政职务与技术职称分开。总会计师为行政职务，不再作为技术职称；比照最近国务院颁发的《工程技术干部技术职称暂行规定》，将《条例》第五章规定的会计人员职称中的“总会计师”改为“高级会计师”。

以上认识是否妥当，请指示。

××省财政厅

一九八八年×月×日

【例文3】

## 关于要求解决救灾资金的请示

万年县人民政府：

2008年初，我镇连续遭受了两次多年不遇的特大暴雪袭击，致使全镇范围内各行业都不同程度受到了损失。

据统计，我镇受灾群众有17160人，共接到灾情报告24起，其中房屋倒塌15间，折合人民币8.8万元；冻死家禽100羽、牛2头、肉猪10头，折合人民币4.5万元；林木损毁3200亩，折合人民币355万余元；油菜受灾面积9250亩，蔬菜受灾面积2000亩，折合人民币497.5万余元；井路村75KW变压器烧坏1只，高压线断裂6处，折合人民币6.5万元；周家陈家、射田罗湖岭、中洲新村高压输电线压断及电线杆断裂，折合人民币25万元。万年县石镇镇双孢蘑菇基地2万平方米蘑菇冻死，折合人民币130余万元；万年县石镇镇金鑫胶木板厂2000平方米厂房坍塌，压坏卷板机等设备多台，折合人民币149.7余万元；万年县石镇镇创兴陶瓷厂房屋顶棚坍塌1700平方米，折合人民币150余万元。根据目前情况，据初步统计损失将在1327万元以上。

按照省委省政府“九保一平安”的要求，在县委县政府的正确领导下，镇党委政府周密安排，精心组织，全镇人民团结一心，齐心协力，发扬“三不怕”精神，全力奋战在抗灾救灾第一线，真正做到了哪里有灾情，哪里就有我们的好党员、好干部、好群众。

对以上灾情，我们都做了跟踪追访，在给予救助的同时，鼓励他们抗灾自救，充分发挥多方面的抗灾经验，做到科学抗灾、科学减灾，把损失降到最低。

要求解决救灾资金800万元，恳请批示！

石镇镇人民政府

二〇〇八年三月十七日

## 四、操作训练

（一）仔细阅读下文，指出其存在的问题。

### 关于要求拨给增建地下消火栓所需资金的请示报告

××市二商局：

我公司××冷库，系地区性重点仓库，由于多年来冷库的防火设施十分简陋，器材不足。去年以来，市区有关防火部门多次检查，要求增建防火栓，但均因我单位缺少资金，一直无能为力。为保证库区安全，做到有备无患，急需增建地下消火栓4处及增设一部分消防器材，共需资金××万元，请予拨给。

妥否，请速批复。

附：《增建冷库地下消火栓资金预算》一份。

××市食品公司

2013年3月20日

（二）假定你是××省外资局办公室一名工作人员，请结合背景资料，根据给定条件，拟写一份请示。

××省外资局拟于2012年12月10日派组（局长×××等6人）到美国纽约市××设备公司检验引进设备。此事需向省政府请示。该局曾与对方签订过引进设备的合同，最近对方又来电邀请前去考察。在美考察时间需20天，所需外汇由该局自行解决。

背景资料：

一、严格控制用公费出国（境）活动。凡属一般性考察、学习和没有明确公务目的及实质内容的出国（境）活动，要坚决停下来；出访团组必须严格执行有关规定，不得以任何理由绕道旅行或擅自延长在境外停留的时间。要坚决贯彻执行《国务院办公厅关于派遣团组和人员赴国（境）外培训的规定》（国办发〔1990〕4号），严格控制党政机关出国（境）培训的团组和人员。这项工作统一由国家外国专家局归口管理，从严掌握，并尽快制定管理办法。

二、审批公务出国（境）经费要严格把关。上报出国（境）报告时要说明经费来源和用汇数额。凡用汇未列入预算或超预算的团组和人员，不得批准。违者要追究组团单位和审批机关领导的责任。

——摘自《中共中央办公厅、国务院办公厅关于严禁用公费变相出国（境）旅游的通知》

# 第七节 批　复

## 一、批复的含义和特点

（一）批复的含义

批复适用于答复下级机关请示事项。

（二）批复的特点

1. 被动性

批复依赖请示而存在，先有请示后有批复。

2. 针对性

体现在两个方面：一是批复内容必须紧扣请示的内容，请示什么就批复什么；二是批复的主送机关是请示的发文机关，即是谁请示就给谁批复。

3. 权威性

批复是上级机关领导意图和领导权威的具体体现。批复对下级机关具有行政约束力。上级机关通过批复表态准许怎样做，不准许怎样做。下级机关必须执行上级机关的批复意见。

## 二、文种类型写作

（一）指示性批复

1. 类型简介

指示性批复即对下级机关领会不准或不甚了解的国家有关方针政策或上级机关的有关规定、决定，作出的解释性、指示性答复。

2. 写作范式

（1）标题

批复的标题常见的有以下四种：

①发文机关＋批复事项＋行文对象＋文种

②发文机关 ＋ 事由 ＋ 文种

③上级机关＋态度＋事由＋文种

④发文机关 ＋ 原件标题 ＋ 文种

例如：

《国务院办公厅关于深圳特区私人建房问题给广东省人民政府办公厅并福建省人民政府办公厅的批复》

《公安部关于森林公安机关执行＜中华人民共和国治安管理处罚法＞有关问题的批复》

《关于同意××学院中文系举办校外秘书班的批复》

《中国保险监督管理委员会对〈关于保监会文件执行过程中若干问题的请示〉的批复》

（2）正文

正文内容模块构成：批复引语 + 批复内容 + 结束语

①批复引语

引述来文（即请示）的标题及发文字号。

引述来文的标准格式是：来文标题 + 来文字号 + 收悉。其中，来文字号加小括号。

例如：你局《关于……的请示》（×发〔20××〕×号）收悉。

引述来文是为了说明批复根据，点出批复对象，使请示机关一看批复的开头，就清楚地知道是对哪个请示的批复，体现的是批复的文体针对性。

②批复内容

批复内容是对下级机关领会不准或不甚了解的国家有关方针政策或上级机关的有关规定、决定或对无所适从的新问题、新情况等，作出的解释性、指示性答复。

③结束语的写法

多写“此复”“特此批复”“专此批复”等，也可以省略不写。

（二）批准性批复

1. 类型简介

批准性批复是对下级机关请求办理或请求处理的事项表明态度的答复。

2. 写作范式

（1）标题（写法同指示性批复）

例如：

《××总公司关于扩建业务大楼给第三分公司的批复》

《国务院关于全国高标准农田建设总体规划的批复》

《国务院关于同意建立全国社会救助部际联席会议制度的批复》

《××市人民政府对〈关于处理沿江路3号商业大厦失火事故的请示〉的批复》

（2）正文

正文内容模块构成：批复引语 + 批复事项 + 结束语

①批复引语（写法同指示性批复）

②批复事项

批复事项是对下级机关请求批准或请求处理事项的明确答复。

一般来说，对常规事项、例行工作的批复，特别是同意有关请示的批复，不必阐述批复理由，表明同意态度即可。

若不同意请示事项，或对下级机关要求的支持和帮助难以满足，则除在批复中表明态度外，一般还需要适当说明理由，以使对方能较好地接受，并及时作出相应的工作安排。

要求：

第一，紧扣请示事项，逐条批复，态度明确。

第二，同意的，不用写理由（尤其是对常规事项、例行工作的批复）。但对下级机关的要求，应该交代的在批复中必须交代清楚，不能省略。

第三，不同意的，要在否定意见后简单写理由，以使对方能较好地接受，并及时作出相应的工作安排。

批复意见类型：同意；不同意；原则同意（或提出具体处理意见，或补充、修正）。

③结束语的写法（写法同指示性批复）

## 三、范文品读

【例文 1】

### 关于对《关于保监会文件执行过程中若干问题的请示》的批复

保监寿〔1999〕21 号

中国平安保险股份有限公司：

你公司《关于保监会文件执行过程中若干问题的请示》（平保发〔1999〕056 号）收悉，经研究，现批复如下：

一、《关于人身保险业务有关问题的通知》（保监发〔1999〕15 号）中的有关问题

1. 第一条“关于条款、费率的使用”第三项规定“……人寿保险不允许用协议书的形式承保”。此处的“人寿保险”是广义的，包括意外险和健康险。

2. 第一条“关于条款、费率的使用”第三项规定“……批单和批注不得改变条款中规定的保险责任和保险期间。”这一规定不适用于根据核保结果，按惯例作出加收保费、部分责任免除或限定给付等约定。

3. 第二条“关于代理手续费和佣金”第二项“团体人身保险保单的手续费”规定“……个人代理人不得办理团体人身保险业务……”。这是《保险代理人管理规定（试行）》第五十二条的规定，你公司的建议目前不具备实施的合法性和可行性。

4. 第三条“关于业务经营”第二项规定“禁止用个人寿险条款承保团体寿险”。你公司关于团单的界定标准中第二项标准不宜采用，因“团体汇缴”方式不能明确确定保费来源。

5. 第三条“关于业务经营”第四项规定“团体养老金保险保单约定的被保险人领取年龄，必须达到国家规定的退休年龄……”。“国家规定的退休年龄”既包括国家规定的法定退休年龄，也包括有些特殊行业各自的退休年龄标准。在团体保险中，对被保险人养老金领取年龄进行约定时，只有特定行业被保险人的养老金领取年龄可以采用该行业的相应退休年龄标准。

6. 第三条“关于业务经营”第四项规定“团体寿险的满期生存给付和退休金，一

律通过银行转账支付给原投保单位……”，你公司认为这一规定可能会将保险公司引入纠纷。为避免纠纷，你公司要在团体保险条款中加入“满期生存给付和退休金由保险公司以银行转账的方式支付给投保单位，由投保单位负责向个人支付”的内容。

二、《关于父母为其未成年子女投保死亡人身保险限额的通知》（保监发〔1999〕43号）中的有关问题

1.《中华人民共和国民法通则》第十一条规定“18周岁以上的公民是成年人”，因此，“未成年人”的年龄界定标准为18周岁以下。

2.“死亡保险金额”指保单约定的死亡给付金额。

3. 对于死亡保额的限定应在保险合同中进行明确，不得采取特别约定的方式。

中国保险监督管理委员会

1999年8月16日

**【例文2】**

**民政部办公厅关于军休干部房租补贴相关文件执行若干问题的复函**

民办函〔2009〕108号

上海市民政局：

你局《关于军休干部房租补贴相关文件执行若干问题的请示》（沪民办发〔2008〕63号）收悉，经与财政部社会保障司、总政治部干部部研究，答复如下：

一、“关于住房补贴经费”问题。根据民政部、财政部、总政治部《关于印发〈移交政府安置的军队离休退休干部住房制度改革实施办法〉的通知》（民安发〔1994〕19号）规定，移交政府安置的军队离休退休干部住房补贴（即指房租补贴，下同）经费“按现行财政管理体制，分别由中央和地方财政解决”。“分别由中央和地方财政解决”是指中央和地方财政实行分税制以后，北京、河北、江苏、安徽、湖南五省（市）1986年12月31日以前安置的军队离退休干部由地方财政解决，1987年1月1日以后安置的军队离退休干部由中央财政负担；其他省、自治区、直辖市、计划单列市1983年12月31日以前安置的军队离退休干部由地方财政解决，1984年1月1日以后安置的军队离退休干部由中央财政负担。

二、“关于从提租收入中解决”的问题。在财政部、民政部的复函中均明确说明“从提租收入中解决”，请抓紧与有关部门联系，尽快帮助移交政府安置的军队离退休干部落实经费来源。

三、“关于住房产权不属于中央所有的移交政府安置的军队离退休干部的住房补贴经费如何执行”问题。无论产权属于谁，其按政策规定享受住房补贴的经费均“从提租收入中解决”。

民政部办公厅

二〇〇九年四月二十七日

【例文 3】

**公安部关于森林公安机关执行**
**《中华人民共和国治安管理处罚法》有关问题的批复**

公法〔2008〕18 号

国家林业局森林公安局：

你局《关于森林公安机关执行＜治安管理处罚法＞有关问题的请示》（林公治〔2007〕45 号）收悉。现批复如下：

一、关于“县级以上森林公安机关”的确定问题

《公安机关执行＜中华人民共和国治安管理处罚法＞有关问题的解释》（公通字〔2006〕12 号）第十条规定，县级以上森林公安机关对其管辖的治安案件，可以依法作出治安管理处罚决定。这里的“县级以上森林公安机关”，是指相当于县级以上人民政府公安机关的行政级别，并有权以自己的名义办理案件、作出决定和制作法律文书的森林公安机关。

二、关于森林公安机关与地方公安机关办理治安案件的管辖分工问题

鉴于我国地域辽阔、地区差异性较大，各地林区公安机关的设置情况不一，有关森林公安机关与地方公安机关办理治安案件的管辖分工，可以由各级人民政府公安机关根据当地实际情况确定。

公安部

二〇〇八年一月十日

【例文 4】

**国务院关于同意将山东省青州市**
**列为国家历史文化名城的批复**

国函〔2013〕120 号

山东省人民政府：

你省《关于申请将青州市列为国家历史文化名城的请示》（鲁政呈〔2012〕30 号）收悉。现批复如下：

一、同意将青州市列为国家历史文化名城。青州市历史悠久，遗存丰富，文化底蕴深厚，名胜古迹众多，街区特色鲜明，城区传统格局和风貌保存完好，具有重要的历史文化价值。

二、你省及青州市人民政府要根据本批复精神，按照《历史文化名城名镇名村保护条例》的要求，正确处理城市建设与保护历史文化遗产的关系，深入研究发掘历史文化遗产的内涵与价值，明确保护的原则和重点。编制好历史文化名城保护规划，并将其纳入城市总体规划，划定历史文化街区、文物保护单位、历史建筑的保护范围及建设控制

地带，制定严格的保护措施。在历史文化名城保护规划的指导下，编制好重要保护地段的详细规划。在规划和建设中，要重视保护城市格局，注重城区环境整治和历史建筑修缮，不得进行任何与名城环境和风貌不相协调的建设活动。

三、你省和住房城乡建设部、国家文物局要加强对青州市国家历史文化名城规划、保护工作的指导、监督和检查。

国务院

2013 年 11 月 18 日

（此件公开发布）

【例文 5】

**××县人民政府**

**关于××乡人民政府兴建砖瓦厂问题的批复**

××乡人民政府：

你乡××××年 4 月 16 日《关于兴建砖瓦厂的请示》（××发〔××××〕×号）收悉。经研究，现答复如下：

改革开放以来，农村盖房使用砖瓦量确实明显增加，因此各乡纷纷兴建了砖瓦厂。据调查，我县已经有 40% 的农户盖了新房；约 30% 的农户近年内不拟盖新房，砖瓦需求量相对趋于缓和。其余拟盖房户所需砖瓦的数量，我县现有砖瓦厂完全可以满足。因此，凡申报新建砖瓦厂的请求一律不予同意，以免供过于求，出现新的问题。

特此批复。

××县人民政府（印）

××××年四月二十日

【例文 6】

**国务院关于同意设立“全国交通安全日”的批复**

国函〔2012〕195 号

公安部：

你部《关于将 12 月 2 日设立为“全国交通安全日”的请示》（公部请〔2012〕83 号）收悉。同意自 2012 年起，将每年 12 月 2 日设立为“全国交通安全日”。具体工作由你部商有关部门组织实施。

国 务 院

2012 年 11 月 18 日

## 四、操作训练

（一）试指出下文的毛病，并加以修改。

## 关于要求拨给抢修校舍专款请示的批复

××镇教育办：

你们的请示收悉。这次强台风的破坏，使你镇校舍损失惨重，造成许多班级无教室上课。经研究，可考虑拨专款15万元以内给你镇抢修教室，不足部分请自筹解决。

此复

××县教育局

2012年7月3日

（二）“近年随着农资价格大幅上涨，农民的生产成本不断提高，越来越多的农民选择外出打工，致使部分耕地荒废，我国农民的种粮意愿在下降。”为解决此问题，××省粮食局向国家粮食局提出了提高粮价的请示，假定你是国家粮食局的某工作人员，请根据下列资料拟写一份批复。

1. 今年9月8日至10日，胡锦涛同志前往河南焦作市农村考察粮食生产，在玉米丰产示范田，询问乡亲们对国家惠农政策有什么要求。一位村民答，希望粮食价格提一点，政府补贴多一点。总书记表示一定把这些意见带回去。他指出，发展粮食生产，一靠政策，二靠科技。在温县农科所，总书记勉励科技人员为粮食高产稳产进一步发挥作用。在焦作隆丰粮食储备有限公司，总书记要求进一步把储备粮食管好。

9月30日，胡锦涛同志前往安徽考察。在滁州市凤阳县小岗村，他说：“我要明确告诉乡亲们，以家庭承包经营为基础、统分结合的双层经营体制是党的农村政策的基石，不仅现有土地承包关系要保持稳定并长久不变，还要赋予农民更加充分而有保障的土地承包经营权。同时，要根据农民的意愿，允许农民以多种形式流转土地承包经营权，发展适度规模经营。”

2. 下面是记者就我国粮食问题对国家粮食局领导Z先生的采访摘录。

记者：人均耕地面积在减少，您对此怎么看？

Z先生：耕地是在减少，但党和国家对这个事情非常重视，18亿亩耕地的红线是不能破的，这是一个最基本的保证。18亿亩耕地，意味着我们能够保证粮食产量至少在1万亿斤以上，从现在的消费水平看，这能让我们的粮食供求基本平衡。

记者：2008年大家对粮价问题都非常关心，您觉得粮价什么时候会见底，大概会是一个什么样的价格水平？

Z先生：2008年供求基本平衡，主要粮食品种小麦、稻谷、玉米供大于求。在这种情况下，粮价很难涨得很高，如果说出现了粮价涨得很高的情况，国家也一样有能力采取措施来平抑。我们有足够的库存，使价格保持基本稳定，对此我们很有信心，也请大家放心。但是对于有关部门来说，要解决好粮价问题，归根结底还是要想方设法提高农民种田的积极性。一方面要提高农民种田补贴，另一方面要通过技术手段调控好农业物资的价格。如果这两方面的问题解决好了，粮价问题或许根本算不上一个问题。

——摘自2009年国考《申论》

# 第八节　意　见

## 一、意见的含义和特点

（一）意见的含义

意见适用于对重要问题提出见解和处理办法。

意见的本意是人们对事物所产生的看法或想法。有时是针对当时带有普遍性的问题发布的，有时是针对局部性的问题发布的。

问题是需要研究解决的疑难和矛盾，意见的内容涉及现实工作中重大的和急需解决的问题，要有可行性的充分论证。提出见解是指发表对事物的认识和看法，带有较为强烈的主观意愿和色彩，更为重要的是提出建议，即对问题提出处理办法。

在多年的实践中，“意见”较好地解决了呈转性公文中长期存在的难题和上级在指导工作中的弹性问题。

（二）意见的特点

意见是具兼容特性的文种，其特点主要体现在以下方面：

1. 功能的多样性

意见既可以对工作作出指导，作出部署；又可以对工作提出建议，拿出办法。

2. 行文的多向性

意见既可以用作下行文，体现上级机关对下级机关工作的指导，阐明工作原则、方法和要求；又可以用作上行文或平行文，提出工作建议和参考意见。

## 二、文种类型写作

根据功用的不同，可分为指导性意见和建议性意见两种。

根据内容的不同，可分为规划性意见、实施性意见和规定性意见三种。

（一）指导性意见

1. 类型简介

指导性意见属于下行意见。这是党政领导机关用于布置工作的下行文，它同决定、通知等文种一样，对下级有一定的规范作用和行政约束力，但有别于决定和通知的是，它具有较突出的指导性。一般来说，意见注重原则性和灵活性的结合，规定性和变通性的结合，以便为下级办事留有更多的创造余地。有时部署工作不宜以决定、命令、通知等文种行文，便多用意见行文，以阐明工作的原则、方法，提出要求。

2. 写作范式

（1）标题

发文机关 + 关于 事由 + 文种

例如：

《中共中央关于坚持和完善中国共产党的多党合作和政治协商制度的意见》

《××县人民政府关于切实减轻农民负担的意见》

《国务院办公厅关于政府向社会力量购买服务的指导意见》

（2）正文

正文一般分为前言、主体和结语三个部分。

前言部分：一般先概括、分析当前面临的状况、问题和必须采取措施的原因，然后以“为了……，现提出如下意见”的句式引出意见的主体。

主体部分：要分述目标、任务、实施要求、措施办法，即表述上级机关对某项工作的政策性、倾向性意见，或者建议事项等。

结语：常用“以上意见，请结合实际情况贯彻执行”等语作结。

（二）建议性意见

1. 类型简介

建议性意见是向上级提出工作建议、设想的上行文，它又可分为呈报性建议意见和呈转性建议意见。

呈报性建议意见是向上级机关提出某方面工作的建议，向上级献计献策，以供上级决策参考。对呈报性建议意见领导可以不行文反馈。

呈转性建议意见是有关单位就开展和推动某方面的工作提出初步的设想和打算，呈送领导审定后，在更大范围内批转有关方面执行的意见。意见一经上级机关批转，则代表了上级机关的意见。

2. 写作范式

（1）标题

发文机关 + 关于 事由 + 文种

例如：

《××市林业局飞播站关于1991年飞播造林工作的意见》

《××省爱卫会等三单位关于认真开展灭鼠防病工作的意见》

（2）正文

正文一般分为前言、主体和结语三个部分。

前言部分：一般写明提出意见的依据、背景和目的，然后以“为了……，现提出如下意见”的句式引出意见的主体。

主体部分：是下级机关对有关问题或某项工作提出的见解、建议或解决办法。主体部分要符合政策法规，有理有据，具有合理性或可操作性。

结语：呈转类建议意见则通常用“以上意见如无不妥，请批转××执行”之类语句作结。

## 三、范文品读

【例文 1】

### 国务院办公厅<br>关于进一步加强煤矿安全生产工作的意见

国办发〔2013〕99 号

各省、自治区、直辖市人民政府，国务院各部委、各直属机构：

煤炭是我国的主体能源，煤矿安全生产关系煤炭工业持续发展和国家能源安全，关系数百万矿工生命财产安全。近年来，通过各方面共同努力，煤矿安全生产形势持续稳定好转。但事故总量仍然偏大，重特大事故时有发生，暴露出煤矿安全管理中仍存在一些突出问题。党中央、国务院对此高度重视，要求深刻汲取事故教训，坚守发展决不能以牺牲人的生命为代价的红线，始终把矿工生命安全放在首位，大力推进煤矿安全治本攻坚，建立健全煤矿安全长效机制，坚决遏制煤矿重特大事故发生。为进一步加强煤矿安全生产工作，经国务院同意，现提出以下意见：

一、加快落后小煤矿关闭退出

（一）明确关闭对象。重点关闭 9 万吨/年及以下不具备安全生产条件的煤矿，加快关闭 9 万吨/年及以下煤与瓦斯突出等灾害严重的煤矿，坚决关闭发生较大及以上责任事故的 9 万吨/年及以下的煤矿。关闭超层越界拒不退回和资源枯竭的煤矿；关闭拒不执行停产整顿指令仍然组织生产的煤矿。不能实现正规开采的煤矿，一律停产整顿；逾期仍未实现正规开采的，依法实施关闭。没有达到安全质量标准化三级标准的煤矿，限期停产整顿；逾期仍不达标的，依法实施关闭。

（二）加大政策支持力度。通过现有资金渠道加大支持淘汰落后产能力度，地方人民政府应安排配套资金，并向早关、多关的地区倾斜。研究制定信贷、财政优惠政策，鼓励优势煤矿企业兼并重组小煤矿。修订煤炭产业政策，提高煤矿准入标准。国家支持小煤矿集中关闭地区发展替代产业，加强基础设施建设，加快缺煤地区能源输送通道建设，优先保障缺煤地区的铁路运力。

（三）落实关闭目标和责任。到 2015 年底全国关闭 2000 处以上小煤矿。各省级人民政府负责小煤矿关闭工作，要制定关闭规划，明确关闭目标并确保按期完成。

二、严格煤矿安全准入

（四）严格煤矿建设项目核准和生产能力核定。一律停止核准新建生产能力低于 30 万吨/年的煤矿，一律停止核准新建生产能力低于 90 万吨/年的煤与瓦斯突出矿井。现有煤与瓦斯突出、冲击地压等灾害严重的生产矿井，原则上不再扩大生产能力；2015 年底前，重新核定上述矿井的生产能力，核减不具备安全保障能力的生产能力。

（五）严格煤矿生产工艺和技术设备准入。建立完善煤炭生产技术与装备、井下合理生产布局以及能力核定等方面的政策、规范和标准，严禁使用国家明令禁止或淘汰的设备和工艺。煤矿使用的设备必须按规定取得煤矿矿用产品安全标志。

（六）严格煤矿企业和管理人员准入。规范煤矿建设项目安全核准、项目核准和资源配置的程序。未通过安全核准的，不得通过项目核准；未通过项目核准的，不得颁发采矿许可证。不具备相应灾害防治能力的企业申请开采高瓦斯、冲击地压、煤层易自燃、水文地质情况和条件复杂等煤炭资源的，不得通过安全核准。从事煤炭生产的企业必须有相关专业和实践经历的管理团队。煤矿必须配备矿长、总工程师和分管安全、生产、机电的副矿长，以及负责采煤、掘进、机电运输、通风、地质测量工作的专业技术人员。矿长、总工程师和分管安全、生产、机电的副矿长必须具有安全资格证，且严禁在其他煤矿兼职；专业技术人员必须具备煤矿相关专业中专以上学历或注册安全工程师资格，且有3年以上井下工作经历。鼓励专业化的安全管理团队以托管、入股等方式管理小煤矿，提高小煤矿技术、装备和管理水平。建立煤炭安全生产信用报告制度，完善安全生产承诺和安全生产信用分类管理制度，健全安全生产准入和退出信用评价机制。

三、深化煤矿瓦斯综合治理

（七）加强瓦斯管理。认真落实国家关于促进煤层气（煤矿瓦斯）抽采利用的各项政策。高瓦斯、煤与瓦斯突出矿井必须严格执行先抽后采、不抽不采、抽采达标。煤与瓦斯突出矿井必须按规定落实区域防突措施，开采保护层或实施区域性预抽，消除突出危险性，做到不采突出面、不掘突出头。发现瓦斯超限仍然作业的，一律按照事故查处，依法依规处理责任人。

（八）严格煤矿企业瓦斯防治能力评估。完善煤矿企业瓦斯防治能力评估制度，提高评估标准，增加必备性指标。加强评估结果执行情况监督检查，经评估不具备瓦斯防治能力的煤矿企业，所属高瓦斯和煤与瓦斯突出矿井必须停产整顿、兼并重组，直至依法关闭。加强评估机构建设，充实评估人员，落实评估责任，对弄虚作假的单位和个人要严肃追究责任。

四、全面普查煤矿隐蔽致灾因素

（九）强制查明隐蔽致灾因素。加强煤炭地质勘查管理，勘查程度达不到规范要求的，不得为其划定矿区范围。煤矿企业要加强建设、生产期间的地质勘查，查明井田范围内的瓦斯、水、火等隐蔽致灾因素，未查明的必须综合运用物探、钻探等勘查技术进行补充勘查；否则，一律不得继续建设和生产。

（十）建立隐蔽致灾因素普查治理机制。小煤矿集中的矿区，由地方人民政府组织进行区域性水害普查治理，对每个煤矿的老空区积水划定警戒线和禁采线，落实和完善预防性保障措施。国家从中央有关专项资金中予以支持。

五、大力推进煤矿“四化”建设

（十一）加快推进小煤矿机械化建设。国家鼓励和扶持30万吨/年以下的小煤矿机械化改造，对机械化改造提升的符合产业政策规定的最低规模的产能，按生产能力核定办法予以认可。新建、改扩建的煤矿，不采用机械化开采的一律不得核准。

（十二）大力推进煤矿安全质量标准化和自动化、信息化建设。深入推进煤矿安全质量标准化建设工作，强化动态达标和岗位达标。煤矿必须确保安全监控、人员定位、通信联络系统正常运转，并大力推进信息化、物联网技术应用，充分利用和整合现有的生产调度、监测监控、办公自动化等信息化系统，建设完善安全生产综合调度信息平台，做到视频监视、实时监测、远程控制。县级煤矿安全监管部门要与煤矿企业安全生产综合调度信息平台实现联网，随机抽查煤矿安全监控运行情况。地方人民政府要培育发展或建立区域性技术服务机构，为煤矿特别是小煤矿提供技术服务。

六、强化煤矿矿长责任和劳动用工管理

（十三）严格落实煤矿矿长责任制度。煤矿矿长要落实安全生产责任，切实保护矿工生命安全，确保煤矿必须证照齐全，严禁无证照或者证照失效非法生产；必须在批准区域正规开采，严禁超层越界或者巷道式采煤、空顶作业；必须做到通风系统可靠，严禁无风、微风、循环风冒险作业；必须做到瓦斯抽采达标，防突措施到位，监控系统有效，瓦斯超限立即撤人，严禁违规作业；必须落实井下探放水规定，严禁开采防隔水煤柱；必须保证井下机电和所有提升设备完好，严禁非阻燃、非防爆设备违规入井；必须坚持矿领导下井带班，确保员工培训合格、持证上岗，严禁违章指挥。达不到要求的煤矿，一律停产整顿。

（十四）规范煤矿劳动用工管理。在一定区域内，加强煤矿企业招工信息服务，统一组织报名和资格审查、统一考核、统一签订劳动合同和办理用工备案、统一参加社会保险、统一依法使用劳务派遣用工，并加强监管。严格实施工伤保险实名制；严厉打击无证上岗、持假证上岗。

（十五）保护煤矿工人权益。开展行业性工资集体协商，研究确定煤矿工人小时最低工资标准，提高下井补贴标准，提高煤矿工人收入。严格执行国家法定工时制度。停产整顿煤矿必须按期发放工人工资。煤矿必须依法配备劳动保护用品，定期组织职业健康检查，加强尘肺病防治工作，建设标准化的食堂、澡堂和宿舍。

（十六）提高煤矿工人素质。加强煤矿班组安全建设，加快变“招工”为“招生”，强化矿工实际操作技能培训与考核。所有煤矿从业人员必须经考试合格后持证上岗，严格教考分离、建立统一题库、制定考核办法、对考核合格人员免费颁发上岗证书。健全考务管理体系，建立考试档案，切实做到考试不合格不发证。将煤矿农民工培训纳入各地促进就业规划和职业培训扶持政策范围。

七、提升煤矿安全监管和应急救援科学化水平

（十七）落实地方政府分级属地监管责任。地方各级人民政府要切实履行分级属地监管责任，强化“一岗双责”，严格执行“一票否决”。强化责任追究，对不履行或履行监管职责不力的，要依纪依法严肃追究相关人员的责任。各地区要按管理权限落实停产整顿煤矿的监管责任人和验收部门，省属煤矿和中央企业煤矿由省级煤矿安全监管部门

组织验收，局长签字；市属煤矿由市（地）级煤矿安全监管部门组织验收，市（地）级人民政府主要负责人签字；其他煤矿由县级煤矿安全监管部门组织验收，县级人民政府主要负责人签字。中央企业煤矿必须由市（地）级以上煤矿安全监管部门负责安全监管，不得交由县、乡级人民政府及其部门负责。

（十八）明确部门安全监管职责。按照管行业必须管安全、管业务必须管安全、谁主管谁负责的原则，进一步明确各部门监管职责，切实加强基层煤炭行业管理和煤矿安全监管部门能力建设。创新监管监察方式方法，开展突击暗查、交叉执法、联合执法，提高监督管理的针对性和有效性。煤矿安全监管监察部门发现煤矿存在超能力生产等重大安全生产隐患和行为的，要依法责令停产整顿；发现违规建设的，要责令停止施工并依法查处；发现停产整顿期间仍然组织生产的煤矿，要依法提请地方政府关闭。煤矿安全监察机构要严格安全准入，严格煤矿建设工程安全设施的设计审查和竣工验收；依法加强对地方政府煤矿安全生产监管工作的监督检查；对停产整顿煤矿要依法暂扣其安全生产许可证。国土资源部门要严格执行矿产资源规划、煤炭国家规划矿区和矿业权设置方案制度，严厉打击煤矿无证勘查开采、以煤田灭火或地质灾害治理等名义实施露天采煤、以硐探坑探为名实施井下开采、超越批准的矿区范围采矿等违法违规行为。公安部门要停止审批停产整顿煤矿购买民用爆炸物品。电力部门要对停产整顿煤矿限制供电。建设主管部门要加强煤矿施工企业安全生产许可证管理，组织及时修订煤矿设计相应标准规范，会同煤炭行业管理部门强化对煤矿设计、施工和监理单位的资质监管。投资主管部门要提高煤矿安全技术改造资金分配使用的针对性和实效性。

（十九）加快煤矿应急救援能力建设。加强国家（区域）矿山应急救援基地建设，其运行维护费用由中央财政和所在地省级财政给予支持。加强地方矿山救护队伍建设，其运行维护费用由地方财政给予支持。煤矿企业按照相关规定建立专职应急救援队伍。没有建立专职救援队伍的，必须建设兼职辅助救护队。煤矿企业要统一生产、通风、安全监控调度，建立快速有效的应急处置机制；每年至少组织一次全员应急演练。加强煤矿事故应急救援指挥，发生重大及以上事故，省级人民政府主要负责人或分管负责人要及时赶赴事故现场。在煤矿抢险救灾中牺牲的救援人员，应当按照国家有关规定申报烈士。

（二十）加强煤矿应急救援装备建设。煤矿要按规定建设完善紧急避险、压风自救、供水施救系统，配备井下应急广播系统，储备自救互救器材。煤矿或煤矿集中的矿区，要配备适用的排水设备和应急救援物资。加快研制并配备能够快速打通“生命通道”的先进设备。支持重点开发煤矿应急指挥、通信联络、应急供电等设备和移动平台，以及遇险人员生命探测与搜索定位、灾害现场大型破拆、救援人员特种防护用品和器材等救援装备。

国务院各有关部门要按照职责分工研究制定具体的政策措施，落实工作责任，加强监管监察并认真组织实施。各省级人民政府要结合本地实际制定实施办法，加强组织领导，强化煤矿安全生产责任体系建设，强化监督检查，加强宣传教育，强化社会监督，严格追究责任，确保各项要求得到有效执行。

国务院办公厅

2013年10月2日

（此件公开发布）

【例文2】

## 国务院关于加快发展养老服务业的若干意见

国发〔2013〕35号

各省、自治区、直辖市人民政府，国务院各部委、各直属机构：

近年来，我国养老服务业快速发展，以居家为基础、社区为依托、机构为支撑的养老服务体系初步建立，老年消费市场初步形成，老龄事业发展取得显著成就。但总体上看，养老服务和产品供给不足、市场发育不健全、城乡区域发展不平衡等问题还十分突出。当前，我国已经进入人口老龄化快速发展阶段，2012年底我国60周岁以上老年人口已达1.94亿，2020年将达到2.43亿，2025年将突破3亿。积极应对人口老龄化，加快发展养老服务业，不断满足老年人持续增长的养老服务需求，是全面建成小康社会的一项紧迫任务，有利于保障老年人权益，共享改革发展成果，有利于拉动消费、扩大就业，有利于保障和改善民生，促进社会和谐，推进经济社会持续健康发展。为加快发展养老服务业，现提出以下意见：

一、总体要求

（一）指导思想。以邓小平理论、“三个代表”重要思想、科学发展观为指导，从国情出发，把不断满足老年人日益增长的养老服务需求作为出发点和落脚点，充分发挥政府作用，通过简政放权，创新体制机制，激发社会活力，充分发挥社会力量的主体作用，健全养老服务体系，满足多样化养老服务需求，努力使养老服务业成为积极应对人口老龄化、保障和改善民生的重要举措，成为扩大内需、增加就业、促进服务业发展、推动经济转型升级的重要力量。

（二）基本原则。

深化体制改革。加快转变政府职能，减少行政干预，加大政策支持和引导力度，激发各类服务主体活力，创新服务供给方式，加强监督管理，提高服务质量和效率。

坚持保障基本。以政府为主导，发挥社会力量作用，着力保障特殊困难老年人的养老服务需求，确保人人享有基本养老服务。加大对基层和农村养老服务的投入，充分发挥社区基层组织和服务机构在居家养老服务中的重要作用。支持家庭、个人承担应尽责任。

注重统筹发展。统筹发展居家养老、机构养老和其他多种形式的养老，实行普遍性服务和个性化服务相结合。统筹城市和农村养老资源，促进基本养老服务均衡发展。统筹利用各种资源，促进养老服务与医疗、家政、保险、教育、健身、旅游等相关领域的互动发展。

完善市场机制。充分发挥市场在资源配置中的基础性作用，逐步使社会力量成为发展养老服务业的主体，营造平等参与、公平竞争的市场环境，大力发展养老服务业，提供方便可及、价格合理的各类养老服务和产品，满足养老服务多样化、多层次需求。

（三）发展目标。到2020年，全面建成以居家为基础、社区为依托、机构为支撑的，功能完善、规模适度、覆盖城乡的养老服务体系。养老服务产品更加丰富，市场机制不断完善，养老服务业持续健康发展。

——服务体系更加健全。生活照料、医疗护理、精神慰藉、紧急救援等养老服务覆盖所有居家老年人。符合标准的日间照料中心、老年人活动中心等服务设施覆盖所有城市社区，90%以上的乡镇和60%以上的农村社区建立包括养老服务在内的社区综合服务设施和站点。全国社会养老床位数达到每千名老年人35－40张，服务能力大幅增强。

——产业规模显著扩大。以老年生活照料、老年产品用品、老年健康服务、老年体育健身、老年文化娱乐、老年金融服务、老年旅游等为主的养老服务业全面发展，养老服务业增加值在服务业中的比重显著提升，全国机构养老、居家社区生活照料和护理等服务提供1000万个以上就业岗位。涌现一批带动力强的龙头企业和大批富有创新活力的中小企业，形成一批养老服务产业集群，培育一批知名品牌。

——发展环境更加优化。养老服务业政策法规体系建立健全，行业标准科学规范，监管机制更加完善，服务质量明显提高。全社会积极应对人口老龄化意识显著增强，支持和参与养老服务的氛围更加浓厚，养老志愿服务广泛开展，敬老、养老、助老的优良传统得到进一步弘扬。

二、主要任务

（一）统筹规划发展城市养老服务设施。

加强社区服务设施建设。各地在制定城市总体规划、控制性详细规划时，必须按照人均用地不少于0.1平方米的标准，分区分级规划设置养老服务设施。凡新建城区和新建居住（小）区，要按标准要求配套建设养老服务设施，并与住宅同步规划、同步建设、同步验收、同步交付使用；凡老城区和已建成居住（小）区无养老服务设施或现有设施没有达到规划和建设指标要求的，要限期通过购置、置换、租赁等方式开辟养老服务设施，不得挪作他用。

综合发挥多种设施作用。各地要发挥社区公共服务设施的养老服务功能，加强社区养老服务设施与社区服务中心（服务站）及社区卫生、文化、体育等设施的功能衔接，提高使用率，发挥综合效益。要支持和引导各类社会主体参与社区综合服务设施建设、运营和管理，提供养老服务。各类具有为老年人服务功能的设施都要向老年人开放。

实施社区无障碍环境改造。各地区要按照无障碍设施工程建设相关标准和规范，推动和扶持老年人家庭无障碍设施的改造，加快推进坡道、电梯等与老年人日常生活密切相关的公共设施改造。

（二）大力发展居家养老服务网络。

发展居家养老便捷服务。地方政府要支持建立以企业和机构为主体、社区为纽带、满足老年人各种服务需求的居家养老服务网络。要通过制定扶持政策措施，积极培育居家养老服务企业和机构，上门为居家老年人提供助餐、助浴、助洁、助急、助医等定制服务；大力发展家政服务，为居家老年人提供规范化、个性化服务。要支持社区建立健全居家养老服务网点，引入社会组织和家政、物业等企业，兴办或运营老年供餐、社区日间照料、老年活动中心等形式多样的养老服务项目。

发展老年人文体娱乐服务。地方政府要支持社区利用社区公共服务设施和社会场所组织开展适合老年人的群众性文化体育娱乐活动，并发挥群众组织和个人积极性。鼓励专业养老机构利用自身资源优势，培训和指导社区养老服务组织和人员。

发展居家网络信息服务。地方政府要支持企业和机构运用互联网、物联网等技术手段创新居家养老服务模式，发展老年电子商务，建设居家服务网络平台，提供紧急呼叫、家政预约、健康咨询、物品代购、服务缴费等适合老年人的服务项目。

（三）大力加强养老机构建设。

支持社会力量举办养老机构。各地要根据城乡规划布局要求，统筹考虑建设各类养老机构。在资本金、场地、人员等方面，进一步降低社会力量举办养老机构的门槛，简化手续、规范程序、公开信息，行政许可和登记机关要核定其经营和活动范围，为社会力量举办养老机构提供便捷服务。鼓励境外资本投资养老服务业。鼓励个人举办家庭化、小型化的养老机构，社会力量举办规模化、连锁化的养老机构。鼓励民间资本对企业厂房、商业设施及其他可利用的社会资源进行整合和改造，用于养老服务。

办好公办保障性养老机构。各地公办养老机构要充分发挥托底作用，重点为“三无”（无劳动能力，无生活来源，无赡养人和扶养人、或者其赡养人和扶养人确无赡养和扶养能力）老人、低收入老人、经济困难的失能半失能老人提供无偿或低收费的供养、护理服务。政府举办的养老机构要实用适用，避免铺张豪华。

开展公办养老机构改制试点。有条件的地方可以积极稳妥地把专门面向社会提供经营性服务的公办养老机构转制成为企业，完善法人治理结构。政府投资兴办的养老床位应逐步通过公建民营等方式管理运营，积极鼓励民间资本通过委托管理等方式，运营公有产权的养老服务设施。要开展服务项目和设施安全标准化建设，不断提高服务水平。

（四）切实加强农村养老服务。

健全服务网络。要完善农村养老服务托底的措施，将所有农村“三无”老人全部纳入五保供养范围，适时提高五保供养标准，健全农村五保供养机构功能，使农村五保老人老有所养。在满足农村五保对象集中供养需求的前提下，支持乡镇五保供养机构改善设施条件并向社会开放，提高运营效益，增强护理功能，使之成为区域性养老服务中心。依托行政村、较大自然村，充分利用农家大院等，建设日间照料中心、托老所、老年活动站等互助性养老服务设施。农村党建活动室、卫生室、农家书屋、学校等要支持农村养老服务工作，组织与老年人相关的活动。充分发挥村民自治功能和老年协会作用，督促家庭成员承担赡养责任，组织开展邻里互助、志愿服务，解决周围老年人实际生活困难。

拓宽资金渠道。各地要进一步落实《中华人民共和国老年人权益保障法》有关农村可以将未承包的集体所有的部分土地、山林、水面、滩涂等作为养老基地，收益供老年人养老的要求。鼓励城市资金、资产和资源投向农村养老服务。各级政府用于养老服务的财政性资金应重点向农村倾斜。

建立协作机制。城市公办养老机构要与农村五保供养机构等建立长期稳定的对口支援和合作机制，采取人员培训、技术指导、设备支援等方式，帮助其提高服务能力。建立跨地区养老服务协作机制，鼓励发达地区支援欠发达地区。

（五）繁荣养老服务消费市场。

拓展养老服务内容。各地要积极发展养老服务业，引导养老服务企业和机构优先满足老年人基本服务需求，鼓励和引导相关行业积极拓展适合老年人特点的文化娱乐、体育健身、休闲旅游、健康服务、精神慰藉、法律服务等服务，加强残障老年人专业化服务。

开发老年产品用品。相关部门要围绕适合老年人的衣、食、住、行、医、文化娱乐等需要，支持企业积极开发安全有效的康复辅具、食品药品、服装服饰等老年用品用具和服务产品，引导商场、超市、批发市场设立老年用品专区专柜；开发老年住宅、老年公寓等老年生活设施，提高老年人生活质量。引导和规范商业银行、保险公司、证券公司等金融机构开发适合老年人的理财、信贷、保险等产品。

培育养老产业集群。各地和相关行业部门要加强规划引导，在制定相关产业发展规划中，要鼓励发展养老服务中小企业，扶持发展龙头企业，实施品牌战略，提高创新能力，形成一批产业链长、覆盖领域广、经济社会效益显著的产业集群。健全市场规范和行业标准，确保养老服务和产品质量，营造安全、便利、诚信的消费环境。

（六）积极推进医疗卫生与养老服务相结合。

推动医养融合发展。各地要促进医疗卫生资源进入养老机构、社区和居民家庭。卫生管理部门要支持有条件的养老机构设置医疗机构。医疗机构要积极支持和发展养老服务，有条件的二级以上综合医院应当开设老年病科，增加老年病床数量，做好老年慢病防治和康复护理。要探索医疗机构与养老机构合作新模式，医疗机构、社区卫生服务机构应当为老年人建立健康档案，建立社区医院与老年人家庭医疗契约服务关系，开展上门诊视、健康查体、保健咨询等服务，加快推进面向养老机构的远程医疗服务试点。医疗机构应当为老年人就医提供优先优惠服务。

健全医疗保险机制。对于养老机构内设的医疗机构，符合城镇职工（居民）基本医疗保险和新型农村合作医疗定点条件的，可申请纳入定点范围，入住的参保老年人按规定享受相应待遇。完善医保报销制度，切实解决老年人异地就医结算问题。鼓励老年人投保健康保险、长期护理保险、意外伤害保险等人身保险产品，鼓励和引导商业保险公司开展相关业务。

三、政策措施

（一）完善投融资政策。要通过完善扶持政策，吸引更多民间资本，培育和扶持养老服务机构和企业发展。各级政府要加大投入，安排财政性资金支持养老服务体系建设。金融机构要加快金融产品和服务方式创新，拓宽信贷抵押担保物范围，积极支持养老服务业的信贷需求。积极利用财政贴息、小额贷款等方式，加大对养老服务业的有效信贷投入。加强养老服务机构信用体系建设，增强对信贷资金和民间资本的吸引力。逐步放宽限制，鼓励和支持保险资金投资养老服务领域。开展老年人住房反向抵押养老保险试点。鼓励养老机构投保责任保险，保险公司承保责任保险。地方政府发行债券应统筹考虑养老服务需求，积极支持养老服务设施建设及无障碍改造。

（二）完善土地供应政策。各地要将各类养老服务设施建设用地纳入城镇土地利用总体规划和年度用地计划，合理安排用地需求，可将闲置的公益性用地调整为养老服务用地。民间资本举办的非营利性养老机构与政府举办的养老机构享有相同的土地使用政策，可以依法使用国有划拨土地或者农民集体所有的土地。对营利性养老机构建设用地，按照国家对经营性用地依法办理有偿用地手续的规定，优先保障供应，并制定支持发展养老服务业的土地政策。严禁养老设施建设用地改变用途、容积率等土地使用条件搞房地产开发。

（三）完善税费优惠政策。落实好国家现行支持养老服务业的税收优惠政策，对养老机构提供的养护服务免征营业税，对非营利性养老机构自用房产、土地免征房产税、城镇土地使用税，对符合条件的非营利性养老机构按规定免征企业所得税。对企事业单位、社会团体和个人向非营利性养老机构的捐赠，符合相关规定的，准予在计算其应纳税所得额时按税法规定比例扣除。各地对非营利性养老机构建设要免征有关行政事业性收费，对营利性养老机构建设要减半征收有关行政事业性收费，对养老机构提供养老服务也要适当减免行政事业性收费，养老机构用电、用水、用气、用热按居民生活类价格执行。境内外资本举办养老机构享有同等的税收等优惠政策。制定和完善支持民间资本投资养老服务业的税收优惠政策。

（四）完善补贴支持政策。各地要加快建立养老服务评估机制，建立健全经济困难的高龄、失能等老年人补贴制度。可根据养老服务的实际需要，推进民办公助，选择通过补助投资、贷款贴息、运营补贴、购买服务等方式，支持社会力量举办养老服务机构，开展养老服务。民政部本级彩票公益金和地方各级政府用于社会福利事业的彩票公益金，要将50%以上的资金用于支持发展养老服务业，并随老年人口的增加逐步提高投入比例。国家根据经济社会发展水平和职工平均工资增长、物价上涨等情况，进一步完善落实基本养老、基本医疗、最低生活保障等政策，适时提高养老保障水平。要制定政府向社会力量购买养老服务的政策措施。

（五）完善人才培养和就业政策。教育、人力资源社会保障、民政部门要支持高等院校和中等职业学校增设养老服务相关专业和课程，扩大人才培养规模，加快培养老年医学、康复、护理、营养、心理和社会工作等方面的专门人才，制定优惠政策，鼓励大专院校对口专业毕业生从事养老服务工作。充分发挥开放大学作用，开展继续教育和远程学历教育。依托院校和养老机构建立养老服务实训基地。加强老年护理人员专业培训，对符合条件的参加养老护理职业培训和职业技能鉴定的从业人员按规定给予相关补贴，在养老机构和社区开发公益性岗位，吸纳农村转移劳动力、城镇就业困难人员等从事养老服务。养老机构应当积极改善养老护理员工作条件，加强劳动保护和职业防护，依法缴纳养老保险费等社会保险费，提高职工工资福利待遇。养老机构应当科学设置专业技术岗位，重点培养和引进医生、护士、康复医师、康复治疗师、社会工作者等具有执业或职业资格的专业技术人员。对在养老机构就业的专业技术人员，执行与医疗机构、福利机构相同的执业资格、注册考核政策。

（六）鼓励公益慈善组织支持养老服务。引导公益慈善组织重点参与养老机构建设、养老产品开发、养老服务提供，使公益慈善组织成为发展养老服务业的重要力量。积极培育发展为老服务公益慈善组织。积极扶持发展各类为老服务志愿组织，开展志愿服务活动。倡导机关干部和企事业单位职工、大中小学学生参加养老服务志愿活动。支持老年群众组织开展自我管理、自我服务和服务社会活动。探索建立健康老人参与志愿互助服务的工作机制，建立为老志愿服务登记制度。弘扬敬老、养老、助老的优良传统，支持社会服务窗口行业开展“敬老文明号”创建活动。

四、组织领导

（一）健全工作机制。各地要将发展养老服务业纳入国民经济和社会发展规划，纳入政府重要议事日程，进一步强化工作协调机制，定期分析养老服务业发展情况和存在问题，研究推进养老服务业加快发展的各项政策措施，认真落实养老服务业发展的相关任务要求。民政部门要切实履行监督管理、行业规范、业务指导职责，推动公办养老机构改革发展。发展改革部门要将养老服务业发展纳入经济社会发展规划、专项规划和区域规划，支持养老服务设施建设。财政部门要在现有资金渠道内对养老服务业发展给予财力保障。老龄工作机构要发挥综合协调作用，加强督促指导工作。教育、公安消防、卫生计生、国土、住房城乡建设、人力资源社会保障、商务、税务、金融、质检、工商、食品药品监管等部门要各司其职，及时解决工作中遇到的问题，形成齐抓共管、整体推进的工作格局。

（二）开展综合改革试点。国家选择有特点和代表性的区域进行养老服务业综合改革试点，在财政、金融、用地、税费、人才、技术及服务模式等方面进行探索创新，先行先试，完善体制机制和政策措施，为全国养老服务业发展提供经验。

（三）强化行业监管。民政部门要健全养老服务的准入、退出、监管制度，指导养老机构完善管理规范、改善服务质量，及时查处侵害老年人人身财产权益的违法行为和安全生产责任事故。价格主管部门要探索建立科学合理的养老服务定价机制，依法确定适用政府定价和政府指导价的范围。有关部门要建立完善养老服务业统计制度。其他各有关部门要依照职责分工对养老服务业实施监督管理。要积极培育和发展养老服务行业协会，发挥行业自律作用。

（四）加强督促检查。各地要加强工作绩效考核，确保责任到位、任务落实。省级人民政府要根据本意见要求，结合实际抓紧制定实施意见。国务院相关部门要根据本部门职责，制定具体政策措施。民政部、发展改革委、财政部等部门要抓紧研究提出促进民间资本参与养老服务业的具体措施和意见。发展改革委、民政部和老龄工作机构要加强对本意见执行情况的监督检查，及时向国务院报告。国务院将适时组织专项督查。

国务院

2013 年 9 月 6 日

（此件有删减）

**【例文 3】**

**教育部等九部门**

**关于加快推进养老服务业人才培养的意见**

教职成〔2014〕5 号

各省、自治区、直辖市教育厅（教委）、民政厅（局）、发展改革委、财政厅（局）、人力资源社会保障厅（局）、卫生计生委（卫生厅、局）、文明办、团委、老龄办，新疆生产建设兵团教育局、民政局、发展改革委、财务局，人力资源社会保障局、卫生局、计生委、文明办、团委、老龄办：

加快发展养老服务业是应对人口老龄化、保障和改善民生的重要举措，对促进社会和谐，推动经济社会持续健康发展具有重要意义。现阶段我国养老服务业人才培养存在规模小、层次单一、质量参差不齐等问题，一定程度上制约了养老服务业的快速发展。为贯彻落实《国家中长期教育改革和发展规划纲要（2010－2020 年）》和《国务院关于加快发展养老服务业的若干意见》，加快推进养老服务业人才培养，现提出以下意见。

一、总体思路

以邓小平理论、“三个代表”重要思想、科学发展观为指导，坚持以服务发展为宗旨，以促进就业为导向，按照“积极发展、多种形式、全面加强、突出重点”的原则，大力发展养老服务相关专业，不断扩大人才培养规模，加强养老服务相关专业建设，加快建立养老服务人才培养培训体系，全面提高养老服务业人才培养质量，适应养老服务业发展需求。

二、工作目标

到 2020 年，基本建立以职业教育为主体，应用型本科和研究生教育层次相互衔接，学历教育和职业培训并重的养老服务人才培养培训体系。培养一支数量充足、结构合理、质量较好的养老服务人才队伍，以适应和满足我国养老服务业发展需求。

——人才培养规模显著扩大。优化专业结构与布局，增设养老服务相关专业点，逐年扩大招生规模，为我国养老服务业培养和输送一大批各层次齐全的专门人才。

——人才培养质量不断提升。创新养老服务相关专业人才培养模式，推进课程改革和教材建设，加强师资队伍和实训基地建设，建成一批改革创新示范专业点，带动养老服务相关专业人才培养质量提升。

——从业人员素质明显提高。推进实施养老服务相关专业“双证书”制度，基本实现职业院校学生取得学历证书的同时获得相应职业资格证书。积极发展面向养老服务从业人员的各类学历和非学历继续教育，大力提升养老服务从业人员的受教育水平和职业能力。

三、任务措施

（一）加快推进养老服务相关专业教育体系建设

1. 扩大养老服务职业教育人才培养规模。发布养老服务业人才需求预测与专业设置指导报告，引导和鼓励职业院校增设老年服务与管理、社会工作、健康管理、康复治疗技术、康复辅助器具应用与服务等养老服务相关专业点。通过实行单独招生、增加招生计划等，逐步扩大人才培养规模。通过国家奖助学金、社会捐助等资金支持，吸引学生就读养老服务相关专业。鼓励社会资本举办养老服务类职业院校，规范并加快培养养老服务专门人才。

2. 加快发展养老服务本科教育。加大养老服务应用型本科人才培养工作力度，积极探索养老服务本科层次职业教育。鼓励引导高校主动适应国家经济社会发展需要，设置康复治疗学、护理学、应用心理学和社会工作等养老服务相关本科专业，开设老年社会工作、老年护理、老年人保健与营养、老年医学、老年心理学、生命伦理学等课程。

3. 积极发展养老服务研究生教育。适当增加社会工作等硕士专业学位授权点数量，鼓励和支持有条件的高校在社会学、老年学、人口学、康复治疗学、家庭发展等学科领域招收培养研究生，为养老机构和职业院校等输送业务骨干和高层次教学科研人员。鼓励高校加强相关学科建设，提升理论研究水平，为社会养老服务事业发展提供理论支撑与智力支持。

（二）全面提高养老服务相关专业教育教学质量

4. 支持养老服务实训基地建设。依托职业院校和养老机构重点建设一批养老服务实训基地。开发与行业企业技术要求、工作流程、管理规范同步的实训指导方案。强化实践性教学环节，促进教学过程与生产过程对接，提高学生的实际操作能力。推进实训装备的合理配置与共享，提高实训基地使用效益。

5. 推进养老服务相关专业点建设。重点支持一批有条件的学校开展养老服务相关专业改革试点。鼓励和引导学校在人才培养模式、课程、教材、教学方式、师资队伍等重点环节进行改革，建成一批教育观念先进、改革成效显著、特色鲜明的专业点，充分发挥示范引领作用，提升养老服务相关专业建设整体水平。

6. 加强养老服务相关专业教材建设。在国家规划教材建设等项目中，加大养老服务相关专业教材建设支持力度。组织遴选、开发一批养老服务相关专业职业教育改革创新示范教材。鼓励相关院校与行业、企事业单位联合编写养老服务相关专业特色校本教材。引入行企真实项目和案例，开发多种形式的数字化教学资源。

7. 加强养老服务相关专业师资队伍建设。在有行业特色的高等学校和行业、养老机构、企业建立一批养老服务相关专业师资培养培训基地。在职业院校教师素质提高计划中开展养老服务相关专业教师培训，并逐步扩大培训规模。开展养老服务相关专业带头人专题培训，促进教师之间教学改革、专业建设、课程开发等方面的交流，培养造就一批业务水平高、敬业精神强、创新能力突出的教学领军人才。

8. 广泛开展国际交流与合作。积极开展与养老服务业发达国家或地区教育合作，通过互派师生、交流研讨等形式，学习借鉴国外的先进经验。引进国外优秀课程和教材，结合国内养老服务业实际，合作开发一批具有国际水准的专业课程和教材，促进我国养老服务相关专业教育教学水平提高。

（三）大力加强养老服务从业人员继续教育

9. 提升养老服务从业人员整体素质。重点依托相关职业院校、开放大学和本科院校，开展多样化的学历和非学历继续教育；鼓励养老服务业业务骨干在职攻读相关专业学位。开放大学要充分发挥办学优势，开设养老服务相关专业，加快信息化学习资源和平台建设，积极发展现代远程教育，探索建立面向养老服务从业人员的教学及支持服务模式。积极开展养老机构从业人员、社区养老服务人员和社区工作者培训，提高从业人员专业能力和服务水平。

10. 推行养老服务相关专业“双证书”制度。推动职业院校与养老服务相关职业技能鉴定机构深入合作，实行专业相关课程的考试考核与职业技能鉴定统筹进行，推动职业院校学生在取得毕业证书的同时，获得相关职业资格证书。对于已取得养老服务业相关职业资格证书，且符合条件的从业人员，可由职业院校按相关规定择优免试录取，经考核合格后可获取相应学历证书。

（四）积极引导学生从事养老服务业

11. 推动开展社会养老事业志愿服务。积极组织职业院校、本科院校在校生到养老机构和城乡社区、家庭等进行志愿服务，开展社会实践活动，增强学生的社会责任意识，激发从事养老服务事业的热情。采取学校与城乡社区对口服务等形式，组织学生关爱、帮扶孤寡老人、空巢老人、农村留守老人。

12. 鼓励专业对口毕业生从事养老服务业。相关职业院校、本科院校要加强就业指导和就业服务，鼓励养老服务相关专业的高校和中等职业学校毕业生到养老机构就业。有关部门要将符合条件的高校和中等职业学校毕业生纳入现行就业服务和就业政策扶持范围，按规定落实相关优惠政策。积极改善养老服务从业人员工作条件，加强劳动保护和职业保护，逐步提高工资福利待遇，稳定养老服务从业人员队伍。

四、组织保障

（一）加强组织领导

建立教育部、民政部牵头，国家发展改革委、财政部、人力资源社会保障部、国家卫生计生委、中央文明办、共青团中央、全国老龄办等部门协同配合、各负其责的工作机制，加强养老服务业人才培养的宏观指导和政策保障。各地有关部门和有关单位要结合实际，高度重视养老服务业人才培养工作，做好养老服务业专业建设、人才培养、科学研究、基地建设、继续教育等有关工作。

（二）拓宽投入渠道

积极拓宽养老服务业人才培养投入渠道，建立政府、用人单位、社会筹措等多元化的投入机制。积极鼓励社会各界参与养老服务业人才培养或对养老服务业人才培养提供捐助或其他支持。

（三）制定配套政策

各地教育、民政、发展改革、财政、人力资源社会保障等部门要加大对养老服务业人才培养的政策支持力度，根据本地实际和养老服务业的特点，在专业建设、师资培训、招生就业、学生奖助、基地建设等方面制定并落实相应的优惠政策。

（四）健全监督机制

建立各项目标任务落实责任制，完善意见实施监督激励机制，切实推动各项任务按时保质完成。各地教育部门、民政部门要建立实施过程跟踪、执行监督、信息反馈机制和定期评估制度，对实施情况进行监督和指导。要根据反馈信息以及监督评估情况，对实施中出现的新情况、新问题及时采取有效措施加以应对。

（五）强化舆论宣传

通过各级各类媒体，广泛宣传养老服务业人才培养的重要性，积极引导社会舆论，营造全社会关心、尊重、认同和支持养老服务业人才培养的氛围，形成全社会尊重养老服务从业人员、支持养老服务业人才培养的良好环境。

教育部　民政部　国家发展改革委

财政部　人力资源社会保障部　国家卫生计生委

中央文明办　共青团　中央全国老龄办

2014 年 6 月 10 日

**【例文 4】**

**××市农业委员会**
**关于发展我市观光旅游农业的意见**

××市人民政府：

随着我市农业产业结构调整步伐的加快和人民生活水平的不断提高，发展观光旅游农业已成为农村经济新的增长点。为科学有效地开发利用农业资源，促进农村经济发展，现就发展我市观光旅游农业的有关问题，提出如下意见。

一、指导思想、任务目标与原则

（一）指导思想：贯彻落实科学发展观，以农业资源综合开发利用和保护为基础，以提高经济和社会效益为中心，逐步把观光旅游农业培育成具有一定生机和活力的新兴产业，促进农村经济全面发展。

（二）任务目标：力争经过5—10年的努力，在旅游景区周围、交通干线两侧和主要农副产品生产基地，构筑起点、线、面相结合的全市观光旅游农业新格局；建立起一批不同特色、不同层次和规模，具有观光、休闲、体验和科普等多功能的观光旅游农业基地；通过发展观光旅游农业，进一步优化农村经济结构，增加农民收入，加快农村城镇化发展步伐。

（三）遵循原则

1. 注重实效、循序渐进的原则。观光旅游农业是经济和社会发展到一定阶段的产物。各县（市）区要抓住机遇，因势利导，坚持速度、规模和效益的统一。近期，优先开发生产基地有规模、资源环境好和交通便利的观光旅游项目，积累经验，逐步展开。

2. 全面规划、突出特色的原则。各地要从实际出发，制订科学的发展观光旅游农业规划。要适应回归自然和观光休闲的心理，注重文化品位，突出地方特色，体现乡土风情，展示农业高科技成果。

3. 用市场机制开发建设的原则。发展观光旅游农业，项目建设、资金投入和经营管理要按照市场经济的要求，鼓励多种经济成分参与开发建设。

4. 开发与保护相结合的原则。发展观光旅游农业要正确处理资源开发和环境保护的关系，防止滥占耕地。加强环境保护，实现观光旅游农业与农村经济的协调发展。

二、区域布局与重点项目

全市发展观光旅游农业，按照由近及远，功能配套，点线面连接，依托农业资源，结合旅游景区建设的构思进行布局。

近期抓好以下重点项目：（略）

三、几项政策措施

（一）观光旅游农业享受农业税收的有关政策。利用“四荒”资源兴建的项目，执行“四荒”开发的相关政策。

（二）加大对观光旅游农业建设项目的投入。观光旅游农业是农业发展和农民增收的新增长点。市、县（市）区要作为扶持的重点，分别列出专项资金，用于项目基础设施的扶持投入或贷款贴息，各级计委、农业、林业、水利、交通、供电、电信等部门，要根据职责分工，对市里规划建设的重点给予积极支持。

（三）搞好观光旅游农业的服务设施建设。景区建设是观光旅游农业的基础，必须高起点、高品位规划，高标准、高质量建设，并与农田水利、农村小城镇、旅游景区、农业科技园区以及农业结构调整结合起来。根据项目进展情况，适时开辟观光旅游专线，为市民出游提供方便。加强导游人员的业务培训，搞好餐饮、娱乐和住宿等服务业的配套项目建设，并尽快开发观光农业产品、生态旅游商品，不断丰富观光旅游农业的内涵。

以上意见如无不妥，请批转各县（市）、区及市各部门执行。

××市农业委员会

××××年一月六日

## 四、操作训练

（一）仔细阅读下文，指出其存在的问题。

**××市物价局关于对招待所加强管理和整顿的意见**

市政府：

我局最近发现，各地招待所普遍存在收费混乱、物价不符的情况，主要原因是这些招待所向对外宾馆的收费标准看齐，多收费积小钱柜，用作请客送礼，管理不严，无统一收费标准等。我们认为，很有必要对招待所加强管理，实行统一的收费标准。为此，特提出如下意见或建议：

（一）招待所房费不分淡旺季，不搞浮动价，一律实行一个价。

（二）招待所是为公差、会议服务的，不宜追求室内的高级豪华。要根据不同条件制定分等级的收费标准。

（三）建议招待所标准房每天房费，中等城市按××元收取、小城市按××元收取。

（四）各县物价局应会同财政部门评定出本县招待所的房费标准，并将检查及评定情况向我局作一次书面汇报。

以上意见如无不妥，请批转有关单位执行。

××市物价局

××××年六月十三日

（二）假定你是某街道办事处的一名工作人员，请根据给定资料，拟写一份《某街道办事处关于改进老年人服务工作的指导意见》。

要求：文字简明，分条撰写，有指导性与可行性；篇幅不超过400字。

1.《光明日报》报道，目前我国老龄人口已达1.6亿，并且以每年800万的速度递增。某研究院撰文说，我国人口老龄化问题越来越成为各界人士关注的一个热点，引发了有关退休年龄、养老保障以及人口政策等一系列相关问题的争论。他认为，老龄人口增多是正常现象，不必惊恐。我国60岁以上的老龄人口占总人口的比重，比历史上任何一个时期都大幅度提高了。同时，也应看到现在的老龄人口概念与上世纪五六十年代相比已经不完全是一回事了，甚至和改革开放初期比，也是不同的。现在60岁的男女人口，其生命体征、健康指标、体能发育，明显强于几十年前的同龄人口，仍然可以从事相当程度的脑力劳动和一定程度的体力劳动。至于日常生活自理，更是不成问题。从这个角度看，我国进入老龄化社会，实属波澜不惊。该研究院还说，面对老龄化社会，引发人们忧虑的一个主要理由是数量众多的老龄人口抚养的问题，特别是“421”结构的家庭如何赡养老人的问题。但是，这里也有个认识上的误区，没有抓住问题的关键。问题的关键是，靠谁养老？是靠子女，还是靠国家、靠完善的社会化养老服务？

据某报报道，沿海某市一对退休老夫妻告诉记者说：“儿女住得都不远，也不知道他们整天忙些什么，一年都不回来几次。这个说忙着开会，那个说正在外地出差，总之是为了生活在奔波。”无奈之下，老两口想出了一个怪招。“既然他们怕回家耽误挣钱，那么干脆我就给他们开工资，‘有偿回家’。一个月支付1000元，‘工作’的内容就是每周两次回家陪我和老伴吃顿饭，如果能经常带孩子回来，到月底还会有‘奖金’。”

两天后，该报又报道，该市某派出所民警接到了在内地某市打工的张某的电话，说连续一周往父母家打电话均没有人接，由于其父母均有重病，不知出了何事，他请求民警到其父母家中看看。民警随后立即驱车前往张某父母家中，发现其父母均已去世多日。

该报记者还获悉，市老年志愿者协会下设的法律援助中心每天都接待一些前来咨询法律问题的老年人，内容多为消费投诉、家庭纠纷、财产公证、再婚、立遗嘱等生活中的法律问题，经过调解，大部分老年人的问题都会得到比较圆满的解决。

2. 以下为某报2010年9月的两则报道：

80后小夫妻的窘境。今年30岁的C女士没有料到，在她眼里“正当年”的父母这么早就遇到养老问题。8年前，从老家的一所大学毕业后，C女士来到天津，英语专业的专业背景让她很快就在一家外企找到了自己的位置。两年后，她与同在异乡的L走进了婚姻殿堂。2007年，两人通过贷款，购买了一处80平米的公寓，不久后升级做了父母，构建了一个全新的家庭结构，即“4个老人+夫妻2人+1个孩子”。像很多“421”结构的平凡家庭一样，他们忙碌而幸福着。但今年年初，C女士60岁的父亲突发脑溢血瘫痪在床，他的父母都是退休工人，每月两千多的医疗费，实在承受不起，更令她心疼的是，妈妈的身体也逐渐吃不消了。父母在哪里养老的问题越来越困扰着她。她和丈夫商量，想把父母接来天津，送到小区附近的养老院，但小两口每月的工资收入8000元，在同龄人中虽不算低，但除去房子月供后只剩4000元，再刨除各种必需的支出，几乎是“月光族”，哪还有钱支付养老院的费用。

令人尊敬的好护工。Z女士原来是某社区的清洁工，后来社区成立了福利中心，她便做了特殊护理工。去年她参加了市里首批养老护理员的资格培训，拿到了国家职业资格证书，成了技术娴熟的专业护工，记者也真实领略了她熟练的职业技能。令记者没想到的是，一个简单的为老人“翻身”，竟然也有技巧在里面。Z女士说，过去只知道两臂用力，铆足了劲把老人翻个身，培训后才知道，如果先把老人一条腿交叉在另一条腿前，然后再翻身，不仅省力，而且老人也不会感到辛苦。不久前，社区一位老人囫囵吞下了三颗提子，噎在喉咙里憋紫了脸，正在家里手足无措之时，Z女士赶到了，她马上用专业方法为老人拍背清喉，救了老人一命。

3. 以下为某电视台2010年9月16日的访谈节目摘录：

主持人：大家好，本月10号，中国社科院发布的调查显示，到2030年中国将成为世界上人口老龄化程度最高的国家，这使得养老问题再次成为人们热议的话题。

嘉宾S：人口的老龄化是社会进步和发展的一个必然趋势。从医学统计来说，人在60岁以后步入老龄，得病率、慢性疾病发生率占60%—70%。人一生中所需要的医疗费可能在60岁以后占到一生之中的60%—70%。老龄社会的到来，对我们这个国家来说，可以叫未富先老，只有让老年人老有所养、老有所依，可能使生命质量有所提高，健康寿命有所提高。

老年应该说是每个人都要前进的那个方向，老年并不遥远，他是中年人的明天，青年人的后天，每个年轻人都应该想到我的明天和后天是什么样子。健康是一种储蓄，如果你是身心健康着活到老年，咱们“年龄的红利”就会拿到的时间更长些，生命的宽度和生命的长度成正比，这一点我们每个人都应该想到。我国是“百善孝为先”的国家，但对父母的孝顺不应仅体现在金钱方面，扶养老人的理念要从对物质需求的满足进而关注精神的追求。其实老人不是说你送给他点钱送点肉就行了，还需要心理抚慰，比如：帮妈妈刷刷筷子洗洗碗什么的。我们常说追求生活的质量，要转换成追求生命质量，生命质量，不仅指吃得饱、穿得暖、住得好，还指提高人生价值，老了得有所为、有所学、有所乐，这些做儿女的都应该想到。

嘉宾J：现在有所谓“四老”的说法。第一要有老伴，因为家庭是社会的细胞，也是一个人身心健康的重要载体、重要场所，所以第一要有老伴。第二要有老友，因为从医学上来说，一个人有四个以上的知心朋友寿命能够延长，健康指数也能够提高。第三要有老窝，总得有一个自己的居室、自己的房间。第四要有老底，我认为，这个老底不是单纯金钱的储蓄，包括什么呢，包括你的身体，你的心理准备，这个心理准备就是要有一些兴趣爱好。有位名人这样说过：人的一生中应该有一些兴趣爱好，这样才能体现生命的价值。如果没有兴趣爱好，就如同生活在荒漠中一样，感觉单调无聊。为什么有的人退休后恨不得自己快些变老？因为对过去的门庭若市一夜间变成门庭冷落这种角色转换不适应。如果年轻时有兴趣爱好来充实生活的每一天，当角色发生变化时，你会依然感到生命的活力、生命的充实。

主持人：刚才讲的，涉及居家养老模式，这是非常值得研究的话题，你如何看待？

嘉宾X：这就是现实的选择，特别对于中国来讲，我们人口基数大，老龄人口绝对数比较大，在这种情况下，我们依然用传统的居家养老靠一家一户解决养老问题，一定是不现实的。但是由于欠账很多，我们养老院很少，养老机构比例非常低，所以需要社会方方面面加大投入来建立。但即便建立起来了，谁去？其实你可以做调查，有多少老人愿意自觉去养老机构，有多少儿女是心里想但不敢说出口，把父母送养老院。

主持人：至少不是主动选择的，一般都是被动的迫不得已才去。

嘉宾X：这个观念转变是养老模式转变的最大障碍，如果未来一代的中国人在把老人送养老院还是放在家里头的问题上，能够视同跟“孝”无关，而是哪个更合理、更务实的时候，我想我们的养老理念的进步就上了很大的台阶。现在有些社区有老年饭桌，老人可以不必自己做饭，也有助于降低空巢老人独居的风险。有时候，老人有了问题拿呼叫器都来不及，如果靠社区力量进行有效的统一管理，比一家一户请一个保姆效果不一样，成本也不一样。

嘉宾S：欧洲发达国家是率先进入老龄化社会的。瑞典是四个人中有一个老年人，像德国、加拿大等很多国家，是集个人、家庭、社区、社会的合力，来为老人提供一些场所。比如跟附近的大学联合建老年大学，在这里，老年朋友可以学唱歌，学画画，学弹琴。另外，养老院除了有医护人员和营养师外，还有志愿者，有些国家的年轻人，从中学到大学一年有一个月到二个月去做志愿者服务，这是国外。在国内，上海是率先进入老龄化社会的地区，在“十一五”期间，他们做了件事情叫“9073”工程，90%的老年朋友是居家养老，但是由社区为他们提供服务，比如社区医生护士巡诊，社区服务给生活不方便的老人提供蔬菜，一周去一到两次打扫卫生，为有些行动不便的老人提供轮椅等，这是90%居家养老。7%是靠一些社区托老所，日间照顾，3%靠社区的养老院。

——摘自2011年山东省考《申论》

## 第九节　函

### 一、函的含义和特点

（一）函的含义

函，适用于不相隶属机关之间商洽工作、询问和答复问题、请求批准和答复审批事项。

1. 不相隶属机关是指在行政组织系统中没有上下级关系的机关。

2. 函是党政机关公文文种之一，与其他文种一样具有由制发机关权限所决定的法定效力。函是党政机关公文中唯一的一种平行文种。

3. 不相隶属机关行文的惯例：

第一，一般情况下，行文双方的行政级别应是对应的。如果确有必要，基层单位必须向不相隶属的国家机关直接行文，一定要先请示自己的直接上级部门，并在行文时抄报自己的直接上级部门。相应地，国家机关向不相隶属的基层单位直接行文，一般情况下，也应抄送该基层单位的上级部门。

第二，一般情况下，双方公文的效力等级应该是对应的，即公文级别对等。

4. 在实际行文中，标题中虽然出现的文种是“函”，但实际内容却是“请示、通知或批复”，这种情况被称为“函代请示”“函代通知”“函代批复”。

（二）函的特点

1. 适用范围广泛，使用灵活方便。函既可用于相互商洽工作，询问答复问题，又可用于向主管部门请求批准事项及主管部门审批或答复事项。

2. 行文方向具有多向性。既可平行，又可以上行、下行，但多作平行文，这是函的独特之处。

3. 短小精悍。函一般较短小，内容单一，语言简洁明了，有的函只有三言两语。函有公文“轻骑兵”的称誉。

4. 用语谦敬性。函是平行文，用于不相隶属机关，所以用语比较注重谦恭有礼，尊重对方。在党政机关公文中，函是比较注重使用文言词汇的，常用的词语有：拟、承蒙、蒙、鼎力相助、承蒙惠允、贵、贵单位、敝等。

（三）函的种类

1. 按照内容和用途，函可分为六类：

（1）商洽函。指主要用于不相隶属机关之间商洽工作、联系有关事宜的函。

（2）询问函。指向不相隶属机关询问有关具体问题的函。询问函涉及的多数是问题而不是具体的工作。

（3）答复函。指对不相隶属机关所询问的问题做出解释、答复的函。

（4）申请函。指用于向不相隶属的主管部门请求批准和请求审批事项的函。在实际工作中，这类函常常误用为请示或报告。

（5）审批函。指用于主管部门审批不相隶属机关单位的请批事项的函。但在实际工作中，这类函常常误用为批复。

（6）告知函。指不相隶属机关之间相互主动告知有关事项的函。

2. 按照行文的主动与被动，函可分为去函和复函。

去函，即是主动发出的函。

复函则是针对来函所提出的问题或事情，被动答复的函。

## 二、文种类型写作

（一）去函

1. 类型简介

去函也叫来函，即是主动发出的函。商洽函、询问函、申请函、告知函都属此类。

2. 写作范式

（1）标题

[发文机关] + 关于 [事由] + [文种]

例如：

[××市人民政府] 关于 [公立医院改革工作情况] 的 [函]

（2）正文

结构为：缘由 + 事项（问题） + 结束语

第一部分是开头，一般先写商洽、请求、询问或告知事项的依据、背景、原由。

第二部分是主体，即事项部分，应采用叙述和说明的写作方法，将具体内容一项一项列出，既要简明扼要，又要交代清楚。

第三部分是结束语，去函的结束语常用："请早日函复""盼复""请复""请予批准"。

（二）复函

1. 类型简介

复函则是针对来函所提出的问题或事情，被动答复的函。答复函、审批函属此类。

2. 写作范式

（1）标题

复函的标题常见的有以下四种写法：

①发文机关 + 批复事项 + 行文对象 + 文种

②发文机关 + 事由 + 文种

③上级机关 + 态度 + 事由 + 文种

④发文机关 + 原件标题 + 文种

例如：

卫生部办公厅关于预包装饮料酒生产日期标注问题的复函

教育部关于同意南京人口管理干部学院并入南京邮电大学的函

（2）正文

复函的正文内容构成：引语 + 答复意见 + 结束语

第一部分是引语，就是引述来函标题及来函文号。

第二部分是主体——答复意见，即针对来函所提出的商洽、询问或请求等问题予以答复，或对询问问题做出说明，或对请求审批事项明确表态即表示同意或原则同意、不同意（说明理由、原因）等。

第三部分是结束语，复函的结束语常用"特此函复""此复"等。

## 三、范文品读

**【例文 1】**

**大路镇人民政府**
**关于打机井抗旱应急需要资金补助的函**

县防汛抗旱指挥部：

大路镇地处壁北，位于壁南河与壁北河的分水岭地段，水资源严重缺乏。团坝村、新房村地处偏远和山区地带，两个村共有16个社，2615户，7592人，耕地面积6533亩，人口多，耕地多，塘、库、堰少。长期以来，群众主要靠露天集雨和打井来维持日常用水需求，水质、水源保证率等指标远远不能达到正常生活用水标准。特别是近来持续高温干旱，缺水情况特别严重。目前，两个村陆续由政府送水100余吨，但仍远远不能满足群众的正常生活用水。根据实地调查，两个村均为叶岩、沙石地质，且多处于低洼和较为平坦地带，适宜打机井。为此，大路镇决定在团坝村、新房村打机井230口，解决950人饮水困难：其中团坝村打机井130口，解决550人的饮水困难；新房村打机井100口，解决400人的饮水困难。据初步预算，打机井需资金36万元，由群众自筹资金6万元，尚有30万元的资金缺口。为此，特请水务局给予资金补助30万元。

特呈函，请予批准函复！

大路镇人民政府

二〇〇六年八月二十五日

【例文2】

**关于商请关闭虚假中医医疗机构网站的函**

国中医药政函〔2008〕2号

工业和信息化部电信管理局：

当前，互联网上未经审批擅自以“中国”“中华”“国家”及军队等名义建立的涉及中医药的虚假中医医疗机构网站，肆意发布虚假违法中医医疗广告，欺骗群众，严重伤害广大群众切身利益，破坏社会和谐稳定，严重损害中医药良好声誉。为此，经我司监测并认真核查，现提供第一批158家虚假中医医疗机构网站名单，商请你局根据有关法规规定予以关闭。

感谢你局对中医药事业的大力支持！

联系人：国家中医药管理局政策法规与监督司监督处 林超岱 张峘宇

联系电话：010—65930773 65063322—6802

传 真：010—65930669

附件：第一批虚假中医医疗机构网站名单

国家中医药管理局

二〇〇八年五月二十六日

【例文3】

**教育部关于同意南京人口管理干部学院并入南京邮电大学的函**

教发函〔2013〕116号

江苏省人民政府：

《江苏省人民政府关于商请南京邮电大学与南京人口管理干部学院合并办学组建新

的南京邮电大学的函》（苏政函〔2013〕54号）收悉。经研究，我部同意南京人口管理干部学院并入南京邮电大学，同时撤销南京人口管理干部学院的建制。

此复。

教育部

2013年7月23日

【例文4】

**卫生部办公厅关于预包装饮料酒生产日期标注问题的复函**

卫办监督函〔2012〕470号

质检总局办公厅：

你厅《关于请明确进口预包装饮料酒标签标注有关事宜的函》（质检办食函〔2012〕363号）收悉。经研究，现答复如下：

根据《预包装食品标签通则》（GB7718－2011）规定，预包装食品应当清晰标示预包装食品的生产日期，生产日期指食品成为最终产品的日期，包括包装或灌装日期，预包装饮料酒标签生产日期可以标示为生产日期、包装日期、灌装日期或包装（灌装）日期。

专此函复。

卫生部办公厅

二〇一二年五月二十三日

## 四、操作训练

（一）仔细阅读下文，指出其存在的问题。

**××市公安局关于要求××商厦准备安保工作经验材料的函**

××市商业局：

你局××商厦狠抓安全保卫工作，成绩突出。经市综合治理办公室同意，我局准备于12月下旬召开全市安保工作经验交流会，请××商厦在会上介绍加强内部防范工作的经验。请速通知该单位，于12月中旬将此材料报送我局×处秘书科（写作要求附后）。

此致

敬礼

××市公安局

2013年11月20日

**关于商请××商厦介绍安保工作经验的函**

××市商业局：

经市综合治理办公室同意，我局12月下旬召开全市安保工作经验交流会。据悉，贵局××商厦狠抓安全保卫工作，取得了突出的成绩，拟请该商厦在会上介绍加强内部防范工作的宝贵经验。如蒙同意，恳请通知该单位，于12月中旬将经验介绍材料送我局×处秘书科为盼。

××市公安局

2013年11月20日

（二）×××市国土资源局拟向该市人力资源和社会保障局行文申请批准2人为国家公务员。请代为拟写此文件（根据写作需要，不足材料自拟）。

# 第三章

# 事务文书

事务文书是党政机关、企事业单位、社会团体及个人在日常事务活动中所使用的文书。事务文书虽不是法定的正式公文，但它的使用频率很高，应用范围很广，所以在我们的实际工作和日常生活中，要能熟练掌握和运用它们。常用的事务文书包括：计划、总结、述职报告、调查报告、简报等。

## 第一节　计　划

### 一、计划的含义及特点

计划是党政机关、社会团体、企事业单位及个人对未来一定时期内的生产、经营、工作、学习、活动作出具有预定目标的安排和打算时使用的一种文体。计划可以使人们增强时间观念，产生紧迫感，从而随时注意检查工作进展情况，不至于陷入被动。

日常所见的规划、设想、安排、要点、方案等都属于计划范畴。

计划具有以下特点：

(1) 预测性。计划是为未来工作目标或实践活动做的一种预想性的部署和安排。

(2) 具体可行性。计划的目标要适当，各项措施、办法和要求必须具体明确，切实可行，符合实际。

### 二、写作范式

(一) 标题

计划的标题一般有三种写法：

1. 由计划单位名称、计划时限、计划内容、计划名称四要素组成的完整式标题，如《××学院教研部2010年工作计划》。

2. 省略式，即根据实际需要省略某些标题要素。

省略时限，如《××公司营销方案》；

省略单位，如《2005年工会工作要点》；

省略单位和时限，如《全面推进依法治校实施纲要》。

3. 公文式，即由发文机关名称、事由、文种组成，如《××总公司关于××××年机构改革工作的部署》。

不成熟或未经批准的计划，在标题后或正下方注明“草案”或“讨论稿”。

（二）正文

计划正文一般由前言、主体和结语构成。

1. 前言。一般简明扼要写以下四方面的内容：

说明制订计划的依据；概述本单位的基本情况，分析完成计划的主、客观条件；提出总的任务和要求，或完成计划指标的意义；指出制订计划的目的。

前言以“为此，特制订计划如下”类语为过渡语，引出主体部分。

2. 主体。一般必须写清以下三方面的内容：

（1）目标任务：“做什么”，即某一时段内要完成的工作任务。

（2）措施：“怎么做”，写清楚采取何种办法，利用什么条件，由何单位何人具体负责，如何协调配合完成任务。

（3）步骤程序：“何时完成”，即写明实现计划分几个步骤或几个阶段 。

3. 结语。可以说明计划的执行要求；也可以提出希望或号召。有的计划不专门写结语。

## 三、范文品读

### 高等职业教育与技师教育合作培养试点实施方案

为贯彻落实《山东省人民政府办公厅关于贯彻落实鲁政发〔2012〕49号文件推进现代职业教育体系建设的实施意见》（鲁政办字〔2013〕126号）文件，推进高等职业教育与技师教育合作培养试点，现制订实施方案如下：

一、目标任务

在自愿合作的基础上，遴选具备一定条件的高等职业院校、技师学院结对合作培养学生，支持具备一定学力基础的学生完成学业取得专科学历证书和预备技师证书。

二、实施内容

（一）试点学校基本条件。试点院校须有良好的教学设施，师资力量强、教学质量好、办学声誉高，办学水平及教学改革在全省处于领先地位。高等职业学校须是独立设置的全日制高职（专科）院校，有3届以上全日制普通高等职业教育毕业生，并通过人才培养工作评估。国家示范（骨干）高等职业学校、省技能型特色名校及具有单独招生资格学校优先。技师学院为独立设置的全日制技工院校，基本达到高等职业学校设置的条件，应以培养预备技师和高级技工为主，连续4年招收预备技师，并通过人才培养工作评估。国家级和省级高技能人才培训基地建设项目院校优先。一校双牌的院校须达到高等职业学校或技师学院上述要求。

（二）试点专业基本条件。试点专业应当选择面向生产、建设、服务一线，职业特征明显、技术要求高、市场需求量大，国家已颁布职业标准并已实行职业资格证书制度的制造类和服务类专业，属于合作院校的骨干专业，同时须符合以下条件：

1. 师生比不低于1：16；专任教师中级以上技术职务达到70%，高级技术职务不得少于3人，教师资格证书持有率达到90%；本科以上学历达到90%，具有硕士学位的教师，高等职业学校达到70%、技师学院达到30%；二级以上职业资格证书比例高职院校达到30%，技师学院达到70%。

2. 试点专业校内实训设备总值制造类不低于600万元，服务类不低于300万元。建有稳定的校外实训基地，有两家以上合作品牌企业。

3. 试点技师学院须具有三级职业技能鉴定资质，试点高等职业学校尚无三级职业技能鉴定资质的，可以提出设立申请。

（三）人才培养方案制定。试点专业的人才培养方案在品牌企业支持下由合作院校共同研究制定，适应区域经济社会发展需要，与产业紧密对接，职业标准嵌入课程内容，达到专科学历教育、预备技师教育的基本要求，由合作院校组织专家论证，报省教育厅、省人社厅审定。

（四）人才培养方案实施。坚持育人为本，将服务学生职业生涯发展作为出发点和落脚点，全面推进职业教育教学标准、职业资格标准、行业技术规范的有效对接，使学生能够获得个性发展与工作岗位需要一致的职业素养、职业能力和可持续发展的基础。探索教学考核与技能鉴定结合办法，鼓励学生一专多能，取得多个职业资格证书。引入企业新技术、新工艺，校企合作共同开发专业课程和教学资源；大力推行任务驱动、项目导向等教学做一体化教学模式；积极试行多学期、分段式等灵活多样的教学组织形式，突出合作培养的针对性、灵活性和开放性。鼓励合作培养试点院校间人员交流、资源共享、信息互通，实现共同发展。

（五）招生。对高等职业学校与技师学院合作培养试点专业单独增列招生计划，在招生专业目录、招生简章等资料中单独注明“与××××合作培养”，合作招收的学生同时注册高职（专科）学籍和预备技师学籍。学生按规定标准只缴一种学费。

（六）证书。试点专业的高等职业学校和技师学院学生，在完成人才培养方案规定课程学习，经合作院校共同测试成绩合格，均可同时获得合作院校的专科学历证书和预备技师证书；经职业技能鉴定合格者，颁发三级资格证书。

三、实施步骤

（一）根据双方自愿和专业对口的原则，学校自由结对订立合作培养协议，明确合作培养任务、权利、义务。

（二）合作院校共同组织力量进行调研，制定人才培养方案，并组织专家论证。

（三）合作院校以正式文件向省教育厅、省人力资源社会保障厅共同提出合作培养申请和技能鉴定资质申请，填写《高等职业教育与技师教育合作培养试点申报书》，提交设立职业技能鉴定所的申请，并附合作培养协议、分专业人才培养方案及论证报告、相关佐证材料。

（四）省教育厅、省人力资源社会保障厅组织专家对合作培养方案进行评审，择优确定合作培养高等职业学校、技师学院及试点专业名单并向社会公布。省人力资源社会保障厅按规定程序审批有关高等职业学校提出的技能鉴定资质申请。

附件：1. 高等职业教育与技师教育合作培养试点申报书

2. 高等职业教育与技师教育合作培养试点专业申报书

## 四、操作训练

（一）请指出下文的问题之所在。

### ××市整顿基层工会组织开展建设“职工之家”活动的计划

为了把中国工会第十八次全国代表大会提出的各项任务落实到基层，全国总工会决定，从二〇〇七年下半年开始，用三年左右的时间，对全国工会基层组织进行一次普遍整顿，逐步把基层工会办成名副其实的“职工之家”。根据“全总”的决定和省总工会的要求，结合我市实际情况，特制订如下计划：

（一）

“全总”在《决定》中指出：整顿工会基层组织要紧紧围绕党的十七大提出的宏伟目标，全面落实新时期工会方针，解决好基层工会组织不够健全，工作不够活跃，联系群众不够密切，与新形势新任务的要求不相适应的问题。通过整顿和建设，提高工会组织的战斗力，密切工会与群众的联系，在建设中国特色社会主义伟大事业中充分发挥工会组织的作用。

全国工会“十七大”以来，我市工会基层组织逐步建立健全，各项工作取得了一定的成绩，涌现了一批先进基层工会组织、优秀工会干部和工会积极分子。但是，基层工会工作的现状与当前改革开放形势的要求是不相适应的。一是工会领导班子和干部队伍不适应“四化”和工会建“家”的要求，有些工会干部缺乏改革和创新的精神。二是部分基层工会组织不够健全，没有发挥应有的作用。三是部分基层工会工作不够活跃，与群众的联系不够密切。四是少数基层单位忽视工会组织的民主化和群众化建设。

为了把基层工会建设成为名副其实的“职工之家”，从现在起，必须把整顿、建家工作，作为一件大事来抓，在各级党委的领导下，取得企业行政的支持和共青团的配合，依靠广大干部职工，经过三年的努力，逐步把基层组织整顿好，建设好，开创一个新的局面。

（二）

“全总”制定的建成“职工之家”的标准是：

一、建设一个符合“四化”要求，密切联系群众的领导班子和一支热心为群众服务的工会积极分子队伍。

二、教育和动员职工站在改革的前列，努力促进技术进步，开展社会主义劳动竞赛，提高经济效益和社会效益，保证完成国家交给的各项任务。

三、组织和动员职工学习政治、文化、科学技术和经济管理知识，提高思想政治素质和科学文化素质，在建设一支有理想、有道德、有纪律的职工队伍中发挥应有的作用。

四、推进企业、事业民主管理，承担起职工代表大会工作机关的任务，在办好社会主义企业、事业中充分发挥作用。

五、保障职工福利，维护职工合法权益，为职工说话办事，为职工“排忧解难”。

六、健全工会组织，加强小组建设，不断完善民主生活和民主制度，做民主的模范。

为了把“全总”制定的“六条”标准具体化，各县和基层工会可依据这些要求并参照省工会提出的实施细则（讨论稿），结合自己的实际情况，制定实施细则。

（三）

在三年内把我市一千零十个基层工会组织整顿好、建设好，必须从今年下半年开始，全面开展整顿、建家活动，使基层工会分期分批达到“建家”的标准，办成名副其实的“职工之家”。

经过全面摸底排队，初步计划，全市一千零十个基层工会，二〇〇八年达到建家标准的为一百八十五个，占18%，二〇〇九年达标的为四百三十四个，占43%，二〇一〇年达标的为三百九十一个，占39%。其中：市基层工会六十个，二〇〇八年底力争验收百分之六十，二〇〇九年力争验收百分之三十四，二〇一〇年底力争验收百分之五十。

在整顿建“家”的工作中，要遵照中央关于议大事、懂全局、管本行的指示精神，端正工会业务指导思想，全面落实新时期工会工作的方针，提高工会组织的战斗力，密切工会与群众的联系，充分发挥工会组织的作用。

整顿、建“家”的实施步骤大致分为四步：一是广泛宣传发动，统一认识；二是从实际出发，制定整顿、建“家”的方针和实施细则；三是开展双争竞赛（基层工会争创“职工之家”、工会干部争当“职工之友”），层层整顿提高；四是自检互检，考核验收。

在整顿建“家”活动中，必须坚持做好如下工作：

1. 统一认识，加强领导。各级工会要认真地将省、市工会召开的整顿、建“家”会议的精神及时向党委汇报，取得各级党委的重视和支持。在今年下半年，要把组织学习整顿、建“家”的有关文件作为培训干部和积极分子的重要内容，把整顿、建“家”列入各级工会组织和工会各个业务部门的重要议事日程。各级工会的重要领导要亲自抓，要组织一定力量专门抓。

2. 制订好整顿方案和实施细则。要广泛听取党政领导和科室管理人员、知识分子、工人群众、工会积极分子等各方面对整顿、建“家”的意见和要求，对照六条标准和省工会提出的实施细则，找出薄弱环节，明确主攻方向，制定整顿方案，并把整顿方案落到实处。

3. 认真抓好试点，以点带面。各级工会都要认真抓好一至二个基层组织的试点，起到带头和示范作用。明年整顿、建“家”的点，要摆在工会工作基础比较薄弱的基层去。

4. 开展“双争”竞赛（争创“职工之家”、争当“职工之友”），推动整顿、建“家”工作深入发展。

5. 坚持标准，搞好验收。要把好两关：一是自检关；二是考核验收关。验收合格者，发给“职工之家”合格证书。

××市总工会

二〇〇七年十二月六日

——摘自《对××市总工会一份工作计划的评析》，作者岳海翔

（二）阅读以下材料，根据要求作答。

1. 海洋是人类家园的组成部分，为人类社会的发展提供了丰富而宝贵的资源。海洋资源包括旅游、可再生能源、油气、渔业、港口和海水六大类。我国海域内，有海洋生物两万多种，其中，海洋鱼类3000多种。天然气资源量14万亿立方米，滨海砂矿资源储量31亿吨，海洋可再生能源理论蕴藏量6.3亿千瓦。海洋石油资源量约240亿吨。

随着工业化、城市化的快速发展和人口数量的增长，全球海洋污染愈益严重。海洋污染的治理难度非常大，特别是像渤海这样的内海。海水封闭性强，自身交换能力差，一旦污染，它的自我更新周期至少需要15年。渤海素有我国“鱼仓”“盐仓”和“海洋公园”的美誉，但近30年来污染加剧，情况堪忧。调查显示，1983年渤海鱼类有63种，2004年只有30种，带鱼、鳓鱼、真鲷、银鲳等几乎绝迹。2000年至2007年，渤海发展赤潮灾害87次，累计赤潮面积2.05万平方公里。

2001年，国务院正式批准由国家环保总局、国家海洋局、交通部等有关部门和天津、河北、辽宁、山东四省市联合制订的《渤海碧海行动计划》（以下简称《碧海计划》），旨在促进渤海近岸域海洋环境质量的改善，努力实现海洋生态环境良性循环。《碧海计划》总投资500多亿元，实现项目427个，主要包括城市污水处理、海上污染应急、海岸生态建设、船舶污染治理等内容。实施区域包括天津、河北、辽宁、山东辖

区内的13个沿海城市和渤海海域，以每五年为一个阶段实施。近岸海域环境保护拟分阶段推进，分为近期、中期和远期目标。2001年至2005年要实现的近期目标是：渤海海域环境污染得到初步控制，生态破坏的趋势得到初步缓解。

科学调查与监测结果证明，陆源污染对渤海威胁最大，入海河流流域周边的生活污水、工业废水、农药及化肥污染是三大陆源污染源；此外，船舶石油泄漏、海上石油开采和海水养殖中的添加剂也会对海洋造成严重污染。在近期治理阶段，为遏制陆源排污，做了大量工作，但我国四大海区中，渤海沿岸超标排放的入海排污口最多，比例高达90%以上。渤海沿岸有分属在三省一市的13个城市，渔、盐、农、航运、石油、旅游、工业等众多行业在渤海进行经济开发活动，海洋、环保、农业、交通等政府管理的不管治理，管治理的管不了排污。“众多主体分享渤海的环境效益与经济效益，这就使渤海成为典型的‘公地’，直接影响沿海地方政府治理的积极性，造成治理工作效率低下。《渤海计划》只是一个政策性文件，不具有法律强制性效应，执行过程中，难以借助法律手段实现管理体系、监测体系、投资体系、统计体系、评价体系的对接统一，这也直接影响了治理的效果，有关权威部门发布的2004年渤海环境质量公报显示：污染范围比上年扩大。未达到清洁海域水质标准的面积约2.7万平方公里，较上年面积增加约0.6万平方公里，占渤海总面积的35%。其中，轻度污染、中度污染和严重污染海域面积较上年分别增加了44%、56%和57%，污染程度明显加重。近几年的连续监测结果显示，进入21世纪以后，渤海环境污染仍未得到有效控制，轻度、中度和严重污染海域面积呈上升趋势。”显然，《碧海计划》近期目标难以如期实现，但是很多专家也指出，不能否定实施《碧海计划》的积极意义，它毕竟为其后《海渤环境保护总体规划（2008-2020年）》的制定提供了可借鉴的经验教训。

2008年11月，国务院批准了《渤海环境保护总体规划（2008-2020年）》。规划确定了加强重点环节和关键领域保护与防治，建立渤海污染与生态保护系统；面源点源治防联动，建立陆域污染源控制和综合治理系统；全面实施节水治污战略，建立流域水资源和水环境综合管理与整治系统等五大主要建设任务，体现了渤海环境保护任务的综合性、战略性与长期性，并强调在海洋开发过程中，全面推进节水、节能、节地、节材和综合利用，确保引时项目为低耗、低排放、低污染和高效益的企业和产品，促进海洋环境的可持续利用。

2. A市早在宋代就享有“东海明珠”的美誉。眼下，这里正在打一场保卫“蓝色国土”的扫黑战役。此“黑”非黑社会势力，而是污染所至的“黑水”。A市海岸带流淌的黑水是漂染、造纸、电镀等企业排放的废水。J市与S市为A市所辖的县级市。早在1997年，濒临海湾的J市准备在郊区西滨兴建“电镀集中控制区”。当时环保专家对选址作了这样的评估：西滨镇位于J市城市上风向，地面水的下游，沿岸海域环境尽量不受污染。至于会不会危及下游S市，那是其次的问题。事实上，兴建“电镀集控区”，可能造成一系列的后果。一是集控区电镀、造纸、漂染、制革等企业排放的工业废水具有严重化学毒质，对水产资源有毁灭性的破坏。二是A市所属的几个海湾都是内海腹地浅水湾，海水自净能力差，工业污水将随退潮排出，随涨潮返回，难于排向深海。三是海湾一带是省级蛏苗生产基地，也是红膏鲟、海鳗和虾类的产卵、成苗地，海水污染不仅严重损害上述珍贵水产资源，也给该地区群众生产、生活造成严重危害。四是贝类具有附集重金属的特点，受污染贝类上市后影响人民群众的身体健康。为此，省水产厅发文，明确提出："按环保的条件评估，不宜在J市西滨镇设立电镀集控区。"但是，就在为选址争议期间，西滨镇已经陆续兴建了一些严重污染环境的工厂，使下游S市附近的水头村深受其害。水头村曾是远近闻名的蛏苗生产基地，80%的村民从事水产养殖，正常的年景，全村的养蛏收入都在四五千万元，所缴税款比一些乡镇的数额多得多。自从村里的溪流注入了来自上游西滨镇的污水，就成了墨汁一般的臭水沟，几千亩滩涂养殖区被污水渗透沉积，已经一片荒芜。据村民介绍，他们村所受的污染已经有好几年了，蛏苗的养殖面积和产量逐年下降，至2004年，全村蛏苗近乎绝收，经济损失三四千万元，村民失去了固定收入，年轻人被迫外出打工。多数人健康状况每况愈下，癌症患者呈逐年上升趋势。省渔业环境监测站对滩涂养殖区蛏苗死亡原因进行监测的结论是：受蛏苗培育区内海水中高浓度铜的影响，其他超标污染物铅、锌、挥发酚、多氯联苯等也起了协同作用，这也是培育内水质、底质环境逐年恶化的结果。

2006年1月，A市人代会通过《关于加强近海水域环境污染治理的决议》，确定将"A市近海水域的污染整治"列为政府必须无条件完成的一项"铁任务"。《决议》内容简洁明了，几乎一句话就是一个措施和目标：市政府组织开展近海水域环保状况勘察调查，制订年度治理计划；加快环保基础设施建设，控制近海陆源污染物排放；加强环境监管，巩固治理成效；按照"谁污染谁治理"的原则，征收超标排污费；监督企业完善治污设施并保证正常运行，确保达标排放；落实县（市、区）长环保目标责任制和重点乡镇领导干部环保绩效考核制度，督促本地区污染源治理。2月市政府通过了市环保局主持编制的《A市近海水域污染专项整治方案》。3月有关部门完成了全市近海水域的污染源调查。4月市政府出台了对近海海湾沿岸进行综合治污的具体规划。5月，市中心区的生活污水有望得到妥善处理。最令人鼓舞的是"西滨镇电镀集中控制区"项目已被市政府彻底否决，污染源头被切断。S市政府出示了"专项整治方案"，将全市70家企业列入污染源监控名单。市政府还计划在四五年内投入3.4亿元用于海水治污，并将在今后5年内逐步淘汰全市的畜禽养殖业，尽力减少污染源。该市政府呼吁，对一些重污染企业将要拿出"壮士断腕"的勇气，如此作为，方可保证将整治工作"进行到底"。

——摘自2010年国考《申论》

A市市政府准备大力宣传推进对近海水域的污染整治工作，请你结合给定资料，以市政府工作人员的身份，草拟一份宣传纲要。

要求：

1. 对有关宣传内容的要点进行提纲挈领的陈述；

2. 体现政府精神，使全世界关心、支持污染整治工作；

3. 通俗易懂，不超过400字。

# 第二节 总　结

## 一、总结的含义和特点

总结，是对过去一定时期的工作、学习或思想情况进行回顾、检查、分析和研究，从中找出经验教训和规律性的认识，用来指导未来的生产、经营、工作、学习时形成使用的一种文体。通常说的总结主要是指工作总结。

总结具有以下特点：

实践性。总结以回顾实践或工作的全过程为前提。自身实践的事实，尤其是工作中的典型事例和确凿数据是一篇总结得出正确结论的基础。

理论性。通过总结，将实践中获得的大量零散的、感性的认识上升为系统化的理性认识。

能否找出带有规律性的认识，用以指导今后的工作，是衡量一篇工作总结质量好坏的标准。

## 二、总结的写作范式

### （一）总结的类型

根据不同的划分标准，总结也可以划分为不同的种类。

按性质分，有综合性总结及专题总结。

综合性总结，又叫全面总结，是单位、部门对一定时限内所做的各方面工作进行的综合性的分析、总结。如《××市工商行政管理局信息中心2007年上半年工作总结》。

专题性总结，是在某方面的单项工作，如生产、宣传等某项特定的任务完成之后所进行的工作总结。如一个公司抓好产品质量方面的工作总结，一个学校加强学生政治思想工作方面的工作总结等。

### （二）写作范式

1. 标题

总结的标题常见的有以下三种形式：

（1）公文式标题。由单位名称、时限、事由、文种构成，如《×××公司关于×××年度的工作总结》《××厂2013年上半年工作总结》。

（2）文章式标题，即概括文章的内容或基本观点的标题。标题中不出现文种“工作总结”两字。这种标题一般用于专题工作总结，如《走活三步棋，选好一把手》。

（3）双标题。这种标题的正题揭示主题或概括经验体会，副题标明单位、时限、事由和文种等，如《构建农民进入市场的新机制——运城麦棉产区发展农村经济的实践与总结》

2. 正文

正文由开头、主体和结尾三部分组成。

（1）开头，也叫前言，内容为基本情况概述。或概述工作的背景、全貌；或说明工作的指导思想和成果；或将主要成绩、经验、问题找出来，先给读者一个总体认识。不论哪一种形式，前言都要开门见山，简明扼要，紧扣中心，统领全文。如：《××市工商行政管理局信息中心 2007 年上半年工作总结》（见例文）。

（2）主体。主体一般有以下 3 个方面的内容：

基本做法、成绩和经验；问题与教训；今后的工作和努力的方向。

常见的结构方式有以下三种：

①分部式结构。按“情况——成绩——经验体会——问题——今后设想”或者“做法——效果——体会”的顺序来写。每部分可用序号列出，也可恰当地运用小标题，或采用段旨句表示，即把观点置于每一段的开头。这种形式适用于单位工作总结、个人小结或体会。

②阶段式结构。把工作的整个过程，按时间顺序，划分成几个阶段来写。每个阶段写一个部分，在各个部分中再以块式结构来安排内容。这种形式适合写时限较长而又有明显阶段性的工作总结。

③观点式结构。根据内容归纳出几个观点，每个观点就是一个大层次，使用“一、二、三……”序号排列，逐条叙述，条文之间具有比较严密的逻辑关系。这种形式较适于写专题经验总结。

3. 落款

在正文右下方署上单位名称，名称下面标明时间。

## 三、范文品读

### ××市工商行政管理局信息中心 2007 年上半年工作总结

根据省工商行政管理局年初制定的信息化建设总体规划目标，紧紧围绕市局《2007 年信息型工商及信息化“三大平台”建设实施方案及任务推进表》的工作思路和要求，积极推进重点工作落实开展，现将信息中心上半年重点工作完成情况总结如下：

一、上半年重点工作推进落实情况

（一）规范网络运行管理，确保政令信息顺畅

一是按照年初计划，已基本完成基层工商所联网工作。二是针对网络病毒的泛滥现象，实行内外网络物理分离模式，重新设计改造市局机关八楼内外网线，大大提高网络

运行安全。在阅览室设立电子上网查询室，为市局机关21个部门上网查询资料提供便捷服务。三是信息中心责成专人利用五一假期进行机房季度维护。对中心机房外网服务器、“12315”系统、邮件（开思）系统等及2台机柜内的72条各种跳线重新整理排列，确保全市系统“信息顺畅”。

（二）实行“定岗定编”配置，严抓硬件管理维护

一是对信息化应用状况进行调查摸底。督促各级基层单位用好、管好计算机网络和设备，加强软件应用和数据库建设。针对现有计算机设备现状，制定了计算机设备定岗定编方案，科学合理分配，对普查出报废的计算机逐一登记，履行固定资产报废手续，共计报废80台。调配完毕后市局机关94台；市区五个分局（运管所）118台。将省局下发的19台hp计算机全部下发调配到位，配置在信息化建设第一线。二是加强设备管理维护。从4月份起对计算机设备配置使用情况进行调查摸底，先后对市局机关94台、分局（运管所）以及基层工商所118台，特别是市区25个工商所的工作运行时间超过5年，已无法升级的计算机设备，进行了登记，依次排序，为下一步调剂设备打下基础。目前又着手对市局机关、分局及所辖工商所打印机设备使用情况进行摸底清查，此项工作正在进行中。三是明确技术鉴定权限。为严密对需要更换计算机设备配件的技术鉴定工作，制定了信息中心技术管理人员岗位职责，明确了技术管理负责人与技术管理人员的技术鉴定权限，重新编制了技术鉴定报告书，规范了技术鉴定程序，截至6月份，共计鉴定更换配件14个。

（三）坚持设备巡查管理，保障网络运行安全

按照《××市工商行政管理局关于下发＜确保政令畅通、信息顺畅的规定＞的通知》（×工商函〔2007〕11号）的要求，一是进一步加强计算机设备巡查、抽查管理维护工作，发现问题及时解决。截至6月12日，巡查计算机134台次，其中电话巡查18次，实地巡查116次，解决问题共计111个。二是加大为基层工商所、年检大厅、行政大厅的技术服务保障力度，确保年检各项工作的顺利开展，对出现的问题及时解决并向省局实时沟通汇报，自年检工作启动以来，及时解决企业在网上年检、变更及工作人员在使用新版工商综合业务软件打照过程中所遇到的软件应用等实际问题60余个。三是配合监察室开展“绿色网吧”廉政文化创建活动，增加了电子上网室的巡检频次，解决计算机设备及系统运行问题36个。信息中心对有专职信息管理人员的前进分局、向阳（东）分局、向阳（西）分局，采取分局自查与市局抽查相结合的方式进行维护，对东风分局、郊区分局、协会及市局机关21个科室，共计134台计算机采取逐台检查的方式进行维护，截至目前，实地解决计算机网络、打印机页面设置等问题13个。推进市局12315消费者申诉举报软件的调试升级进程，发放并调试向阳（东）、向阳（西）、前进三个区分局服务器，及时排除了语音卡质量造成的语音杂音等问题，顺利实现了“三方通话”功能。

（四）树立全新工作理念，努力提高应用水平

一是开展应用软件技术指导。信息中心配合有关业务科室开展有针对性的计算机应用知识和业务软件应用的培训指导。二是全面推行新版外资管理模块。根据省工商局的外资企业今年起全部实行网上年检的要求，今年年初新版综合业务软件外资管理模块网上年检功能正式启用。2 月 12 日，信息中心开始了对外资网上年检的前期测试工作。在 3 月 5 日前，完成了对工商综合业务软件外资管理模块的升级调试工作，企业填写年检报告网页测试等工作。在测试期间，发现并解决了按照营业执照上标明的注册号登录年检网页时报错及分支机构无法登陆年检网页等问题。为外资科人员接收企业提交年间报告和企业顺利提交报告提供了保障。在测试期间，编写了外资企业网上年检的培训教案和综合业务软件外资管理模块的使用说明。确保 3 月 5 日在市局九楼会议室进行的外资企业网上年检的培训工作圆满成功。三是为基层解决好实际问题。为认真贯彻落实市局《确保政令畅通、信息顺畅的规定》要求，进一步推进信息化建设工作落实，从 3 月 27 日起，全面启动了计算机设备维护巡查工作，本着主动发现问题，积极解决问题的原则，着力为基层信息化建设解决实际问题。一是在软件应用方面，通过在全系统内提供《新版工商综合业务软件调查表》及实行第一值班人接听电话工作制、双休日值班制度，以电话解答和实地排除的方法为基层解决问题 13 个。二是在硬件维护方面，为基层解决计算机设备故障问题共计 23 个。先后深入到向阳（东）、向阳（西）、郊区三个分局及所属 15 个工商所，对 69 台计算机设备进行巡查登记，掌握硬件运行情况。深入到桦南县工商局实地解决了业务软件问题，重做 2 台服务器操作系统。远程对富锦市工商局设置邮件服务端，为富锦市工商局新建了邮件账号 40 个。深入郊区分局为前办公楼安装交换机，并检测光纤线路；先后两次深入到东风分局，改造老化线路，并调试综合业务软件。四是努力做好基层指导工作。对富锦市局和前进分局指定专人进行跟踪指导，协助两个试点单位尽快完善自身信息化建设，提高应用能力，积极推进基层信息化建设。制定基层联系员定期反馈制度，定期上报反馈，对基层所反映的应用问题进行调研，分类整理、形成记录，研究解决的办法和途径，共计反馈情况 6 次。指导汤原县局组织全员计算机技能达标测试比赛，并达到预期的效果。五是积极开展岗位知识培训。按照《××市工商行政管理局在全市系统广泛开展“四懂五会”三年岗位练兵活动方案的通知》（×工商函〔2007〕13 号）的要求，编辑了三套计算机基础试题，共计 170 题。按照不同层级、不同岗位、不同职能分别制定了《××市工商行政管理系统计算机应用技能岗位达标标准》。为进一步提高全局干部职工计算机应用能力，从 4 月 10 日起每周二通过（开思）进行网上培训，共计 9 期、180 题。全面启动了编辑《信息化网络基础操作规程示范文本》工作，明确编辑内容，量化工作目标，截至 6 月 5 日，基本完成 15 项内容的编辑工作。六是服务于全局重大活动。信息中心在推进重点工作落实的基础上，充分运用信息化技术手段，服务于全局重大活动。在全市系统召开重大会议时，制作 PPT 投影播放局长讲话，共计 3 次；为市局办公室调试国家工商总局政务信息直报点系统，确保政务信息专报工作线路畅通。七是做好电子显示屏幕播放工作。每个工作日为人事科中午时段播放考勤信息；年检期间，为企业分局全天播放年检信息；以及为其他科室因工作需要而播放的条幅信息，共计363条；在每个工作日内，分早、中、晚三个时段播放背景音乐，为全局营造舒适愉悦的工作环境。

（五）加强数据库管理建设，提高应用数据质量

为了保证安全稳定的网络环境，确保整个网络运行系统和数据库的安全，信息中心必须加强安全维护管理措施：一是在网络上安装网络版的杀毒软件，防止病毒的侵入，注意及时更新版本。二是推广应用软件要以稳定性作为前提条件，切实保证整个网络系统的安全稳定。三是对进入数据库查阅信息的人员按工作需要在客户端软件上分别进行授权，防止数据失密或被修改。四是每日数据单备份、每周数据双备份，每月将所有数据刻录成光盘，防止数据的丢失。五是在内外网管理上必须实行物理隔绝，建立完善信息网络安全支撑平台。

（六）全力推进网站改版，服务完善政务公开

全面落实“政务公开网站改版”工作。信息中心严格按照市局5月15日下发的《深化完善政务公开和示范点建设实施方案》（×工商发〔2006〕85号）的通知要求，5月18日专门召开全科会议，认真研究落实工作措施，逐一细化量化工作目标，全面落实完善政务公开网站改版工作。为做好网站改版工作，结合实际抢先抓早迅速落实。一是明确改版目标：通过网站改版工作，进一步完善我局现有政务公开网站的形式和功能，努力使我局政务公开工作达到公开内容全面、具体，形式丰富、规范，促进公开透明。二是量化具体内容：信息中心责成专人负责落实网站改版等技术性工作，全科人员通力协助，由副主任赵云霞负责督办落实。拟定网站公开政务信息审批制度（试行）、网站管理维护制度（试行），尽量做到审批程序合理、操作性强。三是制定实施步骤：(1) 制订方案阶段，制定了《××市工商行政管理局政务公开网站改版方案》，明确分工，落实责任。(2) 组织实施阶段，按照示范点建设方案和市局要求，做好服务器调试、网页规划和框架设计的调研、新网页、版块设计制作各阶段工作的落实。(3) 修改完善阶段，将改版后的网站内容上传至网站服务器试运行，收集相关科室对新网页的意见，并做相应调整。5月18日起，信息中心全面启动完善政务公开网站改版工作。日前抽调的李剑平到市局信息中心集中时间继续进行网页规划和框架设计以及版块设计制作。

（七）健全各项规章制度，严格规范内部管理

信息中心总结和吸取第一季度目标考评工作存在的问题，从明确人员职责、量化重点工作、细化日常分工等入手，教育引导全科强化责任意识、服务意识、大局意识，转变工作作风，树立了信息化建设应为提高监管执法水平和应用需求服务的工作理念。为进一步规范信息中心内部管理工作，为市局机关和基层工商所提供技术保障服务，信息中心在原有四大类26种制度的基础上，进行梳理、分类，按照信息化“三大平台”建设的不同要求，有针对性地补充和完善了相关规章制度，使每个环节、每个方面、每个

行为都用制度来规范，新制修订《××市工商行政管理局网络运行及计算机设备故障应急方案》《××市工商行政管理局计算机设备（软、硬件）维修时限和质量规定》等制度8个，共计四大类34种。

（八）提升统计工作质量，发挥统计报表作用

在统计工作方面，始终遵循“真实、准确、全面、及时”的工作原则。不断地加强规范基础数字的搜集、整理、校核和存档程序。坚持每月编制市局机关11个部门216个指标综合统计报表工作，为市局主要领导提供科学数据。加强对统计分析的指导。引导各部门继续强化统计工作，提供有价值的统计报表和统计分析。全面完成2006年度综合统计年鉴编写、修订和审核工作。

通过内部信息网“统计之窗”栏目，为各部门提供较为翔实的2006年度统计资料。

二、下步工作打算

加快推进信息化建设，是实现工商行政管理职能到位，全面提升工商行政管理水平的需要。信息中心在下半年工作中紧紧围绕《××市工商行政管理局2007年信息型工商及信息化“三大平台”建设实施方案》确定的任务目标，增强责任意识，加快工作节奏，重点推进落实以下工作：

（一）运用信息化技术手段，重点为市局完善政务公开和示范点建设服务。进一步完善网页重新改版模块设计，推进改版后网站试运行工作。

完善内部政务信息网建设。以信息化技术为支撑，为基层教育科设计“工作动态”栏目；为法制科更新“法制沙龙”栏目。

（二）推进“12315”指挥系统数据库建设，提高数据库建设质量，加大数据库日常管理和安全维护力度。

配合消保科，抓好省局确定的市局、富锦局12315行政执法体系建设试点推进工作，待省局新版12315软件配发调试后，全面推开。

（三）配合企业分局，抓好个体工商户分层分类登记监管工作。搞好人员培训及相关业务知识的掌握，待省局软件下发后，全力抓好调试应用工作。

（四）强化推进措施，加大对富锦市工商局“信息化三大平台的建设”试点工作的指导力度，强化培训指导，重点在硬件、软件能用和会用问题上下功夫。

——摘自《应用写作》2007年第11期，作者谷梅檀

## 四、操作训练

试读下面这篇病文，分析其在占有材料、分析材料，找出规律性的经验方面做得怎样。

### ××公司上半年工作总结

半年来本公司在精神文明和物质文明方面做了许多工作，取得了很大成绩。半年

来，主要做了以下工作：动员组织公司干部和广大群众学习中央文件；安排、落实全年生产计划；推行、落实工作责任制；修建子弟小学校舍；建方便面生产车间厂房；推销果脯、食品、编织产品；解决原材料不足问题；美化环境，栽花种草；办了一期计算机技术培训班；调整了工作人员，开始试行干部招聘制。

半年来，在工作繁杂、头绪多而干部少的情况下，能做这么多工作，主要是：

一、上下团结。公司领导和一般干部都能同甘共苦，劲往一处使。工作中有不同看法，当面讲、共同协商。互相间有意见能开展批评与自我批评，不犯自由主义。例如有干部就经理未作商议，擅自更改果脯销售奖励办法，影响产量一事有意见，经当面提出，经理做了自我批评，并共同研究了新的奖励办法，又出现了增产势头。

二、不怕困难。本企业刚刚起步，困难很多，技术力量薄弱，原材料不足；产品销路没有打开等等。为此，领导干部共同想办法，他们不怕跑路，放弃自己的休息时间，忍饥挨饿受冻，四处联系，终于解决了今年所需要的原料，推销了一些产品。

三、领导带头。公司的几位主要领导带头苦干，实干。他们白天到下边去调查了解情况、解决问题，晚上才开会研究问题，寻找解决的办法。领导干部夜以继日地工作，使公司工作上了台阶。

××公司

××××年×月×日

## 第三节　调查报告

### 一、调查报告的含义及特点

（一）调查报告的含义

调查报告是针对某一现象、某一事件或某一问题进行深入细致的调查，对获得材料进行认真分析研究，发现本质特征和基本规律之后写成的书面报告。

常见的调查、调查汇报、调查综述、情况调查、考察报告等都是调查报告的别称。

（二）调查报告的特点

1. 真实性

调查报告需要列举大量的相关事例、统计数字和各方意见，在此基础上提出作者自己的意见。

2. 针对性

必定是某一情况、某一社会问题、某一成功经验，引起了一定程度的注意，为了进一步得到它的详情、真相，认识它的性质，才需要有人专门对它进行调查、研究，向有关机关提供报告。

3. 典型性

调查报告所反映的内容，无论是经验，还是问题，都应有典型性，要能起到以局部反映全局或以“点”带“面”的作用。调查报告如果所反映的只是没有任何典型意义的孤立的个别事例，则不会对工作有指导意义。

## 二、调查报告的写作范式

调查报告的类型：典型经验调查报告、重要问题调查报告、基本情况调查报告。

从外部形式上看，调查报告由标题、正文、落款三个部分组成。

（一）标题

1. 单标题

（1）公式化写法。按照“调查对象 + 调查课题 + 文体名称”的公式拟制标题。如《一个富裕居委会的财务调查》。

（2）问题式标题，如《儿童究竟需要什么读物?》。

（3）观点式标题，如《莘莘打工者，维权何其难》。

2. 双标题

双标题由正副标题组成，其中正标题一般采用常规文章标题写法，具体手段如上所述。副标题则采用公式化写法，由调查对象、调查课题、文体名称组成。如《明晰产权起风波——对太原市一集体企业被强行接管的调查》。

（二）正文

一般分为：前言、主体、结语。

1. 前言

调查报告的开头不能追求像文艺作品那样引人入胜，但也要求明快朴实，引人注目。主要类型有：

（1）提要式。就是把调查对象最主要的情况进行概括后写在开头，使读者一入篇就对它的基本情况有一个大致的了解。例如《靠名牌赢得市场——关于深圳市飞亚达（集团）股份有限公司的调查》（见例文 1）的开头。

（2）交代式。在开头简单地交代调查的目的、方法、时间、范围、背景等，使读者在入篇时就对调查的过程和基本情况有所了解。例如《我国家庭教育指导服务现状调查报告》（见例文 3）的开头。

（3）问题式

在开头提出问题来，引起读者对调查课题的关注，促使读者思考。这样的开头可以采用提问的方式引出问题，也可以直接将问题摆出来。例如《明晰产权起风波——对太原市一集体企业被强行接管的调查》（见例文 2）的开头。

2. 主体

按照内容表达的层次组成的框架有以下几种：

"情况——成果——问题——建议"式结构，多用于反映基本情况的调查报告。

"成果——具体做法——经验"式结构，多用于介绍经验的调查报告。

"问题——原因——意见或建议"式结构，多用于揭露问题的调查报告。

"事件过程——事件性质结论——处理意见"式结构，多用于揭示案件是非的调查报告。

3. 结语

调查报告常在结尾部分显示作者的观点，对主体部分的内容进行概括、升华，因此，它的结尾往往是比较重要的一个部分。常见的写法有下述三种：

（1）概括全文，明确主旨。在结束的时候将全文归结到一个思想的立足点上，例如《中国农村养老问题的调查》的结尾。

（2）指出问题，启发思考。如果一些存在的问题还没有引起人们的注意，如果限于各种因素的制约作者也不可能提出解决问题的办法，那么，只要把问题指出来，引起有关方面的注意，或者启发人们对这一问题的思考，也是很有价值的。例如《明晰产权起风波——对太原市一集体企业被强行接管的调查》一文的结尾。

（3）针对问题，提出建议。如《靠名牌赢得市场——关于深圳市飞亚达（集团）股份有限公司的调查》一文的结尾。

（三）落款

调查报告的落款要写明调查者单位名称和个人姓名，以及完稿时间。如果标题下面已注明调查者，则落款时可省略。

## 三、范文品读

**【例文1】**

**靠名牌赢得市场**

**——关于深圳市飞亚达（集团）股份有限公司的调查**

人民日报记者　郑剑

飞亚达（集团）股份有限公司（以下简称飞亚达）是一家以生产钟表为主的大型企业，1987 年成立于深圳。在经济特区这块改革开放的沃土上，该公司坚持不懈地实施名牌战略，终于在竞争激烈的钟表行业后来居上。历经 12 年的艰苦创业，飞亚达由一个钟表小厂发展为总资产逾 8 亿元，年创利润 8000 万元的上市公司，成为国内同行的翘楚。

实践：名牌战略造就了一个名牌企业

树立雄心创名牌。飞亚达早在成立之初，就立下了用 10 年时间创出国内名牌，再用 10 年至 15 年创出国际名牌的雄心壮志。公司取名为飞亚达，即取"飞出亚洲，达至全球"之意。

飞亚达为什么要树立雄心创名牌？这既是对客观形势分析后的选择，也是强烈的责任感和使命感使然。飞亚达成立之际，国内钟表行业生产厂家众多，竞争异常激烈，市场上流行的品牌多达几十个，但基本上处于低水平竞争之中，企业规模偏小，产品定位较低。是像众多同类企业一样走低水平重复的老路，还是另辟蹊径创名牌，为振兴民族工业而努力？飞亚达选择了后者。扛起民族钟表工业的大旗，创出一个世界品牌，这就是飞亚达实行名牌战略的初衷。

怎样来实行名牌战略？飞亚达的主要做法是，紧紧抓住高素质管理、高科技生产、高品位设计和高投入营销等方面，制定一系列高标准、严要求的制度和规范，使创名牌成为企业上下的共同目标，并落实到企业生产和管理的各个环节。他们首先选准高档手表为突破口和主攻点，用高科技手段改造手表这一传统产品，研究开发新的高档产品。飞亚达第一代产品一面市，就以走时精确、款式新颖而受到消费者的欢迎，“飞亚达”也随着“一旦拥有，别无所求”的广告词，逐渐成为家喻户晓的品牌。

90 年代初，瑞士、日本各种品牌的名表开始大规模进入中国市场。面对严峻的市场形势，公司决策层认真研究数量和质量的辩证关系，决定借鉴国外钟表工业发展的成功经验，走“少而精”的道路，即以提高“单位面积”的产出取胜，生产高技术含量、高附加值的产品，在工艺上精益求精，把人、财、物集中用到刀刃上，争取在最短的时间里后来居上。

为此，公司不断调整产品结构，加大高档表的开发力度和产量，陆续开发出蓝宝石、硬质合金、精密陶瓷等超硬材料高档产品，率先在国内推出不磨损型手表。以“君王剑”系列、“宇宙神”系列为代表的飞亚达第二代产品上市不久，就迅速风靡全国。1995 年，飞亚达荣获“中国制表之王”的称号，确立了中国钟表第一品牌的地位。

咬定“名牌”不放松。飞亚达在提前实现了用 10 年时间创中国名牌的计划后，并没有停下争创名牌的脚步，而是把眼光瞄向世界名牌。在世界钟表市场上，飞亚达的竞争对手是拥有几百年历史的世界名表制造商，要想赢得竞争，不但要有敢于后来居上的决心，更要有能够后来居上的实力。“抓两头，放中间”，就是飞亚达实现第二步战略的基本策略。所谓“抓两头”，即抓产品开发设计，抓由品牌带动的商业网络；而“放中间”则是指将中间的制造部分交由更专业的厂家去做，从而最大限度地降低成本。

随着科学技术的飞速发展，计算机技术在制表业得到广泛应用。飞亚达公司一方面改造传统设备、革新传统工艺，另一方面在产品设计、开发、生产和经营管理上，加大投入，不断引进和借鉴国内外最新设备和经验。继 90 年代中期将国内航空企业用于飞机设计与制造的 UG 软件引入手表的设计和制造后，1996 年又在国内钟表业率先实施计算机集成制造系统（CIMS），一下子把产品的开发制造周期缩短了 50%，资金占用减少三成，大大提高了公司产品开发能力。为迎接2000 年的到来，飞亚达又推出了堪与世界顶级名表相媲美的第三代产品。这一代产品以贵金属为原材料，将 18K 金、天然钻石等应用于手表，是传统珠宝工艺和现代计时技术的完美结合。这标志着飞亚达再次吹响了进军世界名牌的号角。

在大力开发新产品的同时，飞亚达公司围绕创世界名牌，开展了一系列宣传营销活动，建立了遍布全国的商业销售网络。近两年来，公司在全国开设了亨吉利世界名表中心连锁店，让飞亚达表与其他世界名表同堂展示，借以树立自身品牌的良好形象，为争创世界名牌积蓄力量。

一分耕耘一分收获。飞亚达实施名牌战略的实践使自己获得快速、健康的发展。近年来，在国内大多数钟表生产企业销售额和利润出现较大幅度下降的情况下，飞亚达却实现了销售额和利润的显著上升。1997 年、1998 年，飞亚达表的销售连续位居全国同类产品第一。公司的技术水平、管理水平、人员素质均有长足进步，产品和企业的知名度与信誉度日益巩固，资产负债率始终维持在35%至45%之间，呈现出良性发展态势。

启示：现代企业必须重视实施名牌战略

实施名牌战略是提高产品质量、提升企业品位的内在要求。所谓名牌，简而言之，就是具有较高的知名度、荣誉度和超群的市场表现的品牌，包括名牌产品和名牌企业。名牌包括丰富的内容，它不是评出来的，也不是自封的，而是靠企业扎扎实实创造出来的，是广大消费者用“货币选票”选举产生的。企业是创名牌的主体，名牌战略是一种企业定位。对于一个企业来说，创立名牌是一项综合性工作，哪一个环节搞不好，都不能实现创名牌的目的。企业一旦确立了创名牌的目标，就要高标准要求自己，加强内部管理，进行科技创新，提高人员素质。反之，如果一个企业满足于现状，不思上进，或者小富即安，得过且过，就不可能获得大的发展。倘若当初没有创名牌的雄心壮志，飞亚达也就不会有今天的良好局面。飞亚达所表现出来的强烈的历史责任感和敢于后来居上的竞争精神，对于企业的改革和发展都有着重要意义。它的成功实践也说明，在现代市场经济条件下，企业只有切实转变增长方式，走内涵式扩大再生产之路，努力创造名牌产品，力争成为名牌企业，才能适应日益激烈的市场竞争。名牌连接国内市场和国际市场，名牌连接企业和社会，名牌产品多了，就能更好地满足人民生活需要。名牌企业多了，就可以提高国民经济素质，增强国家经济实力。

实施名牌战略是企业参与市场竞争尤其是国际市场竞争的客观需要。同飞亚达刚刚诞生之时相比，现在的国内外经济形势和市场状况都已发生了巨大变化。从国内情况看，我国已从长期的短缺经济进入一个一般产品相对过剩的时期，买方市场初步形成，消费者对商品和服务的质量与品牌提出了越来越高的要求。在这种情况下，企业只有争创名牌，才能赢得消费者的青睐，进而赢得市场。而实施名牌战略，也是实现我国经济结构调整和产业升级的重要动力。从国际情况看，经济全球化的趋势正在深化，跨国公司的影响日益增大；而且，我国加入世界贸易组织后，国内外市场必然渐趋融合，国内企业将面临更加激烈的国际竞争。品牌竞争是那些实力雄厚的跨国公司争夺中国市场厉害的一招。如果我们再采用传统的竞争方式，如一味扩大产量等，不但难以为继，也难以奏效。同样，以这种方式去开拓国际市场，既不实际，也不经济。因此，争创名牌是企业赢得国内外市场竞争的必由之路。

实施品牌战略是增强国家经济实力的重要手段。当今世界，国与国之间的竞争越来越表现为综合国力尤其是经济实力的竞争，而经济实力的竞争，归根结底又表现为企业实力的较量。名牌的多少是一个国家经济实力的重要标志，谁拥有名牌多，谁就拥有广阔的市场，谁就能在竞争中取胜。从这个角度讲，发展中国家要实现经济的快速发展，必须拥有一批名牌产品和名牌企业。正如邓小平同志指出的，我们必须有自己的拳头产品，创出我们中国自己的名牌，否则就要被人欺负。

当然，创立名牌不是一件轻而易举的事，需要企业坚持不懈的努力。但也应当看到，经过20年的改革开放，我国经济获得了巨大发展，如飞亚达在钟表行业一样，国内一些企业已经初步具备了创立世界名牌的条件。因此，应该积极采取措施，鼓励和支持企业创名牌：一是从财政、税收、外贸等方面给予有希望创立世界名牌的企业以必要的扶持；二是创造良好的市场环境，维护正常的竞争秩序，保护名牌产品和名牌企业；三是加大舆论宣传力度，引导企业争创名牌；四是对企业创名牌进行宏观调控，防止一哄而上。此外，全社会都应当树立名牌意识，强化知识产权观念，形成尊崇名牌、爱护名牌的氛围，抵制假冒伪劣，使名牌产品和名牌企业有一个良好的生存和发展空间。

——摘自1999年12月23日《人民日报》

**【例文2】**

## 明晰产权起风波

### ——对太原市一集体企业被强行接管的调查

记者　王斌来

企业要求按照有关法律、法规和政策规定明晰产权，本来是件好事。可太原市一家集体企业却因为明晰产权被所在区政府部门强行接管，陷于瘫痪。该企业把区政府两个部门告上法庭，至今已一年多时间，早就超过了审结期限，可法院却迟迟不判决。

太原市南郊区经济技术开发总公司（下称南郊公司）是90年代初自筹资金成立的一家集体企业。经过全体职工几年的努力奋斗，公司发展成资产3000多万元、年缴税100多万元的房地产开发企业。为了企业更好地发展壮大，南郊公司全体职工经过协商，一致认为应明晰产权，把企业改为职工持股的股份合作制公司或有限责任公司。1998年5月25日，南郊公司将按照国家有关法律、政策规定进行改制的材料上报到太原市小店区（原南郊区）区政府有关部门。让人始料不及的是，南郊公司等来的不是同意或不同意改制的批复，而是区政府要接管该企业的消息。

据南郊公司原总经理周坤城介绍，1998年7月15日，小店区检察院以查问题为名对公司进行了全面查封，造成企业停业至今。第二天，小店区乡镇企业管理局下发文件，免去周坤城由南郊公司职工大会选举产生的总经理职务，任命乡镇企业管理局副局长李永建为总经理。8月20日，小店区国有资产管理局下发文件，宣布南郊公司及其分支机构的全部净资产属国有资产，产权归国家所有。企业明明是集体企业，资金是自筹的，资产怎么成了国有的？企业总经理是职工大会选举产生的，政府部门怎能说免就免？11月18日，南郊公司在太原市中级人民法院提起行政诉讼，状告小店区乡镇局侵犯经营自主权，状告小店区国资局侵犯财产所有权。小店区委书记田玉宝对此却有另外的说法。他认为，南郊公司产权之争实际上是周坤城企图化公为私，把南郊公司据为己有。鉴于这种情况，区委、区政府决定整顿，解聘了周的总经理职务。

南郊公司的权益是否受到侵犯？区政府部门的行政行为是否违法？最关键的焦点是企业产权到底属于谁。据了解，太原市中级人民法院受理此案后，委托山西省国有资产管理局下属的山西省产权事务中心对南郊公司1998年8月31日前全部资产形成的所有者权益进行界定。山西省产权事务中心经过多方调查取证，于今年6月11日出具了与小店区国资局完全不同的界定意见：南郊公司是在区乡镇局等部门的大力扶持下，靠区乡镇局及下属集体企业担保向社会发行债券筹集资金运营发展起来的，没有任何单位和个人给予资金、资产投入。国家经贸委、财政部、国家税务总局下发的《城镇集体所有制企业、单位清产核资产权界定暂行办法》第十六条明确规定，集体企业以借贷（含担保贷款）、租赁取得的资金、实物作为开办集体企业的投入，该投入及其权益形成的所有者权益，除债权方已承担连带责任且与债务方已签订协议按其协议执行外，其产权归集体企业劳动者集体所有。根据这一规定，截至1998年8月31日，南郊公司的所有者权益归企业劳动者集体所有。

产权清楚了，其他问题也就迎刃而解了。按照《中华人民共和国城镇集体所有制企业条例》的有关规定，集体企业财产及其合法权益受国家法律保护，拒绝任何形式的平调，其厂长（经理）由企业职工（代表）大会选举或招聘产生。既然山西省产权事务中心界定南郊公司属于劳动者集体所有的集体企业，小店区乡镇局对南郊公司的接管和对公司总经理的任免是否合法有效，自不言而喻。

事情到了这一步，照理该有个结果了。可时至今日，法院的判决书仍没有下达。太原市中级人民法院行政庭的同志告诉记者，此案庭审早已结束，法院审判委员会两次研究并有了具体意见。因为这起案件影响大，市里有关领导同志作过批示，法院于今年6月将案件审理意见报到太原市政法委，但政法委一直没有答复。当记者采访市政法委时，一位负责同志说他们收到了法院的报告，但对为何未作答复没有正面回答。《中华人民共和国行政诉讼法》第五十七条规定：人民法院应当在立案之日起三个月内作出第一审判决。有特殊情况需要延长的，由高级人民法院批准。南郊公司行政诉讼案的立案时间是1998年9月2日，此案目前已严重超期。而南郊公司却在苦苦等待结果中一直停业，经济损失惨重。

【例文3】

## 我国家庭教育指导服务现状调查报告

一、研究背景

（一）家长需要科学的家庭教育指导服务

现代社会是人才竞争的社会，加之我国现行的人口计划生育政策，家长们普遍非常重视家庭教育，但是繁忙的工作占据了父母大量的时间和精力，很多家长对于儿童发展、家庭教育知识了解较少，迫切需要专业化、系统化的家庭教育指导。

（二）从业者需要专业的家庭教育指导培训

目前中小学、幼儿园家长学校不断巩固加强，城乡社区家庭教育指导中心和服务站点也在不断增加，从事家庭教育指导服务的人员规模增大。但从总体上看，家庭教育指导者队伍专业化程度较低，需要专业的系统化培训来保证家庭教育指导服务的质量。

（三）家庭教育指导服务市场和队伍亟须管理和规范

随着整个社会日益重视家庭教育，对于科学规范的家庭教育指导服务的需求也日益增加。当前社会上出现了很多市场化的家庭教育指导服务机构，这些机构发展良莠不齐，家庭教育指导服务市场和队伍亟须规范。

（四）政府重视家庭教育指导服务工作，政策中明确提出“构建基本覆盖城乡的家庭教育指导服务体系”

2011 年颁布的《中国儿童发展纲要（2011－2020 年）》提出要将家庭教育指导服务纳入城乡公共服务体系。这一提法对政府在家庭教育工作中的角色有了更高要求，使家庭教育指导服务有了持续发展的基础和动力。全国妇联等七部委联合发布的《关于指导推进家庭教育的五年规划（2011－2015 年）》将构建基本覆盖城乡的家庭教育指导服务体系，推进完善基本的家庭教育公共服务，提升家庭教育科学研究和指导服务水平作为推进家庭教育工作的总体目标。

二、调查方案与实施情况

（一）调查内容

调查内容包括两部分：家庭教育指导服务实施情况和家庭教育指导服务的实施环境。

家庭教育指导服务实施情况的调查包括对家庭教育指导服务实施机构中管理者、指导者、家长的调查。调查内容包括：各人群的基本情况；管理、开展及接受家庭教育指导服务的情况；家长对家庭教育指导服务的需求；管理者和指导者的设想和建议等。

家庭教育指导服务实施环境的调查是通过对指导服务工作中涉及的机构调查进行的。调查内容包括：管理体制机制情况、各类指导服务机构的基本状况、人员队伍、人才培养、科学研究、政策与经费保障等情况。

（二）调查对象

家庭教育指导服务实施情况的调查对象是我国基层家庭教育指导服务实施机构的管理者、指导服务者和接受指导服务的 1－3 岁儿童家长和 3 岁以上儿童家长。

家庭教育管理机构主要是妇联、教育行政部门等对家庭教育工作进行部署、规划、管理、监督的机构。

公办家庭教育指导服务实施机构指从事具体家庭教育指导活动的机构，包括各级各类家长学校、家庭教育指导服务中心等。

调查中涉及的家庭教育指导服务机构还包括：研究机构、学术团体、培训机构、民办家庭教育普及推广机构、指导服务平台及产品等。

（三）调查方法

1. 抽样调查

(1) 家庭教育管理机构调查

问卷调查部分包括江苏、广西、重庆、天津、上海、山东、贵州、广东、北京、云南、山西、河南12个省（自治区、直辖市）的省级妇联家庭教育管理机构。

(2) 公办家庭教育指导服务实施机构调查

家庭教育指导服务机构调查采取抽样调查方法，在东、中、西部各选两个省（直辖市），每个省选取3个不同发展水平的市，每个市选取3个不同发展水平的区县进行调查；其中直辖市选取4个区县进行调查。样本包括：5个省级行政单位，15个地市级行政单位，45个县区级行政单位；1个直辖市及辖区内的4个区县。参与调查的六个省市分别是江苏、山东、河南、山西、广西、重庆。

调查中的家庭教育指导服务机构分为两类：家庭教育指导服务中心和家长学校。其中家庭教育指导服务中心为省、市、县三级家庭教育指导服务中心；家长学校是指开展"家庭教育指导服务"的社区（街道、村）家长学校、幼儿园家长学校、小学家长学校、中学家长学校。

计划抽样样本包括：72所家庭教育指导服务中心和408所家长学校，由每个机构的负责人填写家庭教育指导服务机构问卷。

指导服务机构调查基本按方案实施，剔出无效问卷后，最终进入统计程序的有效问卷348份。

(3) 家庭教育指导服务实施情况调查

根据调查对象的不同，设计了四种问卷，分别是：《1－3岁婴幼儿母亲问卷》《3－18岁儿童家长问卷》《家庭教育指导者问卷》《家庭教育管理者问卷》。

在抽取到的家庭教育指导服务机构中进行调查，每个机构选1名分管家庭教育指导服务工作的领导，由其填写家庭教育管理者问卷，选4名指导者填写家庭教育指导者问卷，从社区（街道、村）中抽取的家长（母亲）填写1－3岁婴幼儿母亲问卷，从幼儿园、中小学抽取的家长填写3岁以上儿童家长问卷。计划抽样样本包括：480个家庭教育指导服务机构的家庭教育指导服务管理者480人、家庭教育指导服务人员1920人、家长人数20000左右。

调查完成后，剔出无效问卷，6省市进入统计程序的有效问卷：《1－3岁婴幼儿母亲问卷》1897份；《3－18岁儿童家长问卷》13873份；《家庭教育指导者问卷》1772份；《家庭教育管理者问卷》439份。

2. 典型调查

典型调查部分包括对不同类型的家庭教育相关机构的案例研究和访谈。其中包括教育系统推进家庭教育指导服务情况、区域推进家庭教育指导服务情况、研究机构、学术团体、培训机构、社会组织、网络远程教育平台等。

三、现状与特点

（一）管理体制与机制：绝大多数省市自治区都建立了省一级家庭教育协调机构，大部分机构的领导由妇联系统领导担任

2012 年《关于指导推进家庭教育的五年规划（2011－2015 年）》保障措施中提出：“健全家庭教育工作领导管理体制，积极推进建立由各级党政领导牵头负责，妇联、教育、文明办、卫生、民政、人口计生、关工委等有关部门共同参与的协调领导体制。”在对 12 省（自治区、直辖市）的省级妇联管理机构问卷中，涉及了省级家庭教育协调机构和工作机构情况，12 个省（自治区、直辖市）的调查数据显示，各省都建有家庭教育工作领导小组等协调机构，省级协调机构第一负责人是省政府或省委领导的有 4 个，是妇联领导的有 8 个，常务负责人是妇联领导的有 11 个；日常办事机构设在妇联的有 12 个。可见大多数省份都建立了家庭教育协调机构，并且大部分机构的领导由妇联系统领导担任，业务工作由妇联负责。

（二）机构设置：形成了以家长学校为主体，多种类型指导服务机构共同参与的机构配置格局

家庭教育指导服务机构是整个指导服务体系的基础，通过不同类型的家庭教育指导服务机构，开展规范化、常态化的家庭教育指导服务活动，扩大家庭教育指导服务覆盖率，能够提升家长素质，提高家庭教育质量。从事家庭教育指导活动的机构，包括各级各类家长学校、家庭教育指导服务中心、社会组织等。

本次调查的教育行政部门主管的家长学校占指导服务机构总数的一半以上，家长学校是家长接受指导和指导者实施指导的主要渠道。同时，调查显示，12 个省（自治区、直辖市）中有 10 个建立了省级家庭教育指导中心，均由妇联主管，其中 3 个是独立的法人单位；5 个省有专职工作人员；4 个省 2011 年有专项活动经费；1 个省有独立的办公地点。可见，大部分省都建立了省级家庭教育指导中心，对于落实家庭教育指导服务工作提供了有力保障。

（三）人员队伍：基本形成了一支以机构内兼职为主、有较好学历背景的年轻队伍

对指导服务实施机构的调查显示，一般机构内专职指导服务人员为 1 人、兼职指导服务人员为 6 人。指导者学历不低，80% 为大专及以上学历，且队伍比较年轻，上世纪七八十年代出生的人员比率占 81.2%；管理者多数为单位负责人，将近九成的人表示有余力承担组织管理工作。

（四）人才培养：多数人员能通过多种渠道接受培训

对管理机构的调查显示，2011 年在被调查的 12 个省中有 11 个省组织了指导者培训，

平均全年2.7次。对实施机构的调查显示，有89.9%的指导服务人员接受了在职培训，其中有53.8%的指导服务人员在职学习方式以“自学为主”，比例最高；以“自己办的培训班”和“专业系统培训”为培训方式的比例分别是18.5%和17.6%。

（五）学科建设：学术团体和研究机构在行业中发挥着积极的引领作用

成立了如中国家庭教育学会、中国教育学会家庭教育专业委员会等具有较大影响力的学术社团，以及建立了如上海市家庭教育研究中心等具有较强研究实力的家庭教育研究机构。以这些机构和团体为引领，形成了一批如《全国家庭教育指导大纲》《家长教育学》等研究成果，多次召开了如“加强家庭教育学科建设研讨会”“中国家庭教育论坛”等学术交流活动，与此同时，中国家庭教育学会于“十五”“十一五”“十二五”期间设立家庭教育立项研究课题数百项，推动了全国家庭教育研究氛围的形成。

（六）经费：家庭教育工作经费逐步落实，绝大多数省妇联家庭教育工作经费纳入政府财政预算

家庭教育工作经费逐步落实，到2012年，90%以上的省妇联家庭教育工作经费纳入政府财政预算，多数省有专项经费和自筹经费。对指导服务实施机构的调查显示，2011年开展家庭教育指导服务的经费平均为1.81万元；2012年开展家庭教育指导服务的预算经费平均为2.15万元。

（七）政策：家庭教育政策不断完备

《中国儿童发展纲要（2011－2020年）》“儿童与社会环境”中提出家庭教育的工作目标是：“适应城乡发展的家庭教育指导服务体系基本建成”，“儿童家长素质提升，家庭教育水平提高”。策略措施是“将家庭教育指导服务纳入城乡公共服务体系。普遍建立各级家庭教育指导机构，90%的城市社区和80%的行政村建立家长学校或家庭教育指导服务点”。国家七部委颁布的《关于指导推进家庭教育的五年规划（2011－2015年）》更把目标具体化，无论从高度、广度、深度上较之以往的规划都有了实质性的进步。可见政府对家庭教育指导服务工作重视，政策措施也较完备，最重要的就是落到实处。

（八）指导服务：“个性化指导”成为我国家庭教育指导服务的趋势，家长对互动、参与的需求增强

指导服务对象。(1) 家长的情况。独生子女父母在低幼儿童中涌现，比率已经达37.2%；父母的学历层次和职业层次上升；对孩子影响的大小依次为母亲、父母和祖辈，随年龄段的升高父亲的影响在加大。(2) 家庭的情况。家庭结构类型以核心家庭和主干家庭为主，各年龄段核心家庭比率均超过主干家庭，随年龄段升高核心家庭比率呈上升趋势。

指导的渠道。(1) 对学校渠道来说，无论是家长的接受率和指导者指导率都超过50%，是主要渠道；同时，无论是家长的期望率还是指导者的理想率都有明显下降，但仍是主要渠道。(2) 对社会专业指导机构来说，现实的家长接受率和指导者指导率都不高，不超过10%；但家长的期望率和指导者的理想率有大幅度的提升，反映了家长对家

庭教育指导服务的“专业性”要求。

指导的内容。(1)“相应年龄段家庭教育的易发问题”仍然是家庭教育指导服务的主要内容；家长对“个别特殊问题”的指导期望率则明显上升。(2)对“各年龄段儿童易发问题”的指导中，指导者的关注重心指向“道德品质问题”的内容，反映的是将德育列为家庭教育主要目标的社会主流要求；而家长对儿童“情绪情感问题”的指导期望率明显提高，反映了家长对家庭教育面临问题的关注重心已经深入到孩子中的情感领域。(3)在“理论知识”内容中，指导者倾向以普及“儿童发展规律和年龄特点”为重点；家长期盼将“家庭教育”纳入学校“家长会”内容。(4)在“教育素质”中，无论是现实还是期望，家长和指导者对提高家长“教育能力和方法”水平的关注，远远超过更新“教育观念”和改善“教养态度”，反映了家长对家庭教育指导服务“实效性”的一种追求。(5)在“教育观念”中，家长最关心“成才观”的指导；指导者最重视“儿童观”的指导。变化最大的是：家长对“亲子观”指导的期望接受率开始明显上升，反映了家长对“家庭教育”核心问题认识的提高。(6)在“教育态度”中，家长对如何“正确处理情感与理智关系”的期望指导率大幅度提升，反映了家长已经开始关注“关爱”和“管教”两者之间的综合关系。(7)在“教育方法”中，家长对“言教、身教和环境教育”方法的期望指导率比现实接受率有大幅度提升，这种变化反映了家长对自身言行的榜样作用和环境氛围的潜移默化作用认识的提高。

指导的形式。(1)家长对“个别指导”期望接受率提升，是家长呼唤“个性化指导”的反映。(2)在“个别指导”形式中，家长与指导者对“家庭访问”和“个别咨询”的期望接受率明显上升。(3)在“集体指导”活动中，“讲座报告”和“亲子活动指导”仍然是主要的两种形式。集体性指导活动的发展趋势是：家长对单向性指导的讲座报告类的需求有所减弱；服务性明显的亲子活动指导有所增强；体现家长主体作用的讨论类指导活动具有广阔的发展前景。(4)“网络指导”的发展趋势是家长与指导者之间和家长与家长之间的“网络互动”将取代“网络查询”，成为“网络指导”的主要形式。

四、问题与分析

(一)管理体制与机制：政府角色有待加强，协调机构能力有待提高

统筹全局的领导机构是开展家庭教育指导服务工作的重要保障。《中国儿童发展纲要(2011－2020年)》提出“将家庭教育指导服务纳入城乡公共服务体系”，城乡公共服务体系的建立是政府行为，家庭教育指导服务体系的构建也应当是政府责任，应由政府进行规划和投入，购买相应服务。但是目前来看，12个省的调查数据显示，各省虽都建有家庭教育工作领导小组等协调机构，第一负责人是省政府或省委领导的只有4个，常务负责人都是妇联领导，日常工作机构都在妇联，政府部门在其中发挥的作用有限，而妇联作为社会群众团体，要协调相关政府部门开展家庭教育指导工作，在实际工作中还存在很多困难。从目前妇联自身的情况来看，12个省妇联中11个省没有独立的家庭

教育工作机构，家庭教育工作只是儿童部的一部分职能，3个省没有专职人员，最多4人，平均只有1.6人；从家庭教育经费来看，2012年妇联自身的工作经费占到全部支出的38.7%，课题、活动和下拨经费微乎其微；从调查反映的家庭教育工作内容来看，多数省妇联只掌握妇联系统自身的情况，而对其他系统和社会机构的情况知之甚少，暴露出妇联“牵头”家庭教育工作在人力、财力、协调能力等方面的缺陷。家庭教育指导服务工作要想取得长足的发展，政府必须承担相应责任，才能真正做到把家庭教育指导服务工作纳入城乡公共服务体系。

（二）机构设置：机构配置不尽完善

完善而高效的执行机构是家庭教育指导服务工作开展的有力保障。无论是卫生系统还是教育系统，都有完备的自上而下的政府工作机构，有医院、学校等实体为公众提供具体的医疗、教育服务，而家庭教育指导服务工作的开展目前还不具备这种条件。很多地区家长学校和家教指导中心主要建在省、市（区）两级，广大农村地区的县（区）、乡镇家庭教育指导站，尚没有完全配备。家庭教育指导服务机构存在有些功能重复而有些功能不足、有些信息泛滥有些信息空白、有些人群重复接受教育有些人群却被忽视的情况，需要进行系统规划。

（三）人员队伍：“专业、专职”人员不足，“新手”居多

从管理机构到实施机构，“专业、专职人员不足”均构成了存在的重要问题。在管理机构的调研中某省反映：“省内近一半的区县妇联儿童部没有独立人员编制，儿童部工作由区县妇儿工委办人员兼职，经常是一个工作人员除承担家庭教育工作外，还要承担全区儿童工作及全区妇女、儿童规划的起草、制定、协调、督促、评估等项工作，专职人员不足状况严重制约了各项工作的深入开展。”从指导服务实施机构的调研看，同样发现有48.7%的机构无专职指导服务人员。

与此同时，调研发现人员队伍以“新手”居多。对实施机构的调研发现：管理者承担家庭教育指导的组织管理工作年限不长，近60%不超过10年；指导者从业时间不超过6年的达71.3%。

（四）人才培养：培训体系尚不健全

指导服务人员大多数是以自学方式进行继续学习的，仅有三分之一的指导服务人员可以接受外界提供的继续教育。从师资培训机构看，超过四分之一的地区没有师资培训机构，在现有的培训机构中以“其他公办教育机构”最多，比例为31.9%，此外，培训机构散落在机关、大学、科研机构、民办教育机构、学术团体、其他企事业单位和其他机构，比例基本不及10%。从总体上看，无论是妇联系统组织的培训还是民办社会机构提供的培训，基本上都是短期培训班，没有规定的教材和固定的师资队伍，没有系统的家庭教育理论培训。

（五）学科建设：研究队伍、理论体系尚未形成

从全国整体研究情况来看，存在一定的缺陷：一是家庭教育研究滞后，不足以适应

不断变化的社会现实和不断增长的家长的需求；二是缺乏系统性、连续性和对家庭教育问题的深入探讨；三是研究过于务实，以致以科学的家庭教育理论为基础的主流的声音在家庭教育指导领域的有效传播还有太多的欠缺，许多人热衷的家庭教育指导看似枝繁叶茂却没有理论根基，成了“无本之木”。本次对实施机构的调研也发现，研究人员的比例明显少于其他人员，“科学研究”是家庭教育指导服务人员最少从事的工作，有近一半的指导服务机构五年来没有开展过家庭教育科研，有82.1%的机构没有和大学或科研机构合作开展过课题研究。

（六）经费：开展家庭教育指导服务的经费不足，基层经费来源以自筹为主

尽管12个省中绝大多数省的家庭教育专项经费纳入财政预算，但2011年超百万的只有2个省，按本省未成年人平均计算，除上海外其他省人均均不足1元。从总体上看，家庭教育经费中用于日常工作经费的支出最多，占全部支出的36.1%。

从基层经费来源看，需要自筹的经费接近所有家庭教育指导服务经费的六成。从经费的增长情况来看，2012年与2011年相比，有62%的机构经费无增长。

（七）政策：专项政策较少，保障性政策不足

虽然我国对于促进家庭教育工作连续出台了《全国家庭教育工作“十五”计划》，《全国家庭教育工作“十一五”规划》，《关于指导推进家庭教育的五年规划（2011－2015年）》，在三个《中国儿童发展纲要》中也涉及家庭教育内容，但是在这次调查中“缺少政策支持和主管部门”也是被提及较多的问题。

问卷调查中发现，在家庭教育指导服务机构所参照的家庭教育政策中，规定最多的内容是“指导服务的对象与目标、内容等指导服务标准”，其次是“指导服务的实施主体及职责”，“指导服务组织管理协调机构及其职能”。而对“指导服务的人员队伍的资质与培养”的规定则较少，特别是对于“监督制度”“经费、设施、场所保障制度”“指导服务机构的准入制度”及“其他”的规定更少。也就是说，在当前的家庭教育政策中，对于“由谁来做什么”规定较多，但对于“怎样达到目标”规定较少，保障方面的政策措施有待加强。

（八）指导服务：现实指导服务状况与家长期盼之间还有一定差距

从现实和理想的指导服务情况来看，一些现行的指导服务渠道、内容、形式已经不能满足家长的需要。如，从指导服务渠道看，社会专业机构能够提供给家长的服务尚不多，家长对学校的期望率下降而对社会专业指导机构期望率上升；从指导服务内容看，家长接受“个别特殊问题”指导的比例最低，但家长对这一指导内容的期望率明显上升；对“家庭访问”和“个别咨询”的指导形式的期望率也大幅度提升。

五、对策与建议

（一）管理体制与机制：保基本政策与普惠型服务体系建设，建良性工作机制

“将家庭教育指导服务纳入城乡公共服务体系”的关键在于政府。家庭教育指导服务作为一种公共服务，其提供主体应是政府。政府应推进家庭教育立法，完善基本政

策，落实相关规定，“为城乡家庭提供普惠性的家庭教育指导服务”。

要建立自上而下、覆盖方方面面、整合社会各种资源的良性工作运行机制、监督考评机制、受众反馈机制，理顺供给机制，发挥政府、市场、社会的共同力量，扎实推进家庭教育事业发展。

（二）机构设置：理顺供给机制，建立多元供给模式

家庭教育指导服务机构是家庭教育指导服务体系的根基，要加大人、财、物投入，充分发挥现有建立的家长学校、家庭教育指导服务中心的功能，同时依托社区服务中心、妇女之家、儿童活动中心等公共服务阵地，为不同年龄段的儿童及其家庭提供家教指导及关爱帮扶，建立家庭教育指导服务的多元供给模式。

在创新社会管理的新形势下，要充分发挥社会组织的作用，探索多样化的政府与社会组织的合作方式，为家长和儿童提供切实有效的指导与服务。

（三）人员队伍：注重队伍梯队建设，提高人员专业素质

全面做好工作队伍与专业队伍建设。管理队伍逐步做到定编、定岗。并从实际出发建设具有较强专业知识基础的专家队伍、讲师团队伍、志愿者队伍等，重视对指导人员数量、质量和指导实效性的管理。进一步完善培养培训体系，做好培养培训规划，不断提高家教指导机构教师专业水平和教学能力。通过研修培训、学术交流、项目资助等方式，尽快造就一批家庭教育专业人才。创新教师补充机制，完善制度政策，吸引更多优秀人才从事家庭教育的研究和教学。有条件的地区可以尝试和师范院校合作，定向培养家庭教育类人才。

（四）人才培养：搭建正规化培训平台，培养符合时代要求的复合型人才

在稳步增加师资培训机构的同时，特别要加强培训体制建设、统筹规划、夯实基础。争取政府投入、整合全国优秀师资力量、建立课程体系、建立长效培训平台。成立国家级家庭教育专业机构，并成立地区推展机构，由专业机构确定亲职教育的内容与范围、专业人员的甄选与培训、志愿者的甄选与训练等。以培训带动研究、建立队伍、规范市场。发展跨学科的专业基础，培养资源整合能力，体现时代新特点、新要求。

（五）学科建设：发挥大学和科研机构的作用，搭建合作研究平台

在过去的20年里，“推进师范院校等高校发展家庭教育专业”的政策一直进展缓慢。而构建我国家庭教育指导体系，需要家庭教育作为一门科学的学科建设做基础，在基本理论方面形成独立的话语体系，在人才队伍方面实现专业化，唯此才有可能在指导和服务中把握正确的方向，解释和解决家庭教育实践中的种种问题。

发挥大学和科研机构的作用，促成合作共同体的建立，需要理论工作者和实践工作者结合起来，搭建合作平台、学术研究平台，打破目前的局限性，形成研究氛围，提升理论研究层次，为学科建设打下基础。

（六）经费：落实经费政策，加强经费管理

我国家庭教育工作“五年规划”规定：“将家庭教育工作经费和事业发展经费纳入

地方财政预算，并逐年有所提高；每年有家庭教育工作专项经费；多渠道筹集家庭教育资金。”要增强经费政策的约束力，各级政府要优化财政支出结构，统筹各项收入，把家庭教育作为财政支出重点领域予以保障。要将家庭教育工作纳入地方财政预算，设立专项经费。在管理政策到位的情况下，多渠道筹措经费，鼓励和引导社会力量捐资、出资创办各类家庭教育指导服务机构；允许对一些服务项目适当收费，用以支持公益性服务项目发展。对于广大农村、边远贫困地区、民族地区家庭教育的发展，中央财政应该通过加大转移支付等方式给予重点支持。加强经费管理。建立科学化、精细化的经费管理体制。科学编制预算，提高经费利用效率。家长学校和其他家教指导机构要完善经费使用内部考核和控制制度，妇联和其他管理部门也要加强对家长学校经费使用的监督，确保经费使用规范、安全、有效。

（七）政策：完善政策，加强落实

政策要强化政府在整个家庭教育工作中的责任和职能，对相关部门的责、权、利要做出明确规定。我国没有独立的家庭教育工作管理机构，在推进社会管理创新的新形势下，要进一步建立和健全党政领导、妇联与教育行政部门协调指导的工作机制，明确分工，对人、财、物等资源进行合理分配。建立完善的评价考核机制，确保家庭教育指导服务工作各项目标落到实处。

目前政策中缺乏对人员资质、指导服务标准、机构准入制度等方面的规定。应尽快出台相关政策，并配以相应的培训、考核、经费保障等措施，加强管理，促进家庭教育事业良性发展。

（八）指导服务：重视新时期我国家庭教育指导服务的发展和变化

对指导服务对象与队伍的建议：重视社会转型期我国家庭教育指导服务对象和指导服务队伍的发展和变化。当前，特别要注意研究并处理好孩子是否独生子女和所在年龄段，家长的出生年代、是否独生父母和学历层次，家庭的结构类型和收支状况以及孩子的主要带养人等家庭因素对家庭教育和家长参与家庭教育指导服务的影响，揭示它们之间规律性的联系，为个性化指导服务提供依据。

对指导服务渠道的建议：（1）继续发挥幼儿园、中小学等学校在家庭教育指导服务中的主渠道作用；（2）鼓励、扶持、引导社会专业指导服务机构的创建和完善；（3）提高各类指导渠道的家庭教育指导服务的“专业性”含量，满足广大家长对家庭教育指导服务工作的专业性、高水平、规范化的期盼。

对指导服务内容的建议：（1）对学校每学期举行的两次常规的家长会进行内容上的改革，在注意对家长介绍学校教育和学生在校表现，提供学生身心发展规律和年龄特点知识的同时，向家长介绍家庭教育的有关知识和方法。（2）在家庭教育专题指导中，继续以“各年龄段家庭教育易发问题”为主要内容，同时要针对不同类别对象在家庭教育中存在的不同问题和不同需要，进行内容上的分类指导。（3）在针对孩子存在的问题进行指导时，应该突出家庭德育指导，同时应重视儿童成长中出现的情绪情感等心理问题，加强家庭心理健康教育指导。(4) 在提高家长教育素质方面，应该坚持以更新家长教育观念为指导工作核心，重视引导家长端正对孩子的教养态度，同时要注意将提高家长教育素质落实到提升家长的教育能力上来。(5) 在更新家长教育观念上，要在重视对家长进行“儿童观”和“成才观”指导的同时，加强对家长进行“亲子观”的指导，引导家长将建立健康的、和谐的亲子关系作为家庭教育的重要目标。(6) 在教养态度的指导上，在分别进行“适度关爱”和“适当管教”指导的基础上，进一步引导家长关注“关爱”与“管教”的关系，引导家长在对待孩子的问题时“正确处理情感与理智的关系”。(7) 在家庭教育方法上，注意引导家长提高对自身言行的榜样作用和环境氛围的潜移默化作用的认识，对家庭环境对孩子的隐性教育作用的认识。

对指导服务形式的建议：(1) 在“个别指导”“集体指导”“文字音像指导”和“网络指导”等四类基本指导形式中，坚持以集体指导和个别指导为主要指导形式，重视网络指导的发展，满足家长对个性化指导的需求。(2) 在“在校接待”“手机便条”“家庭访问”和“个别咨询”四类个别指导形式中，注意发挥“家庭访问”和“个别咨询”的指导作用，满足家长的实际需要。(3) 在“讲座报告”“讨论辨析”和“亲子活动指导”等三类集体指导活动中，继续以“讲座报告”和“亲子活动指导”为主要形式，同时注意在“讨论辨析”活动中增强家长的参与意识和发挥家长的主体作用。(4) 重视网络指导，在发挥网络查询的自学作用之外，注意引导家长在网络平台上通过沟通和互动，更新家长的教育观念、端正家长的教养态度、提高家庭教育的能力，改善家庭教育的行为。

## 四、操作训练

阅读下列材料，根据要求作答。

**材料1：**①2010年中央“一号文件”提出，采取有针对性的措施，着力解决新生代农民工问题。这是中央文件第一次明确提出“新生代农民工”的概念。新生代农民工，也被称为“农民工二代”，他们目前占到农民工总数的60%，大约1亿人。

②温家宝总理于2010年2月27日下午来到新华网访谈室，接受中国政府网和新华网的联合专访，与海内外网友在线交流。在回答网友提出的国家将出台哪些措施来应对新生代农民工的问题时，温总理表示，作为新生代的农民工，主要是指80后的，或者说是老农民工的第二代。有人说，农民工可以改一个称呼了，其实这只是一个现象，其实质是现代产业工人队伍的主体已经是农民工。大家可以看，从采矿、钢铁，到纺织，到运输，到城市的清洁工甚至到若干服务岗位上的农民工，他们已经成为工人的主体了。我们城市建设的高楼大厦，我们城市能够正常运转，人们生活能够安心，是同他们的努力分不开的。

温总理说，这里提到新生代农民工的问题，他们比老一代的农民工还有一些特殊的困难。主要是：第一，他们许多生在城市，在农村没有土地，也就是说没有生产资料；

第二，他们长期在城市生活，对农业生产也不熟悉；第三，他们许多人没有解决户籍问题。因此，他们的恋爱、结婚，以至将来子女上学等一系列问题都需要妥善加以解决。温总理说，对新生代农民工要给予高度的重视，因为他们逐渐地要代替老一代农民工。温总理表示，新生代农民工的症结问题就是户籍。政府今后要推进户籍制度改革，让那些长期在城市生活和工作，并具备一定条件的农民工融入城市。

③ 近几年，农民工队伍中出现了一个新群体，就是上世纪90年代后出生的农民工，当然，模糊一点，也包含80年代末出生的，可统称为“90后”，他们算是第三代农民工。最近几年新增加的农民工主要是这部分人，他们基本是进城打工，估计有4000万人左右。

“90后”农民工有别于前两代农民工的主要特点是：新一代农民工受现代开放社会影响，已经具有了朴素的但有时又有些盲目的平等和民主的观念，对城乡差距、一城两制现象不认同。他们要求和城里人一样平等就业、平等享受公共服务，甚至得到平等的政治权利。现在开始增多的劳资矛盾以及农民工维权的呼声和事件，无不与此有关。

**材料2**：2010年2月1日央视《新闻1+1》栏目《我们要进城》文稿摘录：

主持人（李小萌）：新生代农民工已经不是个新话题了，但是今年在“中央一号”文件当中，它第一次被提到。今天我们就来关注他们，关心他们。

新生代农民工大多出生于80年代、90年代，这是从年龄上对他们进行一个界定。那么和父辈，他们本质上的区别究竟有什么？听听岩松的观点。

白岩松（评论员）：从年龄上来看，大多20到30岁之间，跟父辈很重要的一点是父辈是第一批进城的，过去没有，所以《陈奂生进城》那部小说会在80年代引起那么大的轰动。因为他们一进入城市的时候，想的还是自己的老母亲、老父亲和自己的孩子。所以，他们的就业是生存型就业。

主持人：省吃俭用，钱要寄回去。

白岩松：省吃俭用，吃一切能吃的苦，因为吃苦吃惯了。但是80后和90后的新生代的农民工，一出生就在改革之后，对城市并不遥远，那么从父母那儿得到很多的信息，甚至礼品，过年带回来的东西；要么在城市里待过一段时间，另外几乎不会种地。还有很重要的一点，由于国家对义务教育的关注以及希望工程的重要补充，他们基本上初中毕业，甚至有相当一部分人高中毕业，因此有一定的文化。另外，在精神的需求方面，远远超过他们的父母，他们进城就业已经变成了发展型就业，主要为自己。相对来说，没有像父辈那样更多地考虑放在农村的家里头，精神需求又很大，另外对公平格外地在意了。

主持人：怎么理解“对公平格外地在意了？”

白岩松：因为当初他们的父辈进入城市的时候，由于是生计型的就业，所以只要是能挣着钱什么苦都能吃。这种苦包括歧视，包括即使有很多门槛，甚至他认为天经地义的：我好像就是不能有户口，不能有户籍，我好像就是要拿低工资……

但是这一代人不同了，新生代农民工天然开始有了一种公平的需求。他觉得，我也应该有这样的一个空间。有一个数字显示，新生代里头，手机的拥有比例高达72.9%，绝大多数通讯方式都很现代化。他们对通讯是相当了解的，因此对公平有很高的期待。

主持人：我们看到了新生代农民工的生活当中是有一定的困境的，接下来我们要探讨的是为他们我们将能做些什么，我们能改变一些什么？

白岩松：生活在城市，却难以获得作为一个市民的权利，这就是他们的困局。第一代农民工如此，第二代农民工同样如此。不同的是，农民工二代在行为方式上已经迥异于他们的父辈。

去年，两位河南小伙子的惊人之举，让人们见识到了80后农民工维权意识的觉醒。孙中界，在上海打工第二天遭遇"钓鱼执法"愤而"断指明志"；张海超开胸验肺以证明自己是在工作过程中患上尘肺病。他们的名字都被新华社选入了"2009热点人物扫描"。

事实上，就业、求学、维权的艰难背后都是横亘在城乡之间的户籍障碍。尽管一些城市已经尝试着放开了户籍限制，然而对于数量庞大的农民工群体来说，供需之间的矛盾依然巨大。于是，融入城市的渴望也就以不同的面目显示出来。

曾在网上火了一阵的湖北80后农民工万小刀，他的几篇文章《坚决不娶城市女》《做市民不如做农民》《农村学生千万别读大学》，极力炮轰城里人。然而，如果跳出这几篇用语极端的文章，仔细阅读他的博客你会发现，这个80后农民工和其他城里的同龄人一样知道韩寒，甚至海德格尔，熟悉当下各种流行用语，对时代有着自己独特的看法。

据了解过的记者说，万小刀是个充满矛盾的人，他带着复杂的情感来到城市，始终不适应城市，却也始终不肯离开。他用博客炮轰城市人，但面对城市人，他却是自卑的。像城里人一样工作、上学，有城里的朋友，被城里人尊重，这就是新生代农民工的愿望。2010年"中央一号"文件提出的采取有针对性的措施，着力解决新生代农民工问题，回应着这样的需求。

主持人：这些年，都在说要打破城乡二元结构，解决农民工在城市当中各种保障的问题，子女就业问题、子女就学的问题等等，但似乎并不那么容易？

白岩松：关注是一个问题，真正落实了、已经彻底解决了是另一个问题。的确，关注度够高的。今天上午我们专门听了中央农村工作领导小组副组长、中农办主任陈锡文的新闻发布会。其中有很关键的一句话：我们还没有做好相关的准备。什么相关的准备没有做好呢？是口号吗？是大家的心态吗？不是，是相关的政策，还有很多的墙拦在那儿。比如说户籍问题，指望他们都进大城市很难，可能要进中小城市，尤其以县城为主，但是这个户籍问题能解决吗？说是求学，将来他们的孩子要生在城市里了，第三代、第四代可能就是城市里头的人，他们怎么上学呢？是去郊区找一个农民工的学校，还是真的能跟其他孩子一起？另外，费用又会是怎么样的，公平怎么去解决呢？我觉得这一切都需要相关的政策尽快地接轨。否则的话，他们会面临很大的挑战。欲望越强烈，如果有墙遇到了阻碍，产生的反弹给他们的压力和痛苦就越大。

主持人：那么新生代农民工他们去向是不是只有一个方向，就是城市？比如我最近在四川采访，我也看到，在城市已经打工十年的70年代末的年轻人，他恰恰选择回到自己的家乡农村去创业。选择了养猪，选择了种植，因为那里提供了更好的条件。他给我算了一个账，以前在城市打工，一年可以挣一两万块钱，现在回到农村，既可以照顾家里的老小，一年还可以挣六七万块钱。

白岩松：但是很关键一点，他一定不是按照原来农村养猪的方式在养猪。

主持人：对，你说对了。

白岩松：他一定有一种现代农业的这样一个理念：拥有新的技术，包括可能更省体力，甚至雇佣其他的人为他的产业发展。现在有两个事情必须考虑，我不认为，新生代农民工将来是百分之百都要进入中小城市包括大中城市，这不可能。我觉得农村和城市都要有公平的政策和待遇，让他们自主地去做选择。

主持人：我们把报纸展示一下。

白岩松：是韩长赋写的。他说将来城市里头，可别形成如国外某些国家那样的贫民窟。他们进了城市里头，但是各种政策没有给予他们开放和公平的空间。他们只能在城市的乡村里生活，然后形成了一个贫民窟。这是他所担心的。

另一方面，农村要刺激他们愿意回来。不是让他们回来是因为在城市待不下去了，才不得不回来，而是有吸引力要回来。什么呢？将来的农业一定不是靠每一个人面朝黄土背朝天，可能是产业化的。就像刚才说的新型农业、养殖业等等。他回来之后一算账，我在城里辛辛苦苦，我还不跟爹妈在一块儿，挣的钱还比他们少，我干吗不回来呢？要用诱惑力吸引他们回来。可能我们现在更加关注的是进城如何给他们公平的待遇，但是如何在农村里产生吸引力，是一个硬币的两个方面。

主持人：新生代农民工，我们想到的是，在制度上、在政策上的改变，改变他们城市生活中的一个状态。但是在2010年一号文件当中，这样的一个概念被这么重要的提及了，对于更大范围的整个社会人群，对我们每一个人来讲，是不是都意味着某种改变？

白岩松：我觉得要做好迎接的准备，每个人都要做好迎接的准备。很具体，当你的孩子就跟新一代农民工的孩子在一个班，甚至同桌学习的时候，你会不会去找班主任要求调座。如果转换一种心态的话，你可能会感到高兴，他可以和这样的孩子在一起，可以去学到很多在城市学不到的东西。新生代农民工在成长中可能是留守儿童，突然到了城市里头，他们不像父辈那样能吃苦，有的时候会出现高犯罪率，这个时候社会怎么办？另外，他们的心理需求和精神需求更大。在他们这代人打工的时候，如何满足他们的心理、生理的需求以及精神方面的需求呢？如果还是白天机器人、晚上木头人，没有任何精神需求，他们会疯了的。所以这两点也要去注意。

材料3：下面节选的是媒体有关文章的部分事例（次序有所打乱）：

（1）来自湖南省怀化市洪江区的小廖，2003 年初中毕业后，南下开始了打工岁月。在工厂做过普工，做过商场售货员，辗转多份工作后，她决定参加技能培训，学习一技之长。2007 年前后，小廖参加职业培训，考取了服务业内的一个从业资格证书。2009 年通过深圳市“招调工”考试，终于结束了自己“深圳外来工”的身份，拥有了深圳市的户籍。由于自己的勤奋和努力，2008 年她开始成为“可颂坊”连锁店的店长。目前，她又报考了自考大专学历，要学的是行政管理专业。

（2）24 岁，湖南益阳，钟艳，身材高挑，面容姣好，打扮时尚，在外打工多年，辗转于深圳、长沙、上海，最初的村姑，时髦的新生代农民工，“一朵开放在大都市的山菊花”，上海一家酒店收银员，“工作不如之前在长沙轻松，但见识长了不少”。

（3）“原先工人找工作就是看工资高低，现在不但要问宿舍、食堂的环境，还要问工厂里有没有娱乐设施。”赐昱鞋业（深圳）有限公司工会负责人杨诗勇说。

（4）“K 歌、泡吧、上网、听歌、聊 QQ”，这是河南的一位 90 后对理想的打工生活的解读。“已经慢慢习惯了很多城里人的消费方式。”19 岁的何建玲说。她是何云山【见下（6）】的妹妹，现在在广东虎门一家服装厂工作，手机下载的是最流行的歌曲，她经常 K 歌、出游，和朋友一起消费时实行 AA 制。

（5）廖婉怡说：“以前在乡下没有什么娱乐，现在最喜欢和朋友一起去 K 歌和逛街买衣服。”她和何建玲对工作环境的要求都是少“物质”多“精神”：“老板和善，工友好相处”“环境宽松友好”“工作紧张但不要太累，业余时间有文娱活动”等。他们更在意的，似乎是环境带来的心理感受。

（6）三年前来到深圳龙岗打工的小孙，至今已经换了 10 多家企业，在现在的手袋厂工作不到半年时间，又准备跳槽。记者发现，像小孙这样频繁跳槽的新生代农民工并非少数，对于跳槽的原因，他们给出一个类似的答案：要“饭碗”更要有发展。23 岁的广东湛江小伙何云山，现在在东莞一家工厂做仓管，基本工资 1000 多元。一到休息日，他就到职业介绍所，有时也上网浏览人才网站。他对工资的要求并不高：“和现在薪水一样就行。就是想多尝试一些工作、多点见识。”

（7）来自广西玉林的廖婉怡，在东莞打工，每个月薪水 1500 多元。她平时不往家寄钱，“因为父母不需要”。她把大部分工资攒下，设想过几年回到玉林开间服装店。“我出来就是想长点见识，可不想一辈子打工。”廖婉怡每次逛街都会留意街上的小店，看看有什么新鲜花样。她说：“这里比我家乡时尚得多，回家开店时好多东西可以直接照搬。”

（8）“请问企业给交保险吗？用不用加班啊？”这经常是新生代农民工应聘者问的第一句话。24 岁的周维初中毕业后就外出打工，在广东工作已经 5 年了，先后干过销售、保安以及电子加工等。最近的一次工作经历是电子加工。因为经常要加班至半夜，他觉得自己的权益无法保障，于是“炒”了老板。“我对工资要求不高，月薪 1000 多元就行了，但不能总加班，能交各类保险的稳定工作最好。”

（9）去年受国际金融危机的影响，湖南桃源县的童方标所在的工厂好久未能发工资，他便向老板讨薪。父亲知道后大为紧张，不停打电话来劝他："算了吧，别惹事，别惹事！""我不会像父辈那样逆来顺受，我会主动维护自己的合法权益。"童方标说。

请以资料3所列举的事例为基本素材，联系其他给定资料，撰写一篇不少于1200字的微型调查报告。

要求：

（1）做到有叙有议，观点与材料相结合；切忌只是罗列事例、堆砌资料。

（2）文章标题自己拟制；正文应有简洁的序言和结语，主体按"价值观""择业观""生活观"三方面内容分成三个部分，并自拟小标题。（示例："价值观：追求自身价值的实现，维护自身合法权益"）

（3）要善于对给定资料中无序的事例按材料的性质进行归类，以便合理安排主体部分的内容；给定资料中有的事例只提供一些信息，需用自己的语言重新组织，有的过长的事例需要压缩，以适应篇幅的限制。

——摘自2010年安徽省公务员考试《申论》A卷

## 第四节　述职报告

### 一、述职报告的含义和特点

述职报告是领导干部依据自己的职务职责，向选举或任命机构、上级领导机关、主管部门以及本单位的干部群众，汇报自己在一定时期内履行岗位责任情况的书面报告，是干部管理考核的一种专用文体。述职报告具有以下特点：

（一）目的的明确性

在尊重客观事实的前提下，意在说明自己是称职的。

（二）内容的针对性

述职者需要根据自己的职务职责，述说在德、能、勤、绩等方面的表现。

（三）风格的严肃性

述职是一种十分严肃的公务活动，述职报告作为干部考核、评优、晋升的一个重要依据，要求述职者必须客观地陈述自己履行岗位职责的情形，不允许随意夸大事实，甚至于是虚构事实，更不允许刻意掩盖工作中的失误。

### 二、述职报告的写作范式

（一）标题

1. 单标题

职务 + 文种，如《××公司总经理述职报告》；

时间 + 文种，如《2013—2014 学年述职报告》；

文种名称做标题，如《我的述职报告》或《述职报告》。

2. 双标题

将内容的侧重点或主旨概括为一句话做标题，以年度和文种构成副标题。如：

《全心全意为老干部服务——2013 年度述职报告》

《努力抓好“菜篮子”和“米袋子”——我的述职报告》

（二）称谓

称谓要根据会议性质及听众对象而定，如“各位领导、代表”。称谓放在标题之下正文的开头，顶格书写。

（三）前言

述职报告的前言一般包括三个方面的内容：一是岗位职责，二是指导思想，三是概括评价。

前言要先声夺人，展现自己的才华。比如一名销售部门的经理的述职报告，其开头写道：

我从 2011 年 1 月起任华南地区销售经理，一年来，在上级的正确领导下，本人勤勤恳恳，严于律己，精于管理，圆满完成了公司下达的各项任务指标，使本销售地区的销售目标与利润目标双项达标。连续两年销售达成率都在 100% 以上。2011 年 12 月，本人所带领业务队伍还被公司营销本部授予“优秀团队”称号，受到了公司的隆重表彰……

（四）主体

原则：以事实和材料为依据，点面结合，找出规律。

1. 工作项目归类法

即把自己所做的工作按性质加以分类，如生产方面、销售方面、后勤方面等，一类作为一个层次依次进行阐述。

自己主持的工作和协助别人做的工作要分开写。

另外，对自己做出突出成绩的工作，有创造性、开拓性进展的工作要重点写，即在反映一般成绩时突出重点。一般性的工作，日常事务性工作要简单一点。

2. 内容分类集中式

这种形式是最常用的，一般分为：主要工作、成绩效益；经验教训、存在问题；今后拟采取的对策等。

（五）结尾和落款

最后一般要用模式化的结束语收束全文，常用的是“特此报告，请评议”“专此述职，请评议”。

结尾之后，要签署姓名和日期，写上“述职人：×××”，下一行写全年月日。

## 三、范文品读

### 述职报告

各位领导，同志们：

××年是“十五”计划的第一年，也是我受组织的委派，到××县国税局担任局长的第一年。按照组织原则，我应对××县国税工作负全面责任。一年来，我依靠市局和县委、县政府的正确领导，依靠县局“一班人”的密切配合，依靠全局干部的大力支持，在税收工作中努力实践“三个代表”，夺取了全县国税系统两个文明建设的双丰收。下面，我从五个方面向领导和同志们述职，请予评议。

一、坚定不移推进“三位一体”改革

我上任后的第一件大事，就是全县国税机构改革。推心置腹地讲，面对改革，我个人可以作出多种选择：迟搞、小搞、不伤筋骨地搞，可求得轻松做官；早搞、大搞、积极主动地搞，国税事业就能抢抓机遇，求得新的发展，但这样做，个人的命运则面临较大的风险。经过慎重抉择，我义无反顾地选择了后者。为了从总体上把握改革大方向，我抓了三件事：一是摸清实情。我带领人事股、办公室有关同志，深入调查研究，准确把握了县情、局情、人情。二是制订方案。经过周密筹划，我亲自参与制定了统揽全局改革的10个配套方案，上报市局，得到了认可。这些方案在实践中逐步完善，对全系统的“三位一体”改革起到了指导作用。三是组织实施。在方案实施过程中，我顶住了方方面面的压力，抓住精简分流、竞争上岗等关键环节，坚定不移地抓落实，推进了改革的整体进程。在改革过程中，自己虽然历经安危、荣辱、成败的考验，但抓住了机遇，赢得了主动，为进一步深化国税改革奠定了基础。

二、坚持不懈抓好各级班子建设

从上任的第一天起，我就注重各级班子建设，在县局班子自身建设上，通过落实《党组议事规则》以及《关于强化县局领导班子成员工作责任的决定》和《县局党组关于加强一把手监督管理的意见》等制度，对县局班子的思想、作风、纪律进行全方位约束。同时，在改进领导方法上，引导大家不断加强学习，努力提高领导艺术，进一步增强了县局班子的凝聚力和战斗力。在中层干部和分局班子建设上，以改革为契机，通过竞争上岗，调整干部80余人次，使年龄结构、知识结构、专业结构得到明显优化，大大提高了中层干部的整体素质。在一般干部的调配上，实行双向选择，共调整岗位300余人次，促进了人员合理流动，实现了人力资源的优化配置，特别是县局机关及一些重要岗位人员的整体素质明显改善。通过坚持不懈地加强各级班子建设，为全县国税事业的健康发展提供了强有力的组织保障。

三、精心组织税收业务工作

我努力学习应用马克思主义的系统论和方法论，提出了以打好“四大战役”为主线、精心组织实施税收工作大合唱的构想。一是科技兴税战役。6月初，召开全县税收信息化建设工作会议，对科技兴税战役的目标、任务和步骤作出了系统部署，并把推广应用ctais作为突破口，拉开了税收信息化建设的序幕。二是依法治税战役。9月初在所属的东宝分局召开了全县依法治税工作会议，并把该分局作为试点，以实行个体税收分类管理为重点，探索依法治税与税收征管的有机结合，经过本年试点，总结了一套操作性较强的运作模式，并在全县进行了推广。三是促产增税战役。10月中旬，召开了全县税收工作会议，以此为契机，在全县开展了服务经济的“十个一”工程，以外向型经济为重点推动税收结构不断优化，全县外向型经济实现税收比上年增长38%，成为拉动经济增长的新亮点。四是文明办税战役。以召开全县国税系统精神文明建设交流会为标志，提出以优化服务、文明办税、勤政廉政、提高工作效率为主要内容的工作要求，使全系统干部的精神面貌和工作作风有了明显的改善。“四大战役”的相继实施，构成了税收业务工作的完整体系，同时，使全局工作保持了思路清晰、主次分明、整体联动、协调推进、一以贯之的鲜明特点，体现了中长远目标和阶段目标的有机结合。

四、不断创新备项税务管理（略）

五、互融共进抓好勤政廉政建设（略）

回顾一年来的履职经历，我感到既充实，又欣慰。我和同志们一起并肩战斗，不仅增进了了解，沟通了感情，建立了友谊，也获得了许多有益的启示，工作能力也得到了一定的提高。概括起来，有三点启示：一是靠信念成就事业。我刚到任时，面对陌生的工作环境，确实感到担子重、压力大，但我有一个坚定的信念，就是相信组织上的正确领导，相信班子成员间的团结合作，相信绝大多数干部的正义感和责任感。凭着这种信念，我克服了工作上一个又一个困难，可以说，信念和毅力使我成就了一些事情，而在事业推进的过程中又进一步坚定了信念、磨炼了意志。二是靠工作统一思想。我深切感到，工作是统一思想的助推器，是协调关系的润滑油，是形成合力的凝结剂。回想我局一年来所作出的一系列重大决策，从机构人事改革中有关政策的制定解释，到事务管理上一些正常的工作分歧，每次大的决策前，方方面面总有一些不同的意见，但我们并没有把精力消耗在无谓的争论上，而是在工作实践中逐步加深认识，增进了解，很快就达成了共识，把各方面的积极性、创造性凝聚到了一起。三是靠个性谋求共识。在工作实践中，我努力学习运用马克思主义哲学的基本原理，科学处理共性与个性的关系，在充分尊重个性的基础上，让一些与共性无碍的个性健康发展，同时采取注重正确引导、提倡相互兼容等方式，使个性与共性协调发展，最终将消极因素逐步转化为积极因素，形成推动国税事业健康发展的合力。

总结一年来的工作，我觉得有所得也有所失，不足之处主要表现在三个方面，这也是本人今后进一步努力的方向。一是要提高认识水平。特别是对工作中可能出现的问题和困难，要注重从总体上把握，增强工作的预见性，同时要注意防止头脑发热，处理事情简单化，时刻保持强烈的忧患意识。二是要防止急于求成。对工作的部署和要求，要充分尊重现实，体现层次性，区别对待，循序渐进。避免一刀切、一律化。三是要避免苛求于人。对工作总体上高标准、严要求是无可厚非的。但在一些具体问题上不能事事都要求完美，因人、因事、因时要体现区别，以避免无意中伤害同志们的积极性。要注重把大家的积极性发挥好、保护好，营造出一种生气勃勃的良好局面。

以上报告，请领导和同志们评议，欢迎对我的工作多提宝贵意见。并借此机会，向一贯关心、支持和帮助我的各位领导、同志们表示诚挚的谢意。

述职人：×××

××××年×月×日

——摘自《应用写作》

## 四、操作训练

（一）请指出下面这篇文章的不足之处。

### 校长个人述职报告

回顾一年来的教学管理工作，感觉有很多话要说，理顺一下思路，大体上可以归纳为五部分：

一、毕业班工作；二、初一招生工作；三、教师队伍建设；四、信息技术工作；五、教学常规管理工作。下面，我从这五方面入手向各位领导、同事汇报如下：

一、毕业班工作（送往）

去年的毕业班是98级，6个教学班328名学生，全体领导和教师倾注了很大精力，98级全体师生经过一年的奋力拼搏，取得了中考一批录取98人的好成绩，占全县一批总人数的22%，一批升重点率30%，成绩令人满意。总结毕业班的管理工作有几点很值得一提：

1. 班主任班级管理到位、及时、得当。98级初三的一年内，每位班主任早到晚归到底有多少次，谁也说不清。做了多少工作，从她们谈起98级就湿润的眼眶中看得一清二楚。

2. 老师、学生、家长、领导四方配合得好。学生会、家长会、教师会、班主任会到底开了多少次无法统计，但招之即来，到会认真听，散会马上落实，雷厉风行，团结一致，使98级学生学风正，考风正。

3. 后期管理抓得紧。吸取97级的教训，老师们对学生考前和考中的管理格外重视，每位老师都步行跟考，到现在还记忆犹新。

4. 奖励措施发挥了较好的作用。对教师的奖励有利于团结协作，对学生的奖励提高了学生争先恐后的竞争意识。

5. 中考信息摸得不错。尤其是上学期，仅去石家庄摸信息就8次，各种中考资料代表了中考的出题方向，对教学的指导作用不可低估。

6. 注重学生应考能力的训练。年后的月考，老师们狠抓考风，注重考后分析，对科学施教、平静应考起到了很好的作用。

二、初一招生工作（迎来）

01年初一新生的招生工作圆满完成，招收新生411人，是世纪中学历届招生人数最多，质量最好的一届，也是经济效益较好的一年。取得这样的成绩，主要做了以下五件事：

1. 大张旗鼓的宣传发动：宣传的目的在于让学生和家长了解学校情况、招生政策、招生考试时间，学校利用各种渠道发送招生信息，校校到、无死角，起到了很好的作用。

2. 招生简章精雕细刻：这次的简章经过很多人的构思、修改、编制，出了一些新政策，两个简章并行，社会反应良好。

3. 热情周到的报名服务：招生报名前的准备充分，10天的报名接待工作，每一个负责接待的老师都感到异常疲劳和兴奋。报名工作不但安排好了考试次序，还很好地展示世纪人的热情和周到，让学生、家长有了一个良好的印象。

4. 全民动员组织考试：招生考试，两校教工全体参加，带着亲朋好友的孩子参考的教工很多，大家劲往一处使，心往一处想，为世纪二中的声誉写下了浓墨重彩的一笔。

5. 撕心裂肺录取收费：01级新生优秀生比例有所提高，既得益于招生政策，也得益于98级的成绩，还与参与收费录取的老师正相关。他们的接待工作是一流的，他们为学生和家长的好成绩而高兴，为家长东奔西走借钱送子上学而流泪。他们圆满完成了学校交给的任务。

三、教师队伍建设

世纪中学的社会声誉是由一流的师资队伍支撑的，教师的敬业奉献，为人师表，团结向上，竞争协作已成为世纪中学的学校文化，一大批优秀教师已脱颖而出，师资队伍建设步子大，效果好。学校领导班子主要从6个方面提高教师教学水平：

1. 培养团队精神。世纪中学教师年轻，热情高，易接受新鲜事物，缺少经验但学习劲头足，锻造团队精神已成为领导班子、年级组长、班主任老师的共识，为师资水平的很快提高创造了条件。

2. 走出去请进来增加学习机会。学校组织了多次外出学习、参观、听课活动，是投资最多的一年，学习了先进的理念，感受了教学改革的气息，吸取了先进方法，开阔了眼界。把外校教师请来听课也为学校注入了一片生机。

3. 大比武、推门课的开展提供了互相学习、互相督促的机会。教师间互听、互评已成良好风气，年轻教师听课不少于40节，老教师不少于20节。被听课次数也在5次以上。

4. 不失时机推举名师。本学期王秀英、杨艳茹老师参加县、市观摩课、评优课活动二至三次，在保定市名列前茅。王秀英老师已顺利通过选拔参加省级评优课，学校给二位老师很大的支持。名师工程已初见成效。

5. 开展课题研究，提高文化品位。学校申请立项 7 个课题，承担上级分配课题 2 个，研究风气日渐浓厚。“美丽 5 分钟”课题顺利通过市级专家初检，并获好评。现又申报了三项省级课题。

6. 发掘每位老师的个性特长。不同的教师有不同的个性、不同的长处。有擅演讲的，有具备表演才能的，有善于动脑筋的，有特别会抓重点的，有特别周到、仔细的，不同的特点、不同的培养方法，可以发挥学生的优势，开发他们的潜能。不同个性的教师都在学校找到了立足点。

四、信息技术普及提高工作

信息技术推广成为社会热点。学校名气大小与信息技术使用有很大关系，每个名校都在下大力提高硬件配置和软件普及、开发水平。信息技术普及推广成了名校建设中的标志性事件。我校信息技术开发普及推广工作走在了全县的前头，成了窗口学校。91%以上的教师制作了课件，上了课件展示课，有的不止一节。在多媒体教室授课 300 多节，课件不再神秘。POWERPOINT 已经普及。微机管理教师业务水平、专业知识有了突飞猛进的提高，正向专业型、开发型靠近，相信不久学校会涌现出一批制课件的天才。学生微机操作课本学期1000 余节，微机教师操作授课水平有了很大提高。学生每人本学期平均操作 20 小时，学生的操作能力得到有效的培养。

五、教学常规管理工作

学校常规管理工作量大，头绪多，弹性大。教导处三位老师工作投入、积极配合 、开动脑筋，圆满完成了学校常规管理任务。两次期中、期末考试的组织、分析、成绩校对，几次检查教案、检查作业批改、评教评学，早晚自习的管理、考勤，初一新生建档，学校各种计划的布置、收集、存档，总结的收集，考核、量化的数据采集分析，一件工作接一件，时间性强。各项工作井然有序，三位教师业务水平有了很大提高，为学校 各项规章制度的落实做出了自己的贡献。

综上所述，学校各项工作都取得了显著的成绩。这是全体教师同心协力的结果，是上级领导正确指引的结果，是校长认真谋划、身先士卒的结果。我在其中尽了自己一份力。本学期即将结束，工作中还存在很多不足，如为教师营造学校温馨气氛不够，听课后系统的评课做得很少，以后工作中努力弥补，谢谢全体教工、领导的支持。谢谢！谢谢大家!!

——摘自 http：//gerenshuzhi. unjs. com/

（二）下面是一篇述职报告的残缺稿，试写出残缺部分的提纲。

**述职报告**

现在，我把自己一年多来的思想工作情况作一汇报，请予审议。本人自 2004 年 12 月至今担任新大地公司副总经理……（略）

一、履行职责情况

（一）抓员工思想教育，增强企业凝聚力，塑造企业形象（略）

（二）抓管理建章立制，争创一流（略）

（三）参与新产品 KS－2 型机的研制（略）

二、思想作风情况

（一）理论学习（略）

（二）科技学习（略）

述职人：张大可

二〇〇五年十二月十日

——摘自 http：//www. 6698. info/

# 第五节 简 报

## 一、简报的含义及特点

简报是党政机关、社会团体、企事业单位编发的汇报工作、反映情况、传播信息、交流经验、指导工作的一种简短灵活的表现内部事务的实用文书。也称“情况反映”“情况交流”“××动态”。简报具有以下特点：

（一）新闻性

简报与报刊一样，起源于汉代的“邸报”，虽然随着社会的发展与分工细化，逐渐形成了公开出版的报刊和内部传阅的简报，但与报刊一样，简报也继承了“邸报”反映情况、交流信息的基本功用，具有信息“新”“真”“快”“简”等基本特点。

（二）经验性

简报与消息有相似之处，但又有区别，这区别不仅表现在反映的面不同，阅读对象不同，更反映在简报更注重信息的“经验性”。例如，在求“真”上，新闻仅仅局限于客观报道，简报则允许对客观的事实加以评论；在求“新”上，新闻侧重于信息的新鲜、新颖，而简报更注重总结有普遍意义的经验或问题，发挥对工作的指导作用。

## 二、简报的写作范式

（一）简报的种类

按内容划分，有会议简报、工作简报、动态简报等。

会议简报是在重要会议期间反映会议进程、与会者的相关情况或讲座、发言情况的简要报道。工作简报，也称“情况简报”，主要反映工作中的情况、经验、教训等，可以是专题性的，也可以是综合性的，比较自由灵活。动态简报是反映社会情况或各领域中的动态。常以“内部参考”的形式发文，是一种严肃慎重而又有保密性的简报。

（二）简报的样式（样式见例文）

简报有固定的格式，一般由版头、本体、版尾三部分组成。

1. 版头

版头在简报第一页上方，约占三分之一篇幅。它一般由“简报名称”“顺序号”“编发单位”“印发日期”几项构成。

2. 本体

简报的本体包括：按语、标题、正文、供稿者。

（1）按语

按语是表明办报单位的主张和意图的文字。一般有三种写法：

①说明性按语，介绍稿件的来源、编发原因和发至范围。

②提示性按语，提示稿件内容，帮助读者理解稿件的精神。

③批示性按语，主要写在具有典型意义或指导作用的稿件前面。一般声明意义，表明态度，并对下级提出要求或提供办法。

（2）标题

要简括正文内容，可用单行标题，也可用双行标题。

单行标题鲜明、醒目，如《农民兜里钱多了怎么办》《政协西宁市城中区六届五次会议胜利闭幕》等。

双行标题分主副标题，主标题揭示简报的主题，副标题写出事件和范围，对主标题起补充说明。如《提高素质　优化结构——我厂调整一批中层领导干部》。

（3）正文

一般包括前言、主体两部分。

①前言（导语）

概括文章的主题或主要事实（含时、地、人、事、因、果六要素）。写法一般有：叙述式、提问式、结论式等。

②主体

这是简报的主干，是对前言的展开，使其具体化。写法有：按时间顺序、按空间顺序、归纳分类表述。

③结尾

总结概括全文、回应开头，或指明方向、提出要求。

（4）供稿者

即提供简报材料的单位或个人姓名（正文末右下角用圆括号括上）。

如果作者即编发单位，则可不具名。

（三）版尾

版尾位于简报最后一页的下方，在两条平行横线内注明本期的“发送范围”和“印制份数”。“发送范围”在左，用“本期发至××级”或“报：×××、×××单位，×××同志”“发：×××、×××单位”。对上级用“报”，对下级用“发”，对平级用“送”。“印制份数”在右，用“共印××份”注明。

## 三、范文品读

【例文1】

**房改简报**

第1期

（总第118期）

××市住房制度改革办公室　　　　2009年9月8日

---

按：××矿务局房改办为确保住房制度改革中“提租补贴”政策的正常运转，10月份对全局所属单位进行了全面调查。这次调查，得到了各级领导的支持，组织严密，投入自查的人员多，自查效果大，在全市是绝无仅有的。他们这种对工作认真负责的精神，为全市各房改单位做出了好榜样，也充分反映了领导和房改办的工作人员高度重视住房制度改革，坚持执行房改政策，敢于和善于自查自纠的工作作风。现将××矿务《房改工作检查办情况的汇报》转发给你们，供参考借鉴。

房改工作检查情况的汇报

为确保住房制度改革，实现“提租补贴”的正常运转，真正做到“一手发出去，一手收回来”，在二步到位运转一周年之际，局房改办于今年10月份召开了各单位房改办主任会议，部署了房改大检查工作，要求各单位以自查的形式，进行“两查四核实”。“两查”是：查补贴范围，查漏扣资金；“四核”是：核实住房面积、租金额、补贴基数、补贴金额。经过两个月的自查核实，截至11月底，大多数单位都已基本完成。

已查实的16个单位中，除有5个小单位参改人员较少，没有发现问题外，其余的大多数单位都不同程度地查出了问题。据九矿、三厂、局直、基建公司等14个单位的统计，在被调查的62 863房承租户中，漏扣资金的有484户，占0.7%，少扣资金168 552.58元。在已发补贴的91 578人中，不该发补贴的有218人……通过追扣漏扣租金和多发的补贴，可追回资金205 783.24元。

这次检查核实工作，之所以能取得较大的收获，主要原因有以下三点：

一、领导重视，业务部门配合。在局里召开房改办主任会议以后，按照要求，各单位立即行动，有的矿长亲自挂帅，召开了工资、财务、房管和工会有关人员参加的房改工作会议，进行了动员并布置了工作。如××矿副矿长××同志，就亲自召集了财务、审计、工资等各科科长会议，要求这几个部门把检查工作当成自己业务的一部分，给房管科以大力支持，并抽出一名工薪员专做检查核实工作。因此，这个矿虽然职工居住分散，人员调动频繁，检查工作难度大，但经过两个月的工作，仅漏扣资金一项就查出57户，少扣租金23 343.53元。补贴方面的问题，还在继续检查中。

二、配备力量，分层包干。（略）

三、执行政策，方法得当。（略）

【例文2】

**中国人民政治协商会议**

**西宁市城中区第六届委员会第五次会议**

**简　报**

第11期

会议秘书组　　　　　　　　　　　　　　　　　　　　2010年2月5日

---

政协西宁市城中区六届五次会议胜利闭幕

区政协六届五次会议圆满完成了各项议程后于2月5日下午胜利闭幕，区委、区人大、区政府、区武装部、区法院、区检察院领导出席了闭幕大会。

大会由区政协副主席张启贵同志主持，与会委员首先表决通过了政协西宁市城中区第六届委员会第五次会议决议。

最后区政协主席戴福山同志发表了《认清形势 坚定信心 在应对危机加快发展的关键时期贡献力量》的讲话，他指出：2009年，区政协工作在继承中前进，在创新中发展，实现了政协事业的良好发展。在新的一年里，我们既面临着“稳增长、扩内需、调结构”的艰巨任务，也肩负着抓住机遇抢占发展先机的重大责任。中共城中区委十四次党代会第四次会议，在深刻分析当前形势及发展趋势的基础上，进一步明确了保持经济社会又好又快发展的目标任务。完成今年的目标任务，需要全区上下坚定信心、振奋精神；需要全区上下凝心聚力、团结拼搏；需要广大政协委员和社会各族各界代表人士和衷共济、携手共进。全体政协委员要自觉把思想统一到中央对当前形势的分析判断和决策部署上来，统一到区委十四次党代会第四次会议的部署安排上来，以思想认识的高度一致，保证行动和工作的高度协调，认真学习好、贯彻好、落实好本次会议精神，努力在继续深入学习实践科学发展观活动中树立新理念，在促进经济平稳较快发展中创造新业绩，在推进社会主义民主政治建设中谋求新突破，在促进和谐中区建设的实践中作出新贡献，在倡导社会主义先进文化中实现新作为，在加强政协自身建设中展示新形象。重点做好三方面的工作：一要助推发展克时艰，在服务大局上尽职尽力；二要关注民生解民难，在构建和谐上群策群力；三要维护稳定保民安，在协调关系上齐心协力。要求全体政协委员必须在思想境界上，应该始终坚持一种同党委政府同心协力、聚信与共的政治情操；必须在践职宗旨上，应该始终心系一个为民竭力、鱼水相依的草根情感；必须在品格修为上，应该始终抱守一腔坦诚磊落、豁达大度的阳光情怀。

会议号召，全体政协委员要更加紧密地团结在以胡锦涛同志为总书记的党中央周围，在中共城中区委的领导下，坚定信心，创新举措，致力发展，砥砺奋进，关注民生，促进稳定，为推进我区人民政协事业新发展，为建设功能齐全、生态环境优美的现代化商贸中心城区作出新的更大的贡献！

会议在雄壮的国歌声中胜利闭幕。

## 四、操作训练

阅读下列材料并按要求作答。

1. 2010 年 2 月 9 日，腊月廿六。在北京做建筑工程的孙先生回到天津，原定与暂住在天津的家人和弟弟聚一天再回武汉，但他查看天气预报了解到，此后几天，天津至武汉沿线的高速公路，部分地区可能因雨雪封路。他决定赶在封路前，赶回武汉，给先期回武汉的民工发放工钱。春节前发放工钱，是他对民工的承诺。当晚，孙先生提取 26 万元现金，带着妻子和三个儿女出发了。次日凌晨，他驾车驶至南兰高速开封县陇海铁路路桥段时，由于路面结冰，发生重大车祸，20 多辆车连环追尾，孙先生一家五口全部遇难。第二天早上，弟弟打电话回家，发现哥哥仍未到家，手机也联系不上。预感不妙的弟弟开车沿途查找，结果在河南兰考县人民医院太平间发现了哥哥及家人的遗体。弟弟撬开撞得扭成一团的轿车后备箱，捆好的 26 万元现金还在。"我们家这个年是过不成了，但不能让跟着哥哥辛苦一年的工友们也过不好年。"沉浸在哀痛中的弟弟含泪决定，先替哥哥完成遗愿。腊月廿九，两天未合眼、没吃饭的弟弟赶回家中，通知民工上门领钱。因为哥哥离世后，账单多已不在，弟弟让民工们凭着良心领工钱，大家说多少钱，就给多少钱！钱不够，弟弟就贴上了自己的 6.6 万元和母亲的 1 万元。就这样，在新年来临之前，60 多名民工都如愿领到工钱，弟弟如释重负。孙先生弟弟接受记者采访时说："新年不欠旧年薪，今生不欠来生债"，"包工头也要讲诚信，不能赚昧心钱，这是自己的良心账。"

2. 徐先生是 N 市某希望小学教师，在婚检时被查出患有严重的肾衰竭及尿毒症。得知病情，他毅然和未婚妻解除婚约，作出一个旁人想象不到的决定——回到讲台前，将自己的余生奉献给教育事业。多年来，他忍受常人无法想象的痛苦，坚持自己在宿舍完成透析，坚守在教师岗位。2008 年初大雪封山，他不顾病情严重，一次又一次护送山里的孩子回家；汶川大地震发生后的第二天，他就主动捐出了当月工资寄往灾区；多年来，他一直默默地从微薄的薪金中抽出钱来资助那些需要帮助的孩子，即使在他病情危重时刻也从未间断过。徐先生在日记中写道："我无法选择自己的命运，但我可以选择对待命运的态度；我无法延伸生命的长度，但我却可以拓展生命的宽度！"

3. 31 岁的年轻母亲吴女士有一个她始终都有些不好意思接受的新名字——"最美妈

妈”。今年7月2日，某市一住宅小区，2岁女童妞妞从10楼的窗台坠落。在楼下人们惊呼的一刻，吴女士甩掉高跟鞋、伸开双臂向妞妞掉落的位置冲去，在即将落地一刹那，她接住了妞妞。“事情发生在一瞬间，我根本来不及多想。我只知道她是一个孩子，我是一个母亲，孩子是母亲的心头肉，母亲救孩子是天经地义的事!”为了接孩子，吴女士左臂尺桡骨断成了3截，可她的脸上仍挂着明朗的笑。在家人看来，吴女士能这样做“既意外也不意外”。她丈夫说：“她继承了父母的朴实和善良，她今天所做的事情是平时养成的善良之心，关键时刻只是这种善良的习惯性流露。”吴女士所在社区的居民们自发以系黄丝带和点燃蜡烛的方式为吴女士和妞妞祈福。该省省委书记也于第一时间前往病房探望。美联社等欧美媒体赞扬她“勇敢”“无私”，是真正的“守护天使”。

4. 今年全国“两会”期间，温家宝总理在回答网友提问时曾指出，一个国家，如果没有国民素质提高和道德的力量，绝不可能成为一个真正强大的国家，一个受人尊敬的国家。2010年9月20日，我国正式实施了《公民道德建设实施纲要》；2007年7月，中央文明办、全国总工会、共青团中央、全国妇联共同发起评选表彰全国道德模范活动，三届道德模范评选，160多位全国道德模范的名字深深印刻在人们心中。近十年来，我国不断把社会主义核心价值体系融入到国民教育、思想道德建设和群众性精神文明创建活动全过程，充分发挥道德模范的榜样引领作用，在全社会推动形成知荣辱、讲道德、促和谐的文明风尚，用榜样的力量凝聚起全党全国各族人民团结奋斗的强大精神力量，构建起我们共同的精神家园。

—— 摘自2012年国考《申论》A卷

作答要求：

材料介绍了社会上涌现出的先进人物事迹，某单位党委决定编印一期《内部学习资料》，宣传他们的事迹，号召本单位全体人员向先进人物学习。请你代为这期《内部学习资料》撰写“编者按”，并选择1—3中的一个事件进行介绍。

# 第四章

# 专用文书

## 第一节　专用文书概述

### 一、专用文书的含义

应用文书除了通用文书（即党政机关公文和事务文书）之外，还存在着众多的文种。与通用文书中的文种相比，这些文种的适用范围要狭窄得多，要么适用于某个行业，要么满足于人们某种特定需求。如适用于司法部门的起诉书、答辩书，经济部门的审计报告、财务分析报告、税务征管文书，外交部门的照会、联合公报，文教部门的教案、教学大纲，或适用于规范行为的规定、公约、章程，确定权利义务的合同、协议书、意向书，友好交往的欢迎词、祝酒词，求职的谋职信，求学的入学申请书，出差的介绍信、证明信，等等。这些文书内容各异，格式万别，是应用文书大家族中的重要成员，我们称之为专用文书。

所谓专用文书，是指在一定专业部门或专门的业务活动领域内，满足人们某种特殊需要而专门使用的文书。不同的系统、不同的行业、不同的用途都有与之相适应的专用文书。

### 二、专用文书的特点

#### （一）内容的专业性

由于分工不同，社会各行各业经管的事务有很大的差异，俗话说的隔行如隔山指的就是这个意思。因此专用文书在内容上被深深地打上了专业的烙印，不同行业的专用文书具有各自的专业特点，如果没有相应的专业知识是无法写作的。无论是经济文书、法律文书、科技文书，还是军事文书、外交文书、教学文书等均是如此。许多专用文书有其专门术语，如外交文书的用语要照顾国际惯例，使用礼貌语言，讲究外交辞令；司法文书要使用规范化的法律术语，财会文书也有其特殊的专业术语，外行人是不可能写好的。

（二）功能的专用性

不同的专用文书适用于不同的需求，实现不同的目的。专用文书的每个文种均专用于某一方面。寻找工作用谋职信，邀人来访或赴宴或开会用请柬（邀请书），告状打官司用起诉书、答辩书等。

许多专用文书是在特定的部门，适应特殊需要使用的，如外交文书在外交部、大使馆、领事馆使用，是进行外交活动的一种工具；司法文书在侦查、检察和审判机关使用，是处理各类案件的工具。

这些都是专用文书功能专用性的表现。

（三）格式的多样性

党政机关公文的格式是严格的、统一的，而专用文书由于内容的专业性和功能的专用性，决定了不同文种具有不同的格式，不同的文种格式差别很大，形成了专用文书格式多样性的特点。

许多专用文书有特定的格式和项目，如统计和会计文书，除书面文字形式外，较多地采用数字表格形式，表格的项目和形式都有特殊的规定，并按照规定填制。这种格式的独特性在专用文书中表现得很明显，如合同、谋职信、介绍信、请柬、会议记录、起诉书等等，它们的格式差异很大。

## 三、专用文书的种类

根据所属行业和用途的不同，专用文书大致可做以下分类：经济文书、法律文书、科技文书、军事文书、外交文书、教学文书、规章文书、礼仪文书、事务书信、会务文书等。

## 四、专用文书的写作要求

（一）掌握专业知识，了解行业政策，熟悉业务内容

专用文书有专业性，熟悉行业特点是专用文书写作的前提条件和基本要求。每一行业都有自己的工作范围、工作性质、工作任务、工作程序，有本行业的政策、法规、纪律、职业规范、职业道德，有本行业的上下级关系，有本行业通用的术语和专用名词。如果对这些不了解、不熟悉或知之不详，是很难写好某行业的专用文书的。

（二）熟悉格式规范

专用文书有专用格式，写作时遵守和使用规范的行款格式是写作专用文书的起码要

求。

专用文书的专用格式有三种情况：一是由行业行政管理部门、业务指导部门颁布，供遵照使用的规范格式，如合同格式、起诉状格式；二是约定俗成的习惯格式，其格式虽没有法的规定性，但大家习惯使用这种格式，已成为定式，大多专用文书的格式属于习惯格式，如事务书信、礼仪文书等；三是一种较为特殊的情况，即应试文的形式，它是由招聘、招考单位确定的格式，每位考生都必须遵守。

书写专用文书，有规范格式的，必须使用规范格式；没有规范格式的，按照习惯格式书写；另有规定形式的，按规定形式书写。格式有它的确定性、稳定性、规定性，不可随意变更。

（三）明确写作目的，选择恰当文种

专用文书文种众多，用途各异，写作专用文书必须依照写作目的，选择恰当的、合适的文种，文种选择不当，将直接影响专用文书实用效能的发挥。

## 第二节　合　同

### 一、合同的含义、特点和种类

合同属于经济文书。

所谓经济文书，是指单位、团体与个人之间在处理涉及经济方面内容的事务时使用的应用文书。主要有合同、意向书、经济活动分析报告、市场预测报告、市场调查报告、招标书、投标书、订货单、审计报告、资产评估报告、验资报告、预决算报告等文种。是专用文书的一个重要分支。本节主要讲述经济文书中的合同。

（一）合同的含义

《中华人民共和国合同法》中规定：“合同是平等主体的自然人、法人、其他组织之间设立、变更、终止民事权利义务关系的协议。”而它的书面形式合同书也就是平等主体的自然人、法人或其他组织之间设立、变更、终止民事权利义务关系的文书。

合同的当事人，可以是公民（自然人），也可以是法人或者其他组织，订立合同的当事人（主体）各方的法律地位是平等的。

签订合同是一种法律行为。其主要作用是：第一，合同有利于维护合同当事人的合法权益。第二，合同中明确当事人的权利、义务，对订立合同的当事人（主体）各方具有约束力，有利于维护社会经济秩序，利于加强社会的经济管理。第三，有利于我国社会主义市场经济体制的建立和完善，促进社会经济的发展和各项工作的顺利进行。

（二）合同的特点

1. 合法性

合同必须是双方或多方当事人共同实施的合法的法律行为的产物。订立合同必须是双方或多方共同进行的合法活动，因此合同在内容上必须符合国家的方针、政策、法律和法规，不要订立无效合同。

有下列情形之一的，所订立的合同为无效合同：①违反国家法律、法令、方针、政策；②有损国家利益或社会公共利益；③采取欺诈、胁迫或串通等手段，损害对方或他人利益；④代理人超越代理权限签订合同。

2. 平等性

一是表现在签订合同双方（或多方）主体的法律地位是平等的，任何一方都不能以欺诈、胁迫等方式把自己的意志强加给另一方；二是表现在合同一经确立即形成对订立双方（或多方）相等的法律约束力，各方均需履行合同确立的权利和义务，任何一方不得违背；三是表现在合同内容须本着平等互利、等价有偿的原则协商确立，签订合同各方均有平等的机会表达自己的意愿。

3. 规范性

主要指合同的写法与格式需要规范。合同主要采用书面形式，并实行示范文本制度。有示范文本的，应当按有关部门颁发的示范文本格式填写；没有示范文本的，也必须做到内容完整、条款齐全、形式完备。否则不利于合同的顺利执行，也容易引起合同纠纷。

4. 凭证性

合同执行时以合同内容为依据，发生纠纷时合同文本又是法院或仲裁机构作出评判的依据。因此合同具有凭证作用。

（三）合同的种类

合同的种类较多，按照不同的划分标准，可以分为不同类型：

按文案形式分，有条文式合同、表格式合同、条文与表格结合式合同。

按合同期限分，有长期合同、中期合同、短期合同。

按合同内容分，有经济合同、人员聘用（或劳动）合同、文化交流合同、社会服务合同和涉外合同等。

其中涉及经济方面内容的经济合同使用最为广泛，《中华人民共和国合同法》将经济合同分为15大类，即买卖合同、建设工程合同、承揽合同、运输合同、供用电（水、气）合同、融资合同、仓储合同、保管合同、租赁合同、借款合同、行纪合同、居间合同、技术合同、赠与合同、委托合同。

随着用工制度的改革，签订劳动合同也越来越普遍。劳动合同是指劳动者与用人单位确立劳动关系、明确双方权利义务的合同。

劳动合同应当以书面形式订立，一般须具备劳动合同期限和试用期限、劳动者的工作内容（包括工种、职务和职称等）、劳动保护和劳动条件、劳动报酬（包括工资、奖金、福利待遇等）和保险、技能培训和业务学习、劳动纪律、劳动合同的变更和解除条件、违约责任等内容。

## 二、合同的结构和写法

合同一般采用书面形式。我国有关部门颁发了几十种常用合同的示范文本，拟写合同时，可以按示范文本格式填写。没有示范文本格式的，其结构一般包括首部、正文和尾部三部分。

（一）首部

首部的构成是："标题 + 合同订立者"。

1. 标题

标题的位置在合同首页第一行，用较大字体居中书写。

一般直接使用合同的种类名称作为标题，如"劳动合同""运输合同""技术合同"等；也可在前面有所限定，加上标的，如"棉花运输合同""大豆购销合同""房屋租赁合同"等；也可加上时间限制，如"2000—2005 年供用电合同"；也可加上范围限制，如"××商厦柜台租赁合同"。简单的也可直接用"合同"作为标题。

2. 合同订立者

合同订立者在标题下空一行顶格写起，并列写明订立合同的单位名称或个人的真实姓名，并写明订立合同各方在合同中的关系。如"甲方""乙方"，"买方""卖方"，"供方""需方"，"出租方""承租方"，"委托方""服务方"，"定做方""承揽方"，"托运方""承运方"等。如有第三方也要写明，如"担保方""中介方"等。但不可用"你方""我方"来代指合同订立双方。

3. 如果有合同编号，则书写于标题之下，居中或右下方均可。

（二）正文

正文的构成是：引言 + 主体 + 结尾。

1. 引言

即正文的开头，一般简要地写明订立合同的依据、目的或承诺等。

常用的表达句式为"根据……，为……，签订本合同"。如"根据《中华人民共和国合同法》及有关规定，为明确甲、乙双方的权利义务关系，经双方友好协商一致，签订本合同"。

2. 主体

主体部分多数采用条文式，复杂的合同也可采用条文和表格结合的方式。这是合同的实质性内容部分，也是合同的主要部分。要由合同订立各方约定，写明各方所承担的法律责任和应享有的权利。

一般应具备以下条款：

（1）标的

标的是指合同当事人各方权利和义务所共同指向的对象。如购销合同卖方交付的出卖物。

（2）数量、质量要求

数量是标的的具体指标，是确定权利与义务大小的度量，所以必须规定得明确具体，不但数字要准确，计量单位也必须精确。质量是合同的基本条件之一，必须从使用材料、质地、性能、用途、甚至保质期等各方面详细约定。

（3）价款或报酬

这是指合同标的的价格，是合同各方当事人根据国家法律、法规、政策和有关规定，对标的议定的价格，是合同一方以货币形式取得对方商品或接受对方劳务所应支付的货币数量。要明确标的的总价、单价、货币种类及计算标准和付款方式、程序，结算方式。

（4）合同履行的期限、地点和方式

履约期限就是合同的有效期限，是合同具有法律效力的时限和责任界限，过时则属违约。日期用公元纪年，年、月、日书写齐全，要写得具体、明确。

地点是指当事人履行合同义务、完成标的任务的地点。要写得准确，一般先写省、市、县，后写街道路名、门牌号。

履行方式是当事人履约的具体办法，包括甲方履行方式和乙方履行方式。

（5）违约责任

这是对当事人不履行合同义务时的制裁措施。违约责任应考虑周全，需逐一估计其可能发生的事，包括写明发生当事人不能预料、无法躲避且不可抗拒的因素（如地震、台风等）时如何处理等。

3. 结尾

主要写明合同的份数、效力、保管。若有附件，还要写明附件名称、效力、地位等。

（三）尾部

这部分是合同特定的内容和格式。主要包括：①订约双方单位全称和代表（法人代表或代理人）签名并盖章。②通讯地址、邮政编码、电话、传真、电子邮箱、开户银行、账号等。③鉴证单位意见、公章、经办人签名。④公证单位意见、公章、公证人签名。⑤签约日期。

尾部的内容，书写时要逐项并举，一般是甲方在左，乙方在右。其中②、⑤项也可写在首部订立合同者之下，③、④两项如果没有鉴证、公正可以不写。

如果有附件按顺序依次写于尾部之下。

## 三、合同的写作要求

（一）合同内容必须符合国家方针政策、法律法规

（二）合同的条款要完备，内容要具体

合同的标的要具体、明确。标的物的数量包括数额和计量单位。计量单位要用国家统一的标准，如长度用米（m）、面积用平方米（$m^2$）、体积用立方米（$m^3$）、容积（容量）用升（L）、质量（重量）用克（g）等。标的物的质量包括产品质量和包装质量。这两类质量的要求，有三种标准：国家（部颁）标准、行业标准、协商标准。前两种是强制性执行标准，三种标准执行的顺序是：国家（部颁）—行业—协商，即有国家（部颁）标准的，按国家规定的标准执行；没有国家（部颁）标准的，按行业规定的标准执行；如这两种标准都没有，则由合同当事人双方协商确定。凡按国家、行业标准确定的，合同标的物的质量不得低于这些标准，并按规定在合同中写明所执行标准的代号、编号、标准名称、技术标准（成分含量）、等级等项。凡当事人双方自行商定标准的，应把标准细节具体写明并附必要的技术资料或实物样品。合同标的物是物品，支付的是价款；标的物是劳务、技术、委托，支付的是报酬。价款包括单价和总价。价款或报酬，如不特别说明，均以人民币结算。合同的履行期限、履行地点、履行方式要定得准确、具体、合理，不要用模棱两可的词语。违约责任条款应当根据《合同法》和有关法规，分别写明当事人双方的违约责任，越具体、越可行越好。多数违约责任条款应从标的物的品名、牌子、型号、款式、数量、质量、履行期限等方面写明。

（三）格式要规范

拟写合同要按照统一的合同文本格式行文。

（四）语言精确、严谨，文字表达缜密

合同的写作采用说明方式，应做到周密严谨，言简意赅。比如，必须使用规范汉字，不使用“最近”“基本上”“可能”“大概”“上一年”一类模糊词语。价款与酬金数字必须大写。

语言不严谨的情况，除了有重要遗漏外，还有概念不清，词语含义模糊，表达不具体，称谓和简称不明确等。不要用抽象的词语代替具体的规定；不要用容易发生歧义的词语；必要时对重要词语的含义作出界定，可以单列一章（节）“定义”。

总之，合同用词要确切，忌笼统、含糊。

（五）处理好合同的附件和合同的修订

## 四、范文品读

【例文1】

### 劳动合同书

甲方：　　　　　　　　　　　　乙方：

单位地址：　　　　　　　　　　性别：

用工登记证编号：　　　　　　　身份证号码：

甲方（单位）因生产（工作）需要，按照国家、省、市有关劳动法律、法规、规章规定，聘用乙方为劳动合同制员工。双方本着平等自愿、协商一致的原则，签订本合同，确立劳动关系，明确双方的权利、义务，并共同遵守履行。

一、合同期限

本合同自甲乙双方签订之日起生效。经甲、乙双方商定，本合同有效期为无固定期限。本合同只可因甲方生产经营发生变化或在定期考核中发现乙方未能认真履行本合同规定的劳动义务而依法予以终止。

二、工作时间

（一）甲方实行8小时工作制。

（二）甲方可以报经劳动行政部门批准实行不定时工作制或综合计算工时工作制。

（三）乙方在合同期内享受国家规定的节假日、公休假日及年休假、探亲假、婚丧假、产假和女员工劳动保护假等假期待遇。

三、劳动报酬

（一）乙方工资发放形式及标准：甲方按照政府有关企业员工工资不得低于本地区最低工资标准的规定制定本企业工资制度，确定乙方工资发放形式和工资标准。

（二）甲方应按月如期发放工资。如遇节假日或休息日，应提前在最近的工作日支付工资。

（三）乙方在法定工作时间内依法参加社会活动期间，以及依法享受年休假、探亲假、婚假、丧假、产假、女员工劳动保护假期间，甲方应按不低于本企业工资制度确定的标准支付给乙方工资。

四、保险福利待遇

（一）在合同期内，甲、乙双方需按照国家及省、市有关规定，缴纳基本养老保险、失业保险和工伤保险等各项社会保险，同时甲方应定期向乙方告知社会保险的缴纳情况。

（二）乙方患职业病或因工负伤治疗期间的保险福利待遇，甲方按本地区有关工伤保险规定执行。医疗期终结，经专业劳动鉴定委员会确认，属完全丧失劳动能力的，由甲方按规定给予办理提前退休；属部分丧失劳动能力的，按本地区有关规定执行。

（三）乙方其他各种福利待遇按甲方依法制定的制度执行。

五、劳动保护和劳动条件

（一）甲方执行国家有关劳动保护规定和标准，切实保护乙方在生产、工作中的安全和健康。

（二）甲方按国家“先培训后上岗”的规定对乙方进行安全生产知识、法规教育和操作规程培训以及其他业务技术培训。乙方应参加上述培训并严格遵守其岗位有关的安全法规、规章、制度和操作规程。

（三）甲方根据乙方从事的工作和有关规定，发给乙方必需的劳动保护用品，按劳动保护规定定期免费安排乙方进行体检。

六、续订、变更、解除、终止劳动合同

（一）有下列情形之一，劳动合同即告终止：

1. 乙方达到法定退休年龄；

2. 乙方被宣告死亡；

3. 乙方被批准自费出国留学或出境定居；

4. 甲方被依法撤销、解散、歇业、关闭，宣告破产；

5. 本合同约定的终止条件（事件）已经出现。

（二）本合同经甲、乙双方协商一致可以解除。

（三）有下列情形之一，甲方可解除劳动合同：

1. 乙方严重违反劳动纪律及甲方依法制定的规章制度；

2. 乙方严重失职、营私舞弊，对甲方利益造成重大损害；

3. 乙方被依法追究刑事责任；

4. 乙方不能胜任工作，经培训或调整工作岗位仍不胜任工作。

（四）有下列情形之一的，乙方可随时解除劳动合同：

1. 在试用期内，经国家有关部门确认，甲方劳动安全卫生条件恶劣，没有相应保护措施，严重危害乙方安全健康；

2. 甲方不能按劳动合同规定支付劳动报酬；

3. 甲方不按规定为乙方办理退休手续；

4. 甲方以暴力、威胁或者非法限制人身自由的手段强迫乙方劳动；

5. 甲方故意不履行劳动合同，严重违反国家法律、法规，侵害乙方其他合法权益。

（五）乙方非依据本合同规定解除劳动合同，应提前30天以书面形式通知甲方。但不免除乙方应依约承担的责任。

（六）有下列情形之一，甲方不得解除劳动合同：

1. 乙方患职业病或因工负伤，医疗终结期内，或医疗终结后经市、县级医务劳动鉴定委员会确认属大部分丧失劳动能力；

2. 乙方患病或非因工负伤，在规定的医疗期内或医疗期虽满但仍需住院治疗；

3. 符合计划生育政策的女员工在孕期、产假期、哺乳期内；

4. 乙方经批准享受法定假期，在规定期限内；

5. 符合国家、省、市有关规定不得解除劳动合同。

（七）除试用期内或员工因违纪被辞退、除名、开除及本合同另有其他特别规定等情况外，甲乙双方解除本合同，必须提前一个月书面通知对方。提前时间不足者，按相距的实际天数，以乙方当月工资收入的日平均数额计算补偿给对方。

（八）若本合同终止或解除，乙方应将合同履行期内甲方交给乙方无偿使用、保管的物品、工具、技术资料等，如数交还给甲方，如有遗失应予赔偿。

（九）乙方符合国家规定的退休（含提前退休）条件时，甲方应按规定为其办理退休手续，并按本地区有关规定执行。

七、本合同未尽事宜，法律法规有规定的，按法律法规规定执行；法律法规未规定的，由双方协商解决；经双方协商一致，可以变更本合同。若双方协商不成或发生劳动争议，应依法向调解机构申请调解或向当地人民法院起诉。

八、本合同壹式贰份，双方各执壹份，自甲乙双方签字盖章之日起生效。同时，甲方按规定建立员工名册备查，并向劳动部门办理备案手续。

甲方（盖章）：　　　　　　　　　　乙方（签名）：

年　　月　　日　　　　　　　　　　年　　月　　日

**【例文 2】**

## 房屋租赁合同

订立合同双方：出租方：______（以下简称甲方）；承租方：______（以下简称乙方）。

根据《中华人民共和国合同法》及有关规定，为明确甲、乙双方的权利义务关系，经双方友好协商一致，签订本合同。

第一条　甲方将自有的坐落在______市______街______巷______号第______栋房屋______间，建筑面积______平方米、使用面积______平方米，类型______，结构等级______，完损等级______，主要装修设备______，出租给乙方作______使用。

第二条　租赁期限及终止合同情形

租赁期共______年，甲方从______年______月______日起将出租房屋交付乙方使用，至______年______月______日收回。

乙方有下列情形之一，甲方可以终止合同，收回房屋：

1. 擅自将房屋转租、分租、转让、转借、联营、入股或与他人调剂交换；

2. 利用承租房屋进行非法活动，损害公共利益；

3. 拖欠租金______个月。

合同期满后，如甲方仍继续出租房屋，乙方拥有优先承租权。

租赁合同因期满而终止时，如乙方确实无法找到房屋，可与甲方协商酌情延长租赁期限。

第三条　租金和租金交纳期限、税费和税费交纳方式

甲乙双方议定月租金______元，按年交，由乙方在每年的______月______日前交纳给甲方。先付后用。甲方收取租金时必须出具收租金凭证。无收租金凭证乙方可以拒付。

甲乙双方按规定的税率和标准交纳房产租赁税费，交纳方式按下列第______款执

行：

1. 有关税法按××部发〔××〕号文件规定比例由甲、乙方各自负担；

2. 甲、乙双方议定。

第四条　租赁期间的房屋修缮和装饰

修缮房屋是甲方的义务。甲方对出租房屋及其设备应定期检查，及时修缮，做到不漏、不淹、三通（户内上水、下水、照明电）和门窗完好，以保障乙方安全正常使用。

修缮范围和标准按城建部〔××〕号通知执行。

甲方修缮房屋时，乙方应积极协助，不得阻挠施工。

出租房屋的修缮，经甲乙双方商定，采取下述第______款办法处理：

1. 按规定的维修范围，由甲方出资并组织施工；

2. 由乙方在甲方允诺的维修范围和工程项目内，先行垫支维修费并组织施工，竣工后，其维修费用凭正式发票在乙方应交纳的房租中分______次扣除；

3. 由乙方负责维修；

4. 甲乙双方议定。

乙方因使用需要，在不影响房屋结构的前提下，可以对承租房屋进行装饰，但其规模、范围、工艺、用料等均应事先得到甲方同意后方可施工。对装饰物的工料费和租赁期满后的权属处理，双方议定：

工料费由______方承担（　　）；

所有权属______方（　　）。

第五条　租赁双方的变更

1. 如甲方按法定手续程序将房产所有权转移给第三方时，在无约定的情况下，本合同对新的房产所有者继续有效；

2. 甲方出售房屋，须提前三个月书面通知乙方，在同等条件下，乙方有优先购买权；

3. 乙方需要与第三人互换用房时，应事先征得甲方同意，甲方应当支持乙方的合理要求。

第六条　违约责任

1. 甲方未按本合同第一、二条的约定向乙方交付符合要求的房屋，负责赔偿______元。

2. 租赁双方如有一方未履行第四条约定的有关条款，违约方负责赔偿对方______元。

3. 乙方逾期交付租金，除仍应补交欠租外，并按租金的______%，以天数计算向甲方交付违约金。

4. 甲方向乙方收取约定租金以外的费用，乙方有权拒付。

5. 乙方擅自将承租房屋转给他人使用，甲方有权责令停止转让行为，终止租赁合同。同时应交纳违约金，违约金标准以约定租金的______%计，以天数为单位由乙方向甲方支付。

6. 本合同期满时，乙方未经甲方同意，继续使用承租房屋，按约定租金的______%，以天数计算向甲方支付违约金后，甲方仍有终止合同的权利。

上述违约行为的经济索赔事宜，甲乙双方议定在本合同签证机关的监督下进行。

第七条　免责条件

1. 房屋如因不可抗拒的原因导致损毁或造成乙方损失，甲乙双方互不承担责任。

2. 因市政建设需要拆除或改造已租赁的房屋，使甲乙双方造成损失，互不承担责任。

若因上述原因而终止合同，租金按实际使用时间计算，多退少补。

第八条　解决争议的方式

本合同在履行中如发生争议，双方应协商解决；协商不成时，任何一方均可向房屋租赁管理机关申请调解，调解无效时，向市工商行政管理局经济仲裁委员会申请仲裁，也可以向人民法院起诉。

第九条　其他约定事宜（略）

第十条　本合同有效期限：______年______月______日至______年______月______日。

第十一条　本合同未尽事宜，甲乙双方可共同协商，签订补充协议。补充协议报送市房屋租赁管理机关认可并报有关部门备案后，与本合同具有同等效力。

第十二条　本合同一式4份，其中正本2份，甲乙双方各执1份；副本2份，分别送市房管局、工商局备案。

| | |
|---|---|
| 出租方：（盖章） | 承租方：（盖章） |
| 法定代表人：（签名） | 法定代表人：（签名） |
| 单位联系地址： | 单位联系地址： |
| 电话： | 电话： |
| 委托代理人：（签名） | 委托代理人：（签名） |

## 五、操作训练

（一）试指出下面这份合同存在的问题，并提出应如何修改才能符合合同的写作要求。

### 交换写字楼合同

甲方：××贸易总公司

乙方：××市广告集团公司

甲乙双方为了便于在穗深两地联系业务，需交换写字楼作为各自的办事处。现本着友好合作的精神签订如下协议：

一、甲方在广州市隆兴路168号大楼中为乙方提供一单元住宅（三房一厅，实用面积不小于80平方米）作为乙方驻穗的办事处用房。

二、乙方在深圳市为甲方提供同样的一单元住宅，规格同上，作为甲方驻深办事处用房。

三、双方分别负责为对方上述办事处供水、供电及安装电话，以确保日常业务活动的正常开展。

四、本合同有效期为五年，是否延期届时根据需要商定。

五、本合同自双方同时履约之日起生效。

六、未尽事宜，由双方另行商定。

甲方代表签字　　　　乙方代表签字

甲方公章　　　　乙方公章

年　月　日　　　　年　月　日

（二）请指出以下这份合同中存在的问题，并加以改正。

合　同

甲方：清华大学化学学院实验中心办公室

乙方：吴彦祖（自强建筑工程公司一把手）

甲方因教学科研需要，经国家相关部门批准，建造一座生物实验中心大楼。经双方协商，订立本合同。

1. 甲方委托乙方建造中心大楼一座。

2. 建造费用为671.89万元。

3. 付款办法：甲方在2013年2月5日前付款约1/4，余款在完工后再付。

4. 大楼建造工期：等待乙方准备好后，择日开工。乙方力争在1年内完工，如遇困难，争取在1年半内交工。

5. 如果双方因工程质量发生争执，应本着协商的态度加以解决，协商不能解决，任何一方都有权采取进一步的措施，直至提起诉讼。

6. 本合同一式两份，双方各执一份。

甲方代表：×××　　　　乙方代表：×××

2013.1.1

（三）宏达科贸公司已录用你，根据你所学的合同的有关知识拟写一份你和公司的劳动合同。

# 第三节　会议记录

## 一、会议记录的含义、特点和种类

会议记录属于会务文书。

会务文书是与会议有关的文书的统称，具有指导性、交流性、文献性的特点。常见的会务文书有会议记录、开幕词、会议报告、祝词、闭幕词等。本节主要讲述会务文书中的会议记录。

（一）会议记录的含义

会议记录是机关、单位内部用于记载会议情况的会务文书，是忠实地把会议的议题、发言、决议与进程等内容记录下来以便存档备查的书面材料。

会议记录通常采用书面记录形式，凡是正式会议，都应该有书面记录。书面形式的会议记录是保留会议信息的普遍形式，有着重要作用。

一是凭证、依据功用。会议纪要和会议简报是在传达、执行会议决定，贯彻会议精神时常用的两个文种，但会议纪要和会议简报的拟写都要依据会议记录，都是在会议记录的基础上形成的，翔实的会议记录可以为其提供准确丰富的材料。

二是查考、文献功用。会议记录作为真实的历史记录，将被立卷归档长期保存，作为文献资料留供以后查考，在核实史实、编史修志等方面起着不可替代的作用。

（二）会议记录的特点

1. 真实性

会议记录一定要按照会议的真实情况如实地记录，决不能随意增减或改变会议内容。不允许在记录中加入记录者个人的观点或倾向，更不能随意删改发言者的言论。

2. 完整性

会议基本情况要求按格式填写清楚，会议内容要尽可能完整地记录下来，特别是会议内容的要点不能漏记或少记。

3. 同步性

无论是摘要记录或详细记录，都要求记得快，要与会议同步，这样可以有效地保持会议记录的真实性和完整性。

4. 规范性

尽管会议记录自身并不成文，但作为专用文书，也具有一定规范性。规范性的主要表现：一是使用单位统一的记录专用笺。二是要求按统一的格式记录。三是使用规范的记录符号。

（三）会议记录的种类

根据会议性质的不同，会议记录可以分为以下几类：

1. 日常办公型会议记录。

2. 专门工作型会议记录。

3. 座谈讨论型会议记录。

## 二、会议记录写作范式

（一）会议记录的格式

标题 + 正文 + 结尾

1. 标题

由单位名称、会议名称和“记录”三部分组成。如《××学院第×次办公会议记录》《××大学实验室工作研讨会记录》。

2. 正文

会议记录的正文分会议基本情况和会议内容两部分。

（1）会议基本情况

这一部分包括会议的时间、地点、出席人、缺席人、列席人、主持人、记录人和议题等八方面内容，要在主持人宣布开会前写好。

各部分要求如下：

①会议时间。指会议的开始时间。要写清年、月、日，有时还要注明上午、下午或晚上，必要时精确到具体钟点。

②会议地点。要写清会议场所的具体名称。

③出席人姓名。人数多的会议可只写出席人的范围和人数，人数不多的会议可按姓名、单位、职务一一写出出席者名单。

④缺席人。缺席者较多且难于统计时，可以只写人数。缺席者不多时，要写出缺席人姓名和缺席原因。

⑤列席人。要注明单位及职位。

⑥主持人。要写明主持会议的领导人的姓名及职务。

⑦记录人。要写明记录人的姓名。

⑧议题。即会议讨论或解决的问题。

（2）会议内容

这是会议记录的主体。包括主持人的发言、大会主题报告、讨论发言、决议四项内容。

要按会议的顺序记录。先写发言人的姓名，然后记录下他的发言内容。记录这一部分内容可根据情况选择使用摘要记录法或详细记录法。

①摘要记录法。摘要记录法要求只记录发言要点、结论、决议等内容。一般性会议通常采用这种记录法。

②详细记录法。详细记录法要求按会议进程详细完整地记录会上的发言、不同意

见、争论和会议决议。重要会议多采用详细记录法。

在记录时选用哪种方法，要根据会议情况和具体问题确定。一般来说，重要的会议或一般会议中的关键性问题都要详细记录。

对于会议的决议，除了逐字逐句记下外还要记下与会者对决议的态度，如有表决，要记下表决的票数。

3. 结尾

会议记录的正文后单列一行，写“散会”。再下一行由主持人、记录人签名。

（二）会议记录的写作要求

1. 会议的基本情况要写清。正文的第一部分即会议的组成情况，在开会前要核实清楚，做到准确无误。

2. 忠实于会议内容，如实做好记录。会议记录要做到忠实、准确，一方面要求记录人员开会时精力集中，另一方面平时要不断提高听、写能力训练及掌握一定的速记技能，并且会后要及时整理、核实。

3. 注意会议记录与会议纪要的区别。会议纪要是用于记载、传达会议情况和议定事项的公文，是经过整理加工的会议上达成一致的认识，是会议内容的要点。而会议记录不是公文，属于记载性的文字资料，是对会议情况翔实的原始记录。会议记录与会议纪要的文面格式也不同。

## 三、范文品读

【例文1】

### 会议记录

时间：4月8日上午

地点：管委会会议室

主持人：李××（管委会主任）

出席者：杨××（管委会副主任）、周××（管委会副主任）、李××（市建委副主任）、肖××（市工商局副局长）、陈××（市建委城建科科长）及建委、工商局有关科室宣传人员。街道居委会负责人。

列席者：管委会全体干部

记录人：邹××（管委会办公室秘书）

讨论议题：

1. 如何整顿城市市场秩序。

2. 如何制止违章建筑、维护市容市貌。

杨主任报告城市现状：我区过去在开发区党委领导下，各职能单位同心协力、齐抓共管，在创建文明卫生城市方面取得了一定成绩，城市市场秩序有一定进步，市容街道也较

可观 。可近几个月来，市场秩序倒退了，街道上小商贩逐渐多起来，水果摊、菜担、小百货满街乱摆……一些建筑施工单位沿街违章搭棚，乱堆放材料，搬运泥土撒落大街……这些情况严重地破坏了市容市貌，使大街变得又乱又脏，社会各界反应很强烈。因此今天请大家来研究 ：如何整顿市场秩序？如何治理违章建筑、违章作业，维护市容……

讨论发言（按发言顺序记录）

肖××：个体商贩不按规定到指定市场经营，管理不得力、处理不坚决，我们有责任。这件事我们坚决抓落实：重新宣传市场有关规定，坐商归店、小贩归市、农民卖蔬菜副食到专门的农贸市场……工商局全面出动抓，也希望街道居委会配合，具体行动方案我们再考虑。

罗××（工商局市管科科长）：市场是到了非整治不可的地步了。我们的方针、办法都有了，过去实行过，都是行之有效的，现在的问题是要有人抓，敢于抓，落到实处。只要大家齐心协力，问题是能够解决的。

秦××（居委会主任）：整顿市场秩序我们居委会也有责任。我们一定发动群众配合好，制止乱摆摊，乱叫卖的现象。

李××：去年上半年创建文明卫生城市时，市里出了个 7 号文件，其中规定施工单位不能乱开工。工棚、工场不得临街设置，更不准侵占人行道。沿街面施工要有安全防护措施……今年有的施工单位不顾市里文件，在人行道上搭工棚、堆器材。这些违章作业严重地影响了街道整齐、美观，也影响了行人安全。基建取出的泥土，拖斗车装得过多，外运时沿街散落，到处有泥沙，破坏了街道整洁。希望管委会召集施工单位开一次会，重申市府 7 号文件规定，要求他们限期改正。否则按文件规定惩处。态度要明确、坚决。

陈××：对犯规者一是教育，二是惩处。“不教而杀谓之虐”，我们先宣传教育，如果施工单位仍我行我素不执行，那时按文件惩处，他们也就无话可说。

周××：城市管理我们都有文件、有办法，现在是贵在执行，职能部门是主力军，着重抓，其他部门配合抓。居委会把居民特别是“执勤老人”（退休职工）都发动起来，按七号文件办事，我们市区就会文明、清洁，面貌改观……

与会人员经过充分讨论、协商，一致决定：

1. 由工商局牵头，居委会和其他部门配合，第一周宣传、第二周行动，监督实施，做到坐商归店，摊贩归点，农贸归市，彻底改变市场紊乱状况。

2. 由管委会牵头，城建委等单位配合，对全区建筑工地进行一次检查。然后召开一次施工单位会议，对违章建筑、违章工场限期改正。一个月内改变面貌。过时不改者，坚决照章处理 。

散会。

主持人：（签名）

记录人：（签名）

【例文 2】

**××学院第××次办公会议记录**

时间：××××年××月××日

地点：××学院综合楼第二会议室

出席人：路××（院长）、吴××（教务处长）、王××（院长办公室主任）、黄××（院长办公室秘书）及各系主任

缺席人：王××（出差开会）

孙××（外出学习）

主持人：路××

记录人：黄××

议题：如何加强学科建设，提升科研水平

（一）报告

1. 吴××报告院“教学质量工程”建设实施情况。（略）

2. 主持人传达省教育厅《关于提升本科教学质量的通知》。（略）

（二）讨论内容（略）

（三）决议

1. 组织有关人员集中传达《通知》精神，提高认识，统一思想。

2. 各系负责人在认真学习的基础上制定出本系的工作计划。

3. 学院教务处做好指导、督察。

散会。

主持人：（签名）

记录人：（签名）

## 四、操作训练

记录一次本班的班会。

# 第四节　规　定

## 一、规定的含义、特点和类型

规定属于规章文书。

规章文书是国家行政机关、社会团体、企事业单位，是为实施管理的需要，依照国家法律、法令和政策，在自己权限范围内制订的具有法规性、指导性与约束力的行为准

则和道德规范，常见文种有条例、规定、办法、细则、章程、制度、规则、守则、规程和公约等。规章文书各文种写法类似。本节主要介绍规定的写法。

（一）规定的含义

规定是党和国家机关、社会团体、企事业单位为处理某一方面工作或开展某种活动作出规范性要求的文书。

《行政法规制定程序暂行条例》把“对某一方面的行政工作作部分的规定”的文体称作“规定”。企事业单位使用的规定主要用于制定内部的规章。

规定针对性强，实用性大，是一个比较常用的法规文种。行政法规、地方性法规、政府规章，都可用规定。

（二）规定的特点

1. 广泛性与灵活性

规定适应面广，各级各类单位都可以使用。事项大小、时效长短、全面单一均可使用规定进行规范，还可以在对某些条文作解释、补充时使用。

规定使用灵活，制发方便，制发受限制较少。

2. 集中性与具体性

规定规范的是某项工作或某种活动，与条例等比较，规定的对象、范围更集中一些，措施、要求也更为具体一些。

3. 约束性与强制性

规定在一定的范围内有着程度不同的约束性和强制性。规定用于解决“应该如何”和“不应该如何”的界限问题，限定人们的行为规范、办事准则。规定对人们的行为具有强制性的约束力。

（三）规定的常见类型

1. 政策性规定

这类规定主要是依照有关法律法规条文规定一些政策规范，使其成为行为依据，其依据性与政策性较强。

2. 管理性规定

这类规定主要是制定某项活动或某方面工作的管理规则，以达到加强管理，规范行为的目的。

3. 实施性规定

这类规定主要是配合实施有关法规而制定，实施性规定与实施原件配套使用。

4. 补充性规定

这类规定主要是对某些法规性文件的某些条款作出新的补充，以使其更加合理、完善。

## 二、规定的写作范式

（一）规定的格式

标题 + 正文

1. 标题

有两种形式：

第一种，由发文机关、事由和文种组成，如《国务院关于鼓励华侨和香港澳门同胞投资的规定》。也可省略发文机关，如《人民警察警徽使用管理规定》。

第二种，由规范范围、事由和文种组成，如《武汉市城市园林绿化工程管理规定》。

有时标题下还要写明“制定时间和制定机关”。这两项内容是规章文书发生效力的标志，一般用较小字号印在标题下面，用圆括号括起来，如《上海市关于鼓励外商投资的若干规定》的标题下面是“（1986 年 10 月 23 日上海市人民政府发布）”。

2. 正文

这是规定的基本内容部分，是规定的主体。可以用条文的形式表述，全文分作若干条；也可以采用“总分附式”即章断条连式。不管采用哪种方式，规定的正文一般包括制定因由、规范内容、实施说明三部分内容。

第一部分，说明制定规定的目的、适用范围、主管部门等。常用“为了……特制定本规定”或“为了……依据……制定本规定”的句式。

第二部分，具体的规定内容。

第三部分，实施说明。用最后一条或几条说明本规定的制作权、解释权、施行要求及施行日期等。

（二）规定的写作要点

1. 内容按条划分，有序排列

“条”的表述方式是规章文书区别于一般行政公文、事务文书文体的标志之一。

“条”的表述方式是条上有“章”，条下有“款”，款下有“项”。条的顺序由始至终排列，不因章的划分而中断即章断条连。每一条的内容是相对独立的，相互之间不能有内容的交叉、相容或粘连。

其排列的顺序一般为：制定规定的依据与目的，适用范围，主管机关，行为规范，违犯处理，解释机关，施行时间、废止条款等。

2. 规定的内容要周全、具体、明确

从正反两个方面分别作出规定，让读者明确“应该如何”和“不应该如何”。，要做到条文严谨、周密和规范。

3. 语言要凝练、准确、严密、肯定，避免产生歧义

常用“应该”“应当”“不应”“不该”“不得”“不可”等词语，以表示应该怎样做和不应该怎样做，界限十分清楚。

## 三、范文品读

【例文 1】

### 国务院关于行政区划管理的规定

（1985－1－15）

第一条　为了加强行政区划的管理，根据《中华人民共和国宪法》和《中华人民共和国地方各级人民代表大会和地方各级人民政府组织法》的有关规定，制定本规定。

第二条　行政区划应保持稳定。必须变更时，应本着有利于社会主义现代化建设，有利于行政管理，有利于民族团结，有利于巩固国防的原则，制订变更方案，逐级上报审批。

第三条　省、自治区、直辖市的设立、撤销、更名，报全国人民代表大会审议决定。

第四条　下列行政区划的变更由国务院审批：

（一）省、自治区、直辖市的行政区域界线的变更，省、自治区人民政府驻地的迁移；

（二）自治州、县、自治县、市、市辖区的设立、撤销、更名和隶属关系的变更以及自治州、县、自治县、市人民政府驻地的迁移；

（三）自治州、自治县的行政区域界线的变更，县、市的行政区域界线的重大变更；

（四）凡涉及海岸线、海岛、边疆要地、重要资源地区及特殊情况地区的隶属关系或行政区域界线的变更。

第五条　县、市、市辖区的部分行政区域界线的变更，国务院授权省、自治区、直辖市人民政府审批；批准变更时，同时报送民政部备案。乡、民族乡、镇的设立、撤销、更名和行政区域界线的变更，乡、民族乡、镇人民政府驻地的迁移，由省、自治区、直辖市人民政府审批。

第六条　行政公署、区公所、街道办事处的撤销、更名、驻地迁移，由依法批准设立各该派出机关的人民政府审批。

第七条　变更行政区划向上级人民政府报告的内容应包括：变更的理由、范围，隶属关系，政治经济情况，人口和面积数字，拟变更的行政区域界线地图，以及县级和县级以上人民政府（含行政公署）的报告或意见等。

第八条　各级民政部门分级负责行政区划的管理工作。各级民政部门在承办行政区划变更的工作时，应根据情况分别同民族、人事、财政、外事、城乡建设、地名等有关部门联系洽商；在承办民族自治地方的行政区划变更的工作时，应同民族自治地方的自治机关和有关民族的代表充分协商拟定。各级民政部门，应建立完整的行政区划档案。

第九条　本规定由民政部负责解释。

第十条　本规定自发布之日起施行。

**【例文2】**

## 上海市关于鼓励外商投资的若干规定

（1986年10月23日上海市人民政府发布）

第一条　为了进一步吸取外商投资，引进先进技术，扩大出口创汇，加快上海市的经济发展，上海市各地区、各部门除切实执行《国务院关于鼓励外商投资的规定》外，还应切实执行本规定。

第二条　对产品出口企业和先进技术企业，在国家规定免征企业所得税期间，同时免征地方所得税，在以上免税期满后，先后免征和减半征收地方所得税各三年。

第三条　对产品出口企业按本规定免征地方所得税期满后，凡当年出口产品值达到当年产品产值百分之七十以上的，仍可以免征地方所得税。

第四条　产品出口企业和先进技术企业的土地使用费，除市区繁华地段外，自企业设立起的三年内免缴，自第四年起按规定标准下限的百分之五十缴纳，但最高不超过每年每平方米二元五角。

第五条　原规定由外商投资企业按中国职工人数缴纳的房租补贴，不再上缴，留给企业作为改善中国职工住房的资金补充。

第六条　外商投资企业所需要的技术人员、管理人员和工人，可以在上海市范围内公开招聘，也可以在劳动人事部门的指导下到外省招聘或借用。从外省市招聘或借用的人员聘后仍回原地。

第七条　对产品出口企业和先进技术企业，优先提供生产经营所需的水、电、气、运输条件和通讯设施等，并按照本市国营企业同等收费标准计收费用。

第八条　产品出口企业和先进企业在生产和流通过程中借贷的短期周转资金，以及其他必需的信贷资金，经开户银行或其他金融机构审核后，优先贷放。

第九条　在上海市外资工作领导小组下设立外商投资服务机构，为外商投资提供行政服务。

第十条　设立外汇调剂机构，在外汇管理部门监管下办理外商投资企业间接外汇调剂业务。

第十一条　设立外商投资企业物资服务机构，便于外商投资企业的原材料的供应。

第十二条　对经济技术开发区给予更大的自主权，并对在经济技术开发区内兴办的外商投资企业给予更大的优惠，具体办法另订。

第十三条　凡属本市审批的外商投资企业，审批机关在收到上报文件之日起，对项目建议书在三十天内批复，可行性研究报告、合同、章程在三十天内批复，批准证书在十天内核发。

第十四条　香港、澳门、台湾的公司、企业和其他经济组织或个人来上海市投资兴办的企业，参照本规定执行。

第十五条　本规定由上海市对外经济贸易委员会负责解释。

第十六条　本规定自一九八六年十一月一日起施行。

【例文3】

## 人民警察警徽使用管理规定

（2000年2月28日公安部长办公会议通过）

第一条　为了维护人民警察警徽的尊严，正确使用警徽，根据《中华人民共和国人民警察法》，制定本规定。

第二条　警徽图案由国徽、盾牌、长城、松枝和飘带构成。国徽衬地和垂缨为正红色，盾牌衬地为深蓝色，长城、松枝和飘带为金黄色。

第三条　警徽是人民警察的象征和标志。人民警察必须爱护警徽，维护警徽的尊严。

第四条　警徽及其图案的使用范围：

（一）授衔、授装、宣誓、阅警等重大仪式；

（二）人民警察机关及其事业单位的重要建筑物、会场主席台；

（三）人民警察机关颁发的奖状、荣誉章、证书、证件；

（四）人民警察报刊、图书及其他出版物；

（五）警服、警帽、警用交通工具、标志等物品。

除前款规定的情形外，使用警徽及其图案应当经地（市）级以上人民警察机关批准。

第五条　悬挂警徽，应当置于显著位置。使用警徽及其图案，应当严肃、庄重，严格按照比例放大或者缩小。不得使用破损、污损、褪色或者不合格的颜色的警徽。

第六条　警徽及其图案不得用于：

（一）商标、商业广告；

（二）日常生活的陈设布置；

（三）私人婚、丧、庆、悼活动；

（四）娱乐活动；

（五）其他有碍于警徽庄严的场合或者物品。

第七条　警徽为人民警察专用标志，其他单位和个人不得持有、使用、制作、仿造、伪造和买卖警徽及其图案相类似的标志。

第八条　公安机关、国家安全机关、监狱、劳动教养管理机关的人民警察和人民法院、人民检察院的司法警察应当严格遵守本规定，对违反本规定的，应当进行批评教育并予以纠正；情节严重的，应当给予当事人纪律处分。

第九条　对非法持有、使用、制作、仿造、伪造和买卖警徽的，依照《中华人民共和国警察法》第三十六条的规定予以处罚；构成犯罪的，依照《中华人民共和国刑法》第二百八十一条的规定追究刑事责任。

第十条　警徽由公安部按照《人民警察警徽技术标准》统一监制。

第十一条　县级以上各级人民警察机关对警徽及其图案的使用，实行监督管理。

第十二条　本规定自发布之日起施行。

【例文4】

## 国家医药管理局关于贯彻《中华人民共和国药品管理法》的有关规定

（××××年××月××日××××××通过）

第六届全国人大常委会第七次会议审议通过的《中华人民共和国药品管理法》将于一九八五年七月一日起施行。为了切实贯彻执行，加强医药行业的质量管理，确保人民用药安全、有效，特作以下规定：

一、省、自治区、直辖市及计划单列市医药管理局（总公司），要按照《药品管理法》规定的药品生产企业和药品经营企业必须具备的条件，抓紧对本地区的药品生产、经营企业进行分期分批的检查，达到要求者发给《药品生产企业合格证》《药品经营企业合格证》，不合格者，限期达到要求。持有《合格证》者，才能向卫生行政部门申请《药品生产企业许可证》和《药品经营企业许可证》。

二、为做好医药行业的统一规划和布局，开办药品生产企业，必须由开办单位，按照投资批准权限，向国家医药管理局和省、自治区、直辖市及计划单列市医药管理局（总公司）提出开办药品生产企业申请报告，同时报送新建厂生产的品种、规模、厂址和建厂的可行性调研资料，经审查批准后按基建程序进行设计、施工和建设工作。新厂建成投产前，由批准部门对药厂进行验收，达到《药品管理法》规定的条件者发给《药品生产企业合格证》，凭《合格证》向卫生行政部门申请《药品生产企业许可证》。

三、开办药品经营企业，必须由开办单位向所在地的医药管理部门提出申请，经批准后才能筹建。正式营业之前，由批准部门根据药品经营企业必须具备的条件进行检查验收，合格者发给《药品经营企业合格证》，凭《合格证》向卫生行政部门申请《药品经营企业许可证》。

四、新投产已有国家标准和省、自治区、直辖市标准的药品，必须由生产单位向省、自治区、直辖市及计划单列市医药管理局（总公司）提交生产该产品的市场调研报告和生产规模，经批准后方可进行生产的筹建工作。投产前由批准部门进行检查，合格者发给《药品生产许可证》。生产企业必须将试产的药品送省、自治区、直辖市药检所检验，并领取批准文号。

五、国家对工业生产的麻醉药品、毒性药品、精神药品实行特殊管理，只准许由国家医药管理局指定的工业生产企业和经营企业按计划进行生产和经营，并发给指定的企业生产、经营毒麻药品《许可证》。

六、国家医药管理局和省、自治区、直辖市及计划单列市医药管理局（总公司）负责对药品生产企业和药品经营企业质量管理和检查，对违反《药品管理法》者，有权提出警告、通报、责令停产、停业整顿或吊销《药品生产企业合格证》《药品经营企业合格证》《药品生产许可证》。企业的质量检验部门负责本企业的药品质量监督、检查和化验。对不合格的产品不准签发产品检验合格证，严格把住质量关。对于卫生行政、公检法及工商行政管理等部门发现药品生产、经营企业违反《药品管理法》者，需追究刑事责任或给予行政处罚时，省、自治区、直辖市及计划单列市医药管理局（总公司），要积极配合协助处理。

七、《药品生产企业合格证》《药品经营企业合格证》和《药品生产许可证》的格式由国家医药管理局统一规定，由国家医药管理局或省、自治区、直辖市及计划单列市医药管理局（总公司）签发。

**【例文5】**

### 对《工资支付暂行规定》有关问题的补充规定

（××××年××月××日××××××通过）

根据《工资支付暂行规定》（劳部发〔1994〕489号，以下简称《规定》）确定的原则，现就有关问题作出如下补充规定：

一、《规定》第十一条、第十二条、第十三条所称“按劳动合同规定的标准”，系指劳动合同规定的劳动者本人所在的岗位（职位）相对应的工资标准。

因劳动合同制度尚处于推进的过程中，按上述条款规定执行确有困难的，地方或行业劳动行政部门可在不违反《规定》所确定的总的原则基础上，制定过渡措施。

二、关于加班加点的工资支付问题

1.《规定》第十三条第（一）、（二）、（三）款规定的符合法定标准工作时间的制度工时以外延长工作时间及安排休息日和法定休假节日工作应支付的工资，是根据加班加点的多少，以劳动合同确定的正常工作时间工资标准的一定倍数所支付的劳动报酬，即凡是安排劳动者在法定工作日延长工作时间或安排在休息日工作而又不能补休的，均应支付给劳动者不低于劳动合同规定的劳动者本人小时或日工资标准150%、200%的工资；安排在法定休假节日工作的，应另外支付给劳动者不低于劳动合同规定的劳动者本人小时或日工资标准300%的工资。

2. 关于劳动者日工资的折算。由于劳动定额等劳动标准都与制度工时相联系，因此，劳动者日工资可统一按劳动者本人的月工资标准除以每月制度工作天数进行折算。

根据国家关于职工每日工作8小时，每周工作时间40小时的规定，每月制度工时天数为21.5天。考虑到国家允许施行每周40小时工时制度有困难的企业最迟可以延期到1997年5月1日施行，因此，在过渡期内，实行每周44小时工时制度的企业，其日工资折算可仍按每月制度工作天数23.5天执行。

三、《规定》第十五条中所称“克扣”系指用人单位无正当理由扣减劳动者应得工资（即在劳动者已提供正常劳动的前提下用人单位按劳动合同规定的标准应当支付给劳动者的全部劳动报酬）。不包括以下减发工资的情况：（1）国家的法律、法规中有明确规定的；（2）依法签订的劳动合同中有明确规定的；（3）用人单位依法制定并经职代会批准的厂规、厂纪中有明确规定的；（4）企业工资总额与经济效益相联系，经济效益下浮时，工资必须下浮的（但支付给劳动者工资不得低于当地的最低工资标准）；（5）因劳动者请事假等相应减发工资等。

四、《规定》第十八条所称“无故拖欠”系指用人单位无正当理由超过规定付薪时间未支付劳动者工资。不包括：（1）用人单位遇到非人力所能抗拒的自然灾害、战争等原因、无法按时支付工资；（2）用人单位确因生产经营困难、资金周转受到影响，在征得本单位工会同意后，可暂时延期支付劳动者工资，延期时间的最长限制可由各省、自治区、直辖市劳动行政部门根据各地情况确定。其他情况下拖欠工资均属无故拖欠。

五、关于特殊人员的工资支付问题

1. 劳动者受处分后的工资支付：（1）劳动者受行政处分后仍在原单位工作（如留用察看、降级等）或受刑事处分后重新就业的，应主要由用人单位根据具体情况自主确定其工资报酬；（2）劳动者受刑事处分期间，如收容审查、拘留（羁押）、缓刑、监外执行或劳动教养期间，其待遇按国家有关规定执行。

2. 学徒工、熟练工、大中专毕业生在学徒期、熟练期、见习期、试用期及转正定级后的工资待遇由用人单位自主确定。

3. 新就业复员军人的工资待遇由用人单位自主确定；分配到企业的军队转业干部的工资待遇，按国家有关规定执行。

## 四、操作训练

（一）下面是一篇病文，请写出修改稿。

### ××市人民政府关于加强自行车交通管理的规定

为进一步贯彻《××市道路交通管理暂行规则》和《××市道路交通管理暂行处罚规则》，加强自行车交通管理，现重申并补充以下规定：

一、凡骑自行车者，必须遵守以下规定：

1. 沿路靠右行驶，禁止逆行。在划有车辆分道线的道路上，不准在机动车或便道上骑行。

2. 转弯要提前减速，照顾前后左右情况，并伸手示意。在划有上下四条以上机动车道的路段上左转弯时，必须推车从人行横道内通过。不准突然猛拐、争道抢行。

3. 在三环路以内，郊区城镇或公路上，不准骑车带人，不准与骑车同行者扶身并行；

不准双手离把、持物或攀扶其他车辆；不准骑车拖带车辆；不准追逐竞驶或曲折竞驶。

4. 自行车在道路上停车、载物、停放等均应按《××市道路交通管理暂行规则》的规定执行。

二、对违反规定的，要批评教育，处罚款××元至×××元。

三、因骑车人违反规定造成交通事故，由骑车人承担全部责任。

四、本规定由市公安局负责实施。

（二）起草一份《××班自习课纪律管理规定》。

## 第五节　谋职信

### 一、谋职信的含义、类型和特点

谋职信属于事务书信。

事务书信是党政机关、社会团体和企事业单位之间或个人与组织之间专门用于联系某种事务的信函。事务书信种类很多，常用的有：谋职信、介绍信、证明信、推荐信、感谢信、表扬信、慰问信、公开信、咨询信、倡议书、申请书、建议书、聘书等，它们在实践中的使用频率都很高。本节主要介绍谋职信。

（一）谋职信的含义和类型

谋职信是求职者向有关企事业单位介绍自己的基本情况谋求职位的信，包括求职信和应聘信。

求职信是谋职人根据自己的条件和意向，向可能聘用的单位发出的信。

应聘信是在已获知用人单位招聘的情况下写的信。

（二）谋职信的特点

写谋职信的目的是为了求取职位，因此谋职信具有针对性、展示性和求实性的特点。

1. 针对性

一是要针对用人单位的实际要求，二是要针对自己的实际情况。要把握好二者的契合点。

2. 展示性

谋职信要充分展示自己的有利条件，这是求职能否成功的关键。人无我有，人有我优之处尤其重要。

3. 求实性

实事求是、诚实是谋职的前提，这决定了谋职信的内容必须客观、真实，夸大其词的虚假信息不但无益而且有害。

## 二、谋职信的结构与写法

谋职信虽是事务书信，但与普通书信在结构上并无太大的区别，一般分为标题、称谓、正文、敬语、落款、联系方式六部分。

1. 标题

根据具体情况在信纸上方正中部位书写较大的“求职信”或“应聘信”三个字，表明此信的性质和行文目的，以求醒目。

2. 称谓

称谓是对收信人或单位的称呼。写给国有企事业单位时，称呼通常写单位名称或单位的人事部门。写给民营、私营或合资独资企业时，称呼一般写公司老板或人事部门负责人个人姓名。为表示尊重，名称前也可加上“尊敬的”等敬辞。

称谓的位置在标题下一行，顶格书写，后加冒号。

3. 正文

正文主要包括三部分：

第一部分：说明谋职的原因和所谋的职位或自己适合哪些职务，要具体、明确。

第二部分：根据所谋的职位有针对性地陈述自己的条件。可从两方面来写：

（1）简介主要资历

谋职人除附个人简历（姓名、年龄、籍贯、婚姻状况、学历、经历等），还应在信的开头再次说明就读的学校名称、专业，列举学过的与职位有关的科目、课外进修情况、社会实践情况（包括学校组织的实习和利用假期参加实践）、在校担任过哪些职务等。简介要简而明，要针对谋职目的来写。

（2）展示才能和特长

才能和特长，也就是自己从事某项工作、承担某种任务的独特条件。这部分要力求写出自己的特色。既要针对现代社会用人单位对人才的一般要求，又要根据自己的具体情况陈述。用人单位除要求谋职人有相应的学历和经验（如专业知识、工作经验和工作成果等）、有敬业乐业精神、有良好的体魄外，谋职人的性格、爱好、品德方面也是用人单位的关注点所在。思维敏捷、口齿伶俐、知识丰富、多才多艺、善于与人相处、能适应环境、关心社会、信息敏感度强的人也是非常受用人单位欢迎的。对这方面内容应有意侧重，不要忽视。

注意不要让自己的短处过于显露，应多谈自己对该行业的兴趣、志向。

第三部分：表达希望。以诚恳的态度表达希望被录用的愿望。如“如蒙慨允给我一个面试的机会，我将十分感谢”“盼望答复”等。

4. 敬语

按信函的格式写上“此致”“敬礼”一类敬语。

5. 落款

按信函格式写上个人姓名、日期。

6. 联系方式

写上地址、邮编、电话号码、联系人等。

## 三、谋职信的写作要求

1. 谋职信的正文要围绕针对性选材，侧重展示自己的优势，力求真实。

2. 突出重点。写求职信和应聘信要把握好各自的重点。求职信的重点在于全方位地推介自己，专业特长、文体特长、语言特长、书画特长等都是介绍的内容，虽有重点，但力求全面；应聘信的重点则在于围绕应聘的职位推介自己，这一职位所需要的能力，自己具备哪些、具备到什么程度是其主要内容。多写自己的优势，展示自己的业绩和能力。与所应聘职位无关的内容，即使是自己的特长，也尽量不要涉及，力求突出重点。

3. 态度要自信、恳切，既要尊重对方，又要不卑不亢。

4. 言简意赅，情文并茂；书写端正，文面整洁。

## 四、范文品读

【例文 1】

### 求职信

尊敬的××公司总经理先生：

首先，为我的冒昧打扰向您表示真诚的歉意。在即将毕业之际，我怀着对贵公司的无比信任与仰慕，斗胆投石问路，希望能成为贵公司的一员，为贵公司服务。

我是××职业技术学院计算机软件专业2002级学生，将于今年7月毕业。在大学学习期间，我努力学习各门基础课及专业课，并取得了良好的成绩（见附表），英语已通过六级考试（见附件）。本人不仅能熟练掌握学校所教课程的有关知识（Ⅶ程序设计、AUTOCAD R14、FRONTPAGE98、FOXPRO2.5、C语言等），而且还自学了PHOTOSHOP5.0、DMAX2.5、VISUAL FOXPRO等，专业能力较强，曾获学校计算机软件设计比赛一等奖。

作为新世纪的大学生，我非常注意各方面能力的培养，积极参加社会实践，曾在平安保险做过业务员，在肯德基做过星级训练员，还在龙腾信息有限公司做过网络技师，爱好广泛，有责任感，能吃苦耐劳。

本人期盼能成为贵公司的一员，从事计算机服务等工作。诚然，我尚缺乏丰富的工作经验，如果贵公司能给我机会，我会用我的热情、勤奋来弥补，用我的知识、能力来回报贵公司的赏识。

盼望您能给我一次面试的机会。随信附上简历、英语等级证书、获奖证书等。

此致

敬礼!

××敬上

二〇〇五年四月五日

联系地址：××职业学院计算机系软件专业2002级1班（邮编：××××××）

电　　话：×××××××××

【例文2】

### 应聘函

尊敬的××商场×××总经理：

我从×月×日《××日报》上看到了贵商场招聘员工的启事。我有意应聘其中的财务会计一职。

我叫张小兰，女，今年24岁，本市人，于20××年毕业于××××学院财务电算化专业。在校学习时各科成绩优良。毕业后在××××厂做销售员，由于专业不对口，所学特长无法发挥，很苦闷，很羡慕那些专业对口拥有用武之地的人士。知悉贵商场需要财务会计专业人员一事，我非常高兴，觉得终于盼来了施展自己特长的好机会。

希望贵商场能给我一个面试的机会。经考核，如蒙录用，我将会竭尽全力做好本职工作，做一个合格的××商场的“理财人”。

附件：1. ××大学毕业证

　　　2. 会计人员上岗证

此致

敬礼!

求职人：张小兰谨上

××××年×月×日

联系地址：本市××路××号　邮政编码：××××××

联系电话：××××××　××

## 五、操作训练

（一）下文从形式到内容都存在一些问题，请指出问题之所在，并加以修改。

### 求职信

××大学人事处负责同志：

我是一个渴望得到用武之地的在职人员，女，22岁。一年前我从临江大学教育系学校管理专业毕业，由国家分到本市，后由市教委分配到市直机关幼儿园当了幼儿教师。一年来，在用非所学（所长）的岗位上已耽误了许多宝贵时光，这对国家对个人无疑都是损失，故本人渴望寻找一个能发挥自己所长的地方。

现将本人情况略作介绍：本人能力方面长于语文学科，高中时以108分的单科成绩为高校录取，在校期间曾在省报发表过小说两篇，在《光明日报》发表大学生暑假调查报告一篇，曾获学校硬笔书法赛二等奖（正楷）。以前曾被市直×机关借用做文字工作，写过多种计划、总结、报告，为×副市长的电视讲话写过讲稿。另外，我的英语学科一直是中学大学期间的强项，成绩名列前茅。大学三年级时在省级刊物上发表过翻译作品两篇。大学四年级时通过了国家英语四级考试。由以上情况，木人适合担任秘书工作或外语公共课教学工作。

负责同志，我完全有把握地说，如果你们能让我担任以上两个方面的工作，定会让你们满意。我自己也定将珍惜这来之不易的工作，奋力做出自己的贡献。

此致

敬礼！

求职者：×××

××××年××月××日

（二）假定你是一名师范类汉语言文学专业应届毕业生，请根据下文写一封求职信。

**××县实验中学招聘简章**

××县实验中学是定陶县县直重点初级中学，山东省初中教学工作先进单位。现有52个教学班，教职工260余人，在校学生4000余人。学校位于××县城区中心，地理位置优越，交通、食宿方便。学校基础设施配套齐全，现有两栋教学楼，两栋教职工宿舍楼，一栋实验办公综合楼，建筑结构严谨，布局合理，校园环境良好；拥有高标准学生实验室、学生微机室、教师微机室、多媒体教室等现代化教学设施。学校师资力量雄厚，拥有一大批省市级教学能手、骨干教师、优质课获奖教师，教研氛围浓厚，利于青年教师成长。学校生源充足，主要来源于城区各重点小学，生源素质较高。为加快学校发展，拟聘语文、英语、物理、地理、生物、信息技术各科教师。

一、招聘人数：语文教师3人，英语教师4人，物理教师4人，地理教师1人，生物教师1人，信息技术教师1人。

二、报名条件：具有国办全日制高校专科以上学历、专业对口的应届毕业生。

三、报名办法：凡符合上述条件的应届毕业生，均可将应聘材料寄至XX县实验中学教务处。初审合格后，将及时通知有关事宜。因工作繁忙，恕不当面接待。

四、录用后待遇执行现行高校毕业生工资标准，享受学校正式教师福利待遇。

学校邮编：274100　电话：0530－2212442。

××县实验中学

2013年3月26日

# 第六节 邀请信（请柬）、欢迎词

邀请信（请柬）、欢迎词均属于礼仪文书。

礼仪文书是单位、团体或个人在交际应酬中使用的专用文书。包括邀请类、欢迎类、祝贺类、哀悼类等，常见文种有邀请信（请柬）、欢迎词（欢送词、答谢词、祝酒词）、贺信（贺电、贺卡）、讣告、悼词、唁电（函）。本节主要介绍邀请信（请柬）和欢迎词。

## 一、邀请信（请柬）

### （一）邀请信（请柬）的含义和用途

邀请信（请柬）是单位、团体或个人邀请有关单位或个人参加重要会议或出席某项活动所用的应用文书。

其使用范围很广，召开庆祝会、纪念会、联欢会、洽谈会、订货会、研究会、交流会以及举行招待会、宴会、茶话会等都可发邀请信或请柬。

根据邀请规模选择发邀请信还是发请柬（也叫请帖）。一般来说，邀请的规模大、人较多，发请柬；人较少则发邀请信。

### （二）邀请信（请柬）的结构和写法

邀请信（请柬）一般由以下几部分组成：

1. 标题

邀请信的标题一般是内容 + 文种，也可只写文种。而请柬则写于封面（正面），居中写“请柬”，字体要略大，要醒目和美观。

2. 称谓

首行顶格写被邀请的单位名称或个人的姓名。单位名称需用全称。姓名后缀职务、职称或“先生”“女士”。

3. 正文

写清楚邀请的目的、时间、地点、活动内容、参加人员及应注意的一些问题。必要时，要写清活动的详细地址、行走路线、活动安排及联系人、联系方式等。文末写“敬请光临”“恭候光临”等礼貌用语。

4. 敬语

通常写“此致”“敬礼”等敬辞。

5. 落款

署名和日期。

### （三）邀请信（请柬）的写作要求

1. 有关信息的交代要准确、无误。被邀请单位或个人的称谓、活动时间和地点、邀请的内容不得有误。如有必要，联系人、联系电话、食宿或携带物品、文件要求、交通路线等也要交代清楚。

2. 态度要诚恳、热情，用语要礼貌、简约、典雅。

3. 制作宜精美，装帧尽可能美观、大方，以示对被邀请者的尊重。

【例文1】

请　柬

尊敬的××先生：

敝公司定于2007年5月3日至5月8日在北京汇丰大厦第三展览大厅举办机械电子产品订货会。包食宿（限两人），报到时间5月2日12：00—17：00。恭候光临。

此致

敬礼！

华夏电子有限公司

二〇〇七年四月二十日

【例文2】

请　柬

××大学团委吴书记：

兹定于5月4日上午9时，在济南××宾馆第二会议室举行纪念“五四”运动八十周年座谈会。敬请光临指导。

此致

敬礼！

××市青年联合会

一九九九年五月二日

## 二、欢迎词

（一）欢迎词的含义

欢迎词常用于礼节性社交活动中，是主人在迎接宾客的仪式、集会或宴会上对来宾表示热烈欢迎的讲话稿。在欢迎宴会上常演变为祝酒词（比欢迎词多一个祝酒词令）。

（二）欢迎词的结构和写法

1. 标题

一般由致辞人＋活动名称＋文种为题。如“周恩来总理在欢迎美国总统尼克松的宴会上的祝酒词”。也可以省略致辞人，也可直接以文种“欢迎词”为题。

2. 称谓

称谓要用全称，表示礼貌。称呼前可加修饰语“尊敬的”“敬爱的”“尊贵的”之类，称呼后可加头衔，也可加“先生”“女士”“夫人”等。对群体可用泛称，如“朋友们”“先生们”“各位来宾”等。

3. 正文

欢迎词的正文，一般应包括三个方面。

开头表达欢迎之情。一般是对来宾的到来表示欢迎的话。

主体或畅叙现在，或回顾以往，或畅想将来。一般先写宾客来访的目的、意义、作用，然后回顾双方交往的历史与友情，最后表示继续加强合作的愿望。

结尾写祝颂语，向来宾致以良好的祝愿。祝酒词的结尾句式一般为“我提议，为……干杯！”

4. 落款

即在正文下面右下方写明致欢迎词、欢送词和祝词的机关、人物的姓名和日期。如果在标题中已经写明，则此处不必再落款。

（三）欢迎词的写作要求

1. 感情真挚、诚恳，评价要客观，符合实际。

2. 能营造出热烈、欢快的气氛。

3. 有分歧的问题、意见不一致的问题不在言辞中表露。

4. 语言既要上口、入耳，又要有感染力。

## 三、范文品读

### 周恩来总理在欢迎美国总统尼克松的宴会上的祝酒词

总统先生，尼克松夫人：

女士们，先生们，朋友们：

首先，我高兴地代表毛泽东主席和中国政府向尼克松总统和夫人，以及其他的美国客人们表示欢迎。

同时，我也想利用这个机会代表中国人民向远在太平洋彼岸的美国人民致以亲切的问候。尼克松总统应中国政府的邀请，前来我国访问，使两国领导人有机会直接会晤，谋求两国关系正常化，并对共同关心的问题交换意见。这是符合中美两国人民愿望的积极行动，这在中美两国关系史上是一个创举。

美国人民是伟大的人民。中国人民是伟大的人民。我们两国人民一向是友好的。由于大家都知道的原因，两国人民之间的来往中断了二十多年。现在，经过中美双方的共同努力，友好来往的大门终于打开了。目前，促使两国关系正常化，争取和缓紧张局势，已成为中美两国人民强烈的愿望。人民，只有人民，才是创造世界历史的动力。我们相信，我们两国人民这种共同愿望，总有一天是要实现的。

中美两国的社会制度根本不同，在中美两国政府之间存在着巨大的分歧。但是，这种分歧不应当妨碍中美两国在互相尊重主权和领土完整、互不侵犯、互不干涉内政、平等互利和和平共处五项原则的基础上建立正常的国家关系，更不应该导致战争。中国政府早在1955年就公开声明，中国人民不想同美国打仗，中国政府愿意坐下来同美国政府谈判。这是我们一贯奉行的方针。我们注意到尼克松总统在来华前的讲话中也说到，“我们必须做到的事情是寻找某种办法使我们可以有分歧而又不成为战争中的敌人”。我们希望，通过双方坦率地交换意见，弄清楚彼此之间的分歧，努力寻找共同点，使我们两国的关系能够有一个新的开始。

最后我提议：

为尼克松总统和夫人的健康，

为其他美国客人们的健康，

为在座的所有朋友和同志们的健康，

为中美两国之间的友谊，

干杯！

——摘自《人民日报》1972年2月22日

## 四、操作训练

（一）根据学校宣传部关于今年重大活动宣传的统一部署，文学院团委、学生会将举办“五月的鲜花——纪念五四运动九十周年大型歌咏会”。本活动时间拟定于5月2日下午，在西校区音乐厅举行。请你以活动举办者的身份写一封邀请信邀请其他学院领导作为嘉宾出席此次活动。

（二）根据学校宣传部关于今年重大活动宣传的统一部署，文学院团委、学生会将举办“五月的鲜花——纪念五四运动九十周年大型歌咏会”。本活动时间拟定于5月2日下午，在西校区音乐厅举行。请你以活动举办者的身份对各位嘉宾的与会致欢迎词。

# 第五章

# 消　息

## 一、消息的含义及特点

（一）消息的含义

消息是以记叙为主要表现手段，用简明扼要的文字，对国内外新近发生或发现的具有传播价值的事实迅速及时地报道的一种文体。

（二）消息的特点

1. 真

真实是新闻的生命。新闻的真实性，是指新闻必须符合客观事实。新闻要真实可靠，必须是真人、真事、真情况、真言语，是客观存在的，不容许半点主观臆造。

2. 快

在新闻体裁中，消息是最迅速、最及时的。新闻之所以可贵，原因就在于快。重大新闻的时效往往以日时计，甚至以分秒计。新闻的时效性要靠“新”和“快”作基础。要求新闻工作者必须争分夺秒。

当然，不能忽视报道的时宜性。强调时效性，并非什么消息报道都是越快越好，还得从实际情况出发，从传播的效果出发，服从时局和政治的需要。涉及党和国家机密和国家利益的内容尤其如此。

3. 新

消息的新，即内容新和角度新。内容新指所报道的事实必须是新近发生的、新鲜的、有意义的和具有新闻价值的。角度新指要确立富有新意的主题，并要抓住所报道的事实的特点和受众的心理，改换过去常规报道的切入角度，选择最佳的崭新角度切入，以取得较好的社会反响。

4. 短

消息篇幅要短，一事一报，文字要简，主要用概述方式将最主要、最精彩的内容反映出来。新闻要新要快，必须做到短。每篇消息一般不超过1000字。

## 二、消息的种类

消息的种类很多，根据写作特点来看，主要有下列几类：

（一）动态消息

是对国内外新近发生或正在发展的为群众关注的事件的报道。它强调一个“动”字，既要反映动态的事实，又要动态地反映事实。这类消息数量最多。

（二）综合消息

是围绕一个主题，综合反映国内外不同地区或单位相同或类似情况的报道。这类消息的主题和所反映的事件一般比较重大，它立足全局，具有宏观性；写法上点面结合，往往叙中有议。

（三）经验消息

是以消息的形式集中报道某地区或某部门、单位在某项工作中取得的成功经验，以带动全局，指导一般，宣传党的路线、方针和政策。由于它以介绍典型经验为主，所以又称典型报道。这类消息，具有较强的针对性和指导性，所介绍的经验具体可行；如有教训，也照实写出，以提醒读者注意，避免走弯路。

（四）述评消息

是一种边叙边议、述评结合的消息品种，又称记者述评。这类消息介于消息和新闻评论之间，选取的往往是重大题材。面对国内外发生的或正在发展的某些重大事件，或从其内在、外在联系上分析其发生的原因及发展趋势；或纵横解剖其社会意义帮助读者明辨是非；或总结经验教训，发掘本质，带有一定的预见性，以指导现实的工作。

## 三、消息的结构

消息的结构有两个方面的含义。一是指一篇消息稿内容上的结构成分，一般由标题、消息头、导语、主体、背景、结尾几部分组成。二是指消息的结构形式。本处介绍消息的结构形式。

消息的结构形式主要有倒金字塔式结构、时间顺序结构、悬念式结构。

（一）倒金字塔结构

把最重要、最新鲜的事实放在前面，其他内容按重要和新鲜程度顺序排列。对事件过程的叙述往往较简略，每段文字都很简要。第一自然段往往有相对独立性，可独立成章，可变为“简明新闻”和“一句话新闻”。如：

**肯尼迪遇刺伤命　约翰逊继任美国总统**

（路透社达拉斯1963年11月22日电）急电：肯尼迪总统今天在这里遭到刺客枪击

身死。

总统与夫人同乘一辆车中，刺客发三弹，命中总统头部。

总统被紧急送入医院，并经输血，但不久身死。

官方消息说，总统下午1时逝世。

副总统约翰逊将继任总统。

（二）时间顺序式结构

按时间顺序来安排事实，先发生的放在前面，后发生的放在后面。该结构叙事条理清晰，现场感强，适合于写故事性强、以情节取胜的新闻。其缺点是开头平淡，难以一下子吸引读者。如《北京晚报》的消息《两名大学生玩命》：

本报讯　1月22日下午7时，北大分校物理系十八岁学生吴某，与三名女同学到学校附近的铁路边散步。

吴某对女同学说，国外曾有人趴在铁轨中间，火车过后安然无恙。

这时，一列火车正巧从西直门方向驶来。吴某和一名女同学欲亲身一试。他们迎着火车趴在铁轨中间。

火车司机发现后，立刻采取制动措施。车头和一节车厢从他们上面驶过之后停了下来。

女同学从车下爬出，侥幸留下了性命。吴某却没有出来。他的头颅受到严重损伤，已经丧生。

（三）悬念式结构

在消息的开头，提出一个读者普遍关心的问题，引起读者的注意和兴趣，随后再一层一层写下去，最后将“谜底”揭晓。如：

### 搬家搬来“毒气弹”　小夫妻险些命归西

本报讯　2月27日凌晨，郑州市居民×××、×××夫妇通过××搬家公司喜迁新居后，疲惫地进入梦乡。他们万万没想到，一种高毒类化学物质——硫酸二甲酯，也随着家具进入了家中，二人险些被其夺去了生命。

据夫妻二人介绍，26日晚，他们租用中州搬家公司的车辆搬进新居后，连夜进行归位整理。×××说，他在次日凌晨时分开始上电脑桌上的螺丝，20分钟后，他感到眼睛不舒服，并开始不停地流眼泪，同时还闻到一股淡淡的塑料味。×××没有在意，用水将眼睛冲洗一下就和妻子睡下了。

27日早上6时许，夫妻二人醒来时，均发现对方不仅得了“红眼病”，而且还成了“哑巴”。一阵惊慌之后，二人急忙到医院检查治疗。但跑了三四家医院，医生均不能确诊。下午回家后，夫妻俩将被褥床单在外面晾晒，发现盖在床头的被褥上有一片湿处，随即到床头查看，发现床头上也有同样大小的一块湿处，并且床头下面的地板上有五六滴微黄色的黏稠物。

经人提醒，28日上午，×××夫妇一方面带着这些黏稠物来到省职业病防治研究所作检查，一方面托朋友到××搬家公司询问黏稠物的来源。而此时，为×××搬家的司机和其他3位搬运工也两眼发红，声音嘶哑。听说×××夫妇的情况后，司机马上联想到，在搬家之前，曾替一人搬运过10桶化工原料。司机立即找到货主，货主说桶里是硫酸二甲酯，有一个桶密闭不严造成泄露。

经省职防所确诊，×××夫妇确为硫酸二甲酯中毒。

## 三、消息的写作

消息一般由标题、消息头、导语、主体、背景材料和结尾六部分组成。但不是所有的消息都必须六项俱全，标题、消息头、导语、主体四部分是必需的，其他两部分可以根据具体情况省略。

（一）标题

消息的标题具有多行性和层次性的特点。一个完整的标题，由三部分组成：

其中标在中间，字号最大的一行叫“正题”或“主题”，作用在于揭示消息的主要事实或主要意义。标在正题之上的叫“引题”（肩题、眉题），作用是交代背景、条件、来源，阐明消息的实质意义；渲染气氛，增强气势。最后一行叫辅题（副题、子题），作用在于披露消息中某些重要的、具体的细节，是正题的补充。

当然，在不同的消息中，不一定三部分全部出现，可以省略肩题或辅题。共有以下几种形式：

1. 正题

国家主席习近平任免驻外大使

2. 引题 + 正题

习近平给新疆尉犁县兴平乡达西村回信（引题）

祝愿乡亲们日子一天比一天更好（正题）

3. 正题 + 副题

习近平开始对斯里兰卡进行国事访问（正题）

拉贾帕克萨总统夫妇到机场迎接习近平夫妇（副题）

4. 引题 + 正题 + 副题

领导班子组合应是一加一大于二，而不是一加一等于二（引题）

天津人公开对领导者评头品足（正题）

“您心目中的领导者形象”讨论反响强烈（副题）

拟制标题，既要做到生动新颖，又要虚实结合（一般来说，正题可虚可实；引题以虚为主；副题以实为主）。

（二）消息头

消息头即消息的标志。是消息区别于其他文体，表明消息来源和版权所有的标志，也是消息发布单位信誉的象征。在正规的新闻报道中是不可缺少的。

主要形式有“讯”和“电”两类，两类形式作用一样，传递手段不同。“讯”主要指以邮寄或书面递交的形式向报社传递的消息。凡报社通过自身的渠道所获得的本地消息，一般都标以“本报讯”；凡外地寄来的消息，都应标明发布消息的时间和地点，如“本报杭州 6 月 8 日讯”。“电”主要指通过电传、电子邮件、传真、电话等方式向报社传递的消息 ，称作电头。电头一般由发布新闻单位的名称（常用简称）、发布新闻的地点、时间和形式组成。如：“新华社香港 6 月 8 日电”，其中“新华社”是新华通讯社的简称，表示此消息是由新华社发布的，“香港”是新华社分社的所在地，此处也表示消息发布的地点，“6 月 8 日”是发布消息的时间，“电”表示此消息是由电传方式传递的。而“据新华社香港 6 月 8 日电”，则是报社对新华社香港分社的电讯稿进行删节后所报道的消息。

（三）导语

导语就是导读的语言，指的是概括消息中心内容的开端部分。它要求用简洁的文字，写出新闻中最吸引人的、最重要的、最新鲜的事实，揭示全文的主题思想、目的或结论，使读者先获得一个总的印象，并吸引读者继续读下去。

1. 新闻六要素在导语中的表达

新闻要素是完整、清楚地交待一件新闻事实的基本因素，它们是在消息的整体报道中逐步交代完毕的。所以，在导语的写作中，主要围绕其核心要点和新闻价值表现的需要而选择新闻要素。因此，导语常常可能只有部分新闻要素。

下面分别对各个要素在导语中的表达情况作概括解释。

（1）“何人”（Who），指事件所涉及的主要人物或某个团体、单位、阶级、政党、国家等。广义上指动作行为的发出者和接受者。

具有“显要性”的人物（名人、权威人士或需要突出的人物）通常放在导语开头，并交代清楚身份和姓名，“显要性”的人物的身份及姓名置于开头能引起读者的注意力。而非“显要性”人物，其身份和姓名一般放在“何事”（常常是引语）后交代。如下例：

本报马累 9 月 15 日电　（记者杜尚泽、雷达）9 月 15 日，国家主席习近平同马尔代夫总统亚明在马累举行会谈。两国元首在亲切友好的气氛中就双边关系和共同关心的问题交换意见，一致同意建立中马面向未来的全面友好合作伙伴关系。

——摘自《人民日报》2014 年 9 月 16 日

（2）“何事”（What），这是事实的基本因素，是报道的基本内容，不可省略。

“何事”常常同“何人”连在一起，因为事情常常是人物动作的过程或结果。如果两个要素都需要交代，一般情况下，哪个要素更能揭示事实的新闻性就先突出哪一个。例如：

中新网 9 月 15 日电　据新华社官方微博“中国独家报道”消息，15 日 9 时 30 分左右，由中铁八局施工的广通至大理铁路扩能改造工程桃园一号隧道仰拱处发生坍塌，造成6人被困。目前，救援人员已赶到现场。

——摘自《中国青年报》2014年9月15日

有时，消息是着重于报道发生了何事，对读者来说，谁做的并不重要，此时，导语中“何人”要素常常被省略掉。例如：

本报讯（记者×××）　9月16日，历时6年建设的云南红河蒙（自）河（口）铁路全线贯通。蒙河铁路是国家实施西部大开发战略的重点工程，全长141公里，北起蒙自北车站，南至河口北车站，设计标准为国铁Ⅰ级电气化铁路，速度目标值为每小时120公里，概算总投资69.3亿元，全线设长桥海、蒙自、朗敞寨等12个车站。

——摘自《人民日报》2014年9月17日

“何人”建造并不是读者急于知晓的，故被省略，如需要可放在后面的主体部分中再交代。

（3）“何时”（When），这是导语中通常不可少的要素，特别在动态性报道中，因为它明确地表示出报道在时间上的新鲜性。但很多时候，它并不需要放在开头首先突出。一般采用如下格式：

何人——在何时（或+地点）——做了何事（或说了什么、被如何了）

何事——在何时（或+地点）——发生了

如：

新华社科伦坡9月15日电　（记者冯武勇、黄海敏）第十六届斯里兰卡科伦坡国际书展中国主宾国活动开幕式15日在班达拉奈克国际会议中心举行。作为科伦坡国际书展的首任主宾国，中国主宾国活动为书展注入了丰富多彩的中国元素，为中斯文化丝路增添了书香墨彩。　——摘自《人民日报》2014年9月16日

（4）“何地”（Where），它一般也不放在开头。但是，当地点要素重要，或事实的新闻性特别表现在地点要素上时，可以将其放在开头。如：

本报讯　日本将再次面临8级以上的大地震，而且这一灾难可能随时降临。东京大学地球物理学教授平田尚志昨天在神户地震6周年前夕发出了上述警告。

——摘自《中国日报》2001年1月15日

（5）“何因”（Why），是一个背景因素。在导语中，它常常可能被省略掉。但当“何因”是读者急于想知道的因素时，需要在导语中显示事实原因，甚至放在开头突出表现。意外变故、特殊举措或活动、反常现象、起诉审判、获得奖励荣誉等，都需要立即交代原因。如：

贵州消息　11岁的胡毅只要一单独出门就心惊胆战，因为在过去的一年多时间里，他竟被3个少年抢劫了100多次。

——摘自《天府早报》2001年1月19日

（6）“怎样”（How），这个要素可以指事件的直接结果，或是指事实的目的、意义

和影响。如：

本报讯（记者 张东操）　我国的1000万中小学教师大部分还只是中等师范毕业，这已经不能适应21世纪教育的需要。日前，“中国中小学教师网”正式开通，中国教育学会会长顾明远教授接受本报记者采访时说，进行素质教育，培养学生创新能力，要先从老师做起。

——摘自《中国青年报》2001年1月12日

2. 导语的几种常见写法

（1）叙事式导语：又称直叙式导语，用直接叙述的方法，简要地写出消息中最新鲜、最重要的事实。主要适用于时效性强的新闻，以及广播、日报等快捷的媒体。

例1：人民解放军百万大军，从一千多华里的战线上，冲破敌阵，横渡长江。（新华社1949年4月22日22时电）

例2：长治钢铁厂构建资源型经济发展模式，三年建成钢铁渣开发，瓦斯泥、焦炉煤气回收，水资源和余热回收等20多项循环综合利用工程。销售收入比三年前增长百分之三百。

——摘自《山西日报》

（2）议论式导语：对消息的主要内容进行评论，说明意义，进行判断。这类导语又可分成“结论式”“评论式”“提问式”三种类型。如：

新华社北京1985年4月1日电　今天，新中国颁布的第一部专利法正式生效了。从此，脑力劳动成果被无偿占用的历史在我国宣告结束。（评论式）

目前世界上究竟有没有贫困的“第四世界”？有！尽管在这不断繁荣的年代里不多见，然而它却一直存在着。（提问式）

新华社记者报道：北京人的生活节奏变快了。过去那种“工作不像工作，休息不像休息”的状况正在改变。（结论式）

（3）描写式导语：对消息中的人和事或现场环境，作简洁形象的描绘，渲染气氛，以达到某种情绪效果。如：

一间破旧的民房里，堆放着刚加工过的豆腐干、豆腐皮，散发出一股股酸臭的味道，成群的苍蝇“嗡嗡”地飞来飞去。这是太原市质量技术监督局接到群众举报，今天在王村查获的一个豆制品黑窝点。

——摘自《现代消费导报》2005年5月6日

（4）引语式导语：也叫摘要式导语，引用或摘录文件、公报中的关键材料或消息中人物的言谈，以突出消息的中心。

新华社上海12月2日电（记者王蔚）　中国探月工程首席科学家、中国科学院院士欧阳自远2日做客上海“文汇讲堂”，针对最近一些网友关于“嫦娥首幅月球图像抄袭美国”的传言作出澄清：“嫦娥传回的图像确实是真实的，是经过非常复杂的拍摄、传输、接收、处理过程后得到的，并且与美国所拍的图像有细微差别。”

（5）比兴式导语：运用类似文学作品中的“即物起兴”的手法，通过引用诗句、谣谚或比喻、象征性的描写对消息的特点或意义先作形象化的暗示和强调，然后再引出所要叙述的新闻事实。如《环境报》中的一个导语：

“饱去樱桃重，饥来柳絮轻，但知求旦暮，休更问前程。”这是诗人范仲淹写蚊子嗜血的诗句，寥寥数笔，蚊子生态学特点便跃然纸上。

（四）主体

消息主体通常是导语内容的具体化。它承接导语，阐述生动、具体的事实，解释、深化导语所表示的主题思想，或回答导语所提出的问题。

主体是消息的躯干，所占文字最多，位于导语之后，结尾以前，是消息的重要组成部分。

主体的写作要注意以下几个方面：

第一要注意顺序。主体部分或用时间顺序安排层次，或用逻辑顺序安排层次，这要根据内容和要表达的主题而定，都要求清晰紧凑。第二材料要充实，让事实说话。新闻中的思想性和指导性，主要应该通过那些既能体现社会本质规律和发展方向，又有鲜明个性的典型材料来体现。第三，语言简洁，在平实中求生动。消息的语言简洁、朴实，但要在此基础上尽量追求活泼、新鲜、生动。要务去大话、套话、陈话、虚话。第四，转折自然，层次清晰。例如：

据新华社巴黎8月31日电　英国王储查尔斯王子的前妻戴安娜本地时间8月31日凌晨在巴黎遭遇严重车祸，送往医院后不治身亡。

据悉，戴安娜与其男友埃及亿万富翁之子法耶兹于30日下午来到巴黎。当天午夜，他们在巴黎里茨饭店共进晚餐后，乘坐一辆奔驰600型汽车飞速驶向法耶兹在巴黎的一座私邸，一群摄影记者在途中紧追不舍。戴安娜的汽车加大马力急速行驶，试图摆脱摄影记者，不幸在一处公路隧道里与一根立柱碰撞，造成严重车祸。法耶兹和司机当场死亡。戴安娜及其保镖身受重伤。

车祸发生后，抢救人员立即将戴安娜等人送到医院。负责抢救戴安娜的医生不久宣布，戴安娜在车祸中手臂骨折，大腿受伤并发生严重脑震荡，在抢救过程中因胸腔大出血，于凌晨4时死亡。

法国总统希拉克和总理若斯潘对戴安娜不幸身亡表示震惊。据巴黎警方宣布，车祸发生后，尾随戴安娜的7名摄影记者被带到巴黎警察总署接受调查。

（五）用好新闻背景材料

背景材料指消息发生的背景条件以及与社会环境的联系。它可以烘托新闻人物与事件，深化主题，增加消息的知识性、可读性。

新闻的背景材料一般分为三类：

1. 对比性材料

指对事物进行前后、左右、正反的对比衬托，对事物进行纵向比较和横向比较，以突出新闻事实的意义，或阐明一定主题、表明某种观点的背景材料。事实的特点总是相比较而存在的。我们对事物的认识常常是在比较中获得的。例如《我国最大水利工程经受特大洪水考验》（新华社 1981 年 7 月 19 日电）这则消息，有一段背景材料：

"昨日上午九时，汹涌的洪峰进入三峡库区。今晨零时到四时，洪峰通过了大坝的泄水闸和冲沙闸。过闸洪峰流量每秒 72，000 立方，这个数字远远超过一九五四年长江大水时坝址附近最大流量每秒 66，000 立方的纪录，同 1896 年洪水最高纪录相当。"

2. 说明性材料

是用来对新闻事实的政治背景、地理环境、历史演变、思想状况或物质条件等情况作介绍和交代，以说明事物产生的各种因素，揭示事物发生或变化的意义的背景材料。新闻报道要提供必要的解释和说明，包括交代新闻事件的来龙去脉及其意义等。如《威虎山区电灯明》（1983 年 4 月 5 日《人民日报》），报道了威虎山区建起了小水电站，家家户户用上了电灯的情况。消息中特意说明，威虎山区即当年解放军小分队歼灭匪首座山雕的地方。这一条背景材料，非常引人注目，出名地方产生的新闻，会给读者留下更深的印象。

3. 注释性材料

也称解释性材料，是指用来帮助读者看懂消息内容，增长知识和见闻的背景材料。它包括产品或其他物品性能特点的说明，科技成果的通俗介绍，技术性问题的解释，名词术语的注释，文史记载的知识，风俗人情的介绍等等。如新华社在报道邓颖超等领导同志观看新编古装越剧《五女拜寿》的消息（新华社 1984 年 10 月 3 日电）中，对该剧用历史背景材料作了解释性介绍：

"《五女拜寿》是一出新编古装伦理剧。通过对明代嘉靖年间户部侍郎杨继康在宦海沉浮时不同境遇的描写，鞭挞了趋炎附势、唯利是图的丑恶现象，颂扬了善良淳朴的人们……"

交代背景材料时应注意以下问题：

第一，背景材料在消息中与主体交织在一起，没有固定位置，也可在文中分散穿插；可长可短，不是所有的新闻都出现背景材料。

第二，背景材料要为主题服务，不能为材料而材料。

第三，不宜过多，以免喧宾夺主。

（五）消息的结尾

新闻的结尾有其重要作用。它可以指出事件的发展趋势，阐明新闻价值，发表作者的见解，启发引导读者积极思考等。为了突破对结尾不够重视的缺陷，新闻界提出了"把最好的结尾留给消息的最忠实的读者"的口号。

常见的结尾形式有以下几种：

1. 倒金字塔结尾法

又称自然结尾法。当材料已按重要程度递减顺序安排完毕，或必要的新闻内容、新闻过程、新闻要素已交代完毕，而全文已具有一种“水到渠成”之势，无需另置结尾段，就能给读者以相对完整的概念或印象时，即可言尽意止。

2. 时间顺序结尾法

如果整个消息结构是按时间顺序安排的，那么自然是先发生的情况写在前面，后发生的情况依次顺叙下去。发生在最后的“结果”，必然是全文的结尾。

以上两类，一般以叙述结尾为主。

3. 小结式结尾法

对消息内容作概括性的小结，从而使读者加深印象。如1983年11月13日《光明日报》刊登的消息《著名植物学家方文培教授考察查明我国是杜鹃花的故乡，种类为世界之冠》，其结尾是：

“这次考察的一个重大收获是：彻底改变了我国杜鹃花研究工作的落后面貌，进一步证实了中国杜鹃花在世界上占有特殊重要的位置……”

4. 评论式结尾法

对消息中的人和事揭示实质，进行评论。例如1980年11月9日《人民日报》刊登的一则消息《天津八十八位老农游览北京》的结尾：

81岁的老大娘×××说：“我这辈子连县城也没去过，没想到年岁这么大了，还能游一次北京，真是新社会好，集体好啊!”

另外，还有展望式、激励式等结尾方式。这些结尾方式多是议论性的。

## 四、范文品读

**【例文1】**

### 舍弃5000万元年收益　留下惠及子孙好家园

### 兖州：2亿吨大煤田不挖了

本报兖州11月13日讯　（记者崔永刚）今天上午，一个出人意料的消息得到证实：兖州市顺从民意，叫停了境内已完成详勘的小孟煤田，全面封存。此举意味着兖州市损失了一个新的经济增长点——每年减少地方税收5000万元。许多人颇感诧异，兖州人哪根神经搭错了，“到嘴的肥肉”居然不吃?

带着疑问，记者直奔兖州。市委书记韩军指点着墙上的全市“经济地图”娓娓道来。兖州煤炭资源丰富，是全国八大煤田之一，目前辖区内有兴隆庄、杨村等六个煤矿，煤炭资源给兖州带来巨大财富，但也留下了触目惊心的环境包袱。今年省有关部门在兖州境内探矿时，发现了小孟煤田，勘探数据表明，这座方圆120平方公里的煤田探明储量2亿多吨，埋深不到500米，按年产量200万吨计算，可开采近百年。消息传出，台塑集团等多家企业争先前来洽谈合作开采事宜，而且都开出了很高的价码。

小孟煤田到底挖还是不挖？两种声音激烈交锋。有人说，开一个煤矿，不用费劲，一年就能增加8亿元的销售收入和5000万元的地方税收，这么大的“蛋糕”，诱人啊。也有人主张，兖州的发展不能再靠拼资源和牺牲环境为代价了，“煤炭依赖症”必须根治。当两种声音争执不下时，韩军悄然来到煤田所在地小孟镇，当地农民的一番话让他心头一震：“别再制造采煤塌陷地了，给子孙留下一片美好家园吧!”在当天的市委常委会上，一班人很快达成共识：“拉动经济增长固然重要，但实现可持续发展、科学发展，构建和谐社会更为重要。为了造福子孙后代，这大煤田咱不挖了!”

叫停小孟煤矿，实力是兖州人不可或缺的底气。近几年他们倾力发展替代产业，崛起了造纸包装、橡胶轮胎等新兴产业集群。在全国百强县排名中，兖州两年前移了13个位次，而与之形成对比的是，煤炭产业在其经济总量中的比重却从过去的50%下降到不足20%。国内著名煤炭战略管理专家牛克洪说：“兖州勇于放弃、成功转型的做法具有标本意义。建设资源节约型、环境友好型社会，不是一句空话，需要各地在执政实践中落到实处。兖州少开一个煤矿，收获的却是科学发展的理念和百姓的长远利益。”

——摘自《大众日报》2006年11月14日

**【例文2】**

## 各地相继侦破一批涉毒案

新华社1997年4月23日电　据公安部门提供的消息，随着禁毒专项斗争的开展，全国各地公安机关精心部署，积极行动，加大打击力度，一批涉毒案件相继告破，一批涉嫌贩毒人员落入法网，广大人民群众拍手称快。

山西省禁毒专项斗争刚刚打响就传来捷报。4月1日，河津市公安局将潜逃8年、曾悬赏一万元通缉的特大贩毒嫌疑人李向民抓获归案。禁毒专项斗争开展以来，大同市公安局已侦破毒品案件50起，抓获涉毒人员64人。4月15日，一起跨省涉毒大案在重庆告破，6名犯罪嫌疑人落网，公安人员缴获毒品海洛因3331克，毒资30余万元。在北京，一贩毒团伙11名成员及毒品海洛因5800克均落入警方手中。云南省警方一季度即侦破万元以上特大贩毒案件20起，缴获海洛因588公斤。4月7日，内蒙古自治区侦破一起恶性团伙持枪杀人案件，抓获的6名犯罪嫌疑人全部是吸毒人员。

俗称“摇头丸”的新型毒品近两年来在一些城市的娱乐场所中出现，严重影响着人们的身心健康和社会稳定。对此，上海、广东、浙江、辽宁等地公安机关一方面加大宣传力度，向广大群众尤其是青少年进行有关知识教育，一方面加大打击力度，在一些涉嫌娱乐场所调查布控，突击清查，一经发现，坚决打击。沈阳市公安局于4月12日侦破这个市首起“摇头丸”3 2粒，抓获涉嫌人员17人。4月2日上海警方再破“摇头丸”毒品大案，一贩毒分子从境外购得一批“摇头丸”，欲到上海脱手赚大钱，刚到上海即落入法网，当场缴获554粒“摇头丸”，成为其贩毒的铁证。

【例文3】

### 铁路左右逢源公路饥饱不均

本报讯　郑州铁路局已将春运客流继续升温、进账颇多的喜讯传给了铁道部。春运的前30天，全局已累计发送旅客998.6万人，比去年同期增长了7.26%，累计完成客运收入5.23亿元，比去年同期增长了15.3%。除了中西部大开发政策会给陕西全省1/3的劳务人员创造就业机会，使西安铁路分局向外输送旅客比去年减少一些外，其余5个分局都是上升。难怪郑州铁路局营销处处长曹永久给记者介绍情况时，一脸的轻松愉快。尽管今年旅游专列并不火爆，但铁路今年春运的营销战又打赢了。

民航在我省春运中所占份额较小，而且今年与去年没有太大区别，收入也增长了近百万元。我们来看看公路吧。

全省公路春运前30天内，总的增长幅度是2.5%，即使再有10天，恐怕也难赶上去年春运40天的上涨幅度11.6%。最明显的是南阳和信阳。用他们说得比较多的话说："铁路太厉害了。"

南阳是我省的民工输出的主要地区之一。据省交通厅春运办的孙建立科长介绍，南阳往南往北的公路客运比去年同期下降了近30%。而火车开得却很及时，春运开始至2月16日，南阳、邓州、鲁山站共开行临客52列，其中广州42列、北京10列，送走旅客8.5万人，客票收入7 88万元。而行情同样好的是南阳的省内短途公路客运，农历初九和十五前后，每天由南阳发往郑州的包车多达二三十辆。

信阳的跨省公路客运客源也十分不好，东面的息县、潢川等几个县的外出打工者都到京九线乘火车走了。与南阳相同的是，短途客运仍然看好。

给人的感觉是，铁路越来越成熟了，公路除了车更多了外，并无太大变化。"铁老大"将规模化、集约化、半军事化的特点运用得十分到位。郑州铁路局一声令下，23个车站实现了微机联网售票；又是一声令下，信阳开往广州的民工临客上，免费为乘客提供了一份约10元的餐饮。这些都是公路无法比拟和抗衡的。据说由潢川开出的临客，相同里程相比，与公路票价相差无几，但公路客运显然在各方面的服务措施上不到位，旅客一下都流到了铁路。

小、散、乱一直是制约公路客运大发展的关键，成立客运集团的呼吁有些时日了，但并无多大进展。只有尽快改变整体的车型、车况和组织经营的方式，扬长避短，公路客运才能成长壮大。公路客运在节前还受了"天灾"下雪的影响，看来公路"靠天收"的局限还难以摆脱。

——摘自《大河报》2000年2月28日

【例文4】

### "天体大十字"预言宣告破产

新华社北京1999年8月18日电　（姜岩　南振中）世界各地的天文学家证实，8

月18日没有发生特殊的天文现象，更没有发生地球毁灭这样的大劫难。世界各地的人们像往常那样度过了平静的一天，“天体大十字”这一“末世论”预言宣告破产。

400多年前，法国的诺查丹玛斯写了一本名叫《大预言》的书，其中提到1999年地球将出现大劫难。到了本世纪70年代，日本人五岛勉对这本书进行了解释，说在1999年8月18日太阳、月亮和九大行星将组成一个十字架的形状，并称这种“恐怖大十字”将给地球带来毁灭性灾难。

法国里昂天文台专家鲁特利对本社记者说，他不知道有8月18日“天体大十字”一说。在与里昂天文台的其他专家共同核对过行星位置排列后，他说8月18日太阳系行星位置排列不但没有组成所谓的“大十字”，而且根本没有出现任何特殊的排列。

在五岛勉的家乡日本，18日是一个极其平凡的日子，没有重大的天灾人祸。当地新闻界和老百姓根本没有把五岛勉的预言当回事儿。日本国立天文台宣传部部长渡边润一副教授在接受本社记者采访时说：“18日这一天，九大行星的排列并没有构成十字架的形状。即使九大行星排列成十字架形，也不会对地球产生什么影响。它们对地球的引力远不及月球对地球的引力。‘天体大十字’预言没有任何科学根据。”

英国阿马天文台台长、著名天文学家马克·贝利教授在接受本社记者采访时说，18日是普普通通的一天，“天体大十字”预言不攻自破，这再次证明该预言纯属无稽之谈。他指出：“行星的位置排列与地球上所发生的日常事件之间是毫不相关的。”英国拉瑟福德·阿普尔顿实验室的行星研究专家艾伦·彭尼博士指出，由于行星对地球的引力作用比月球对地球的作用小得多，行星的排列从科学上来说对地球根本构不成什么影响。

美国世界观察研究所的新闻官玛丽·科伦接受本社记者采访时说：“美国人不相信这些邪说，人们像往常一样工作和生活。”在美国俄勒冈医科大学从事研究的旅美研究人员杨爱玲博士说，我们应当相信科学，不要相信那些毫无根据的异端邪说。

北京天文台副台长赵刚说：“从科学家的观点来看，18日的天象没有什么特别之处。”南京紫金山天文台副台长严俊指出，每到世纪末都有一些人为了达到某种目的而散布一些耸人听闻的言论，19世纪末也有类似“世界末日”的说法，事实证明这种预言非常荒谬。

**【例文5】**

### 中国国家主席与艾滋病人握手

周效政　刘思扬　樊　曦

在“世界艾滋病日”前夕，国家主席胡锦涛30日下午走进北京一家医院与艾滋病人握手、交谈，用实际行动推进中国抗击艾滋病魔的斗争。

胡锦涛在北京佑安医院与艾滋病人握手时说：“党、政府和全社会都会关爱和帮助你们，希望你们增强信心，积极配合治疗，争取早日康复。”

在医院的一小时里，胡锦涛胸前佩戴着象征爱心与关怀的红丝带，探访了两间艾滋病房。他一进病房，就主动伸手与病人握手，临别时又再次握手，祝他们早日康复。

患者们开始时还略显紧张。但当胡锦涛微笑着与他们聊起家常，了解他们康复情况时，患者们慢慢放开了。

一位姓卫的患者对记者表示："胡主席与我们握手，说明艾滋病并不可怕，艾滋病感染者也能跟正常人一样生活。"40 岁的小卫是一位山西的养猪农民，7 年前被确诊为艾滋病感染者。

中国国务院总理温家宝曾在去年"世界艾滋病日"与三位北京艾滋病患者握手。仅仅过了一年，作为最高国家领导人的胡锦涛又再次与艾滋病人握手。这向世界发出了一个强烈而明确的信号：中国政府决心遏制艾滋病毒的进一步蔓延，并努力消除社会对艾滋病感染者的歧视。

世界卫生组织驻华代表贝汉卫获知此次握手的消息后说："胡主席如此直白地向全国各个省市的领导干部和民众宣示中国政府要认真对待艾滋病问题的立场，令我感到很吃惊也很激动。"

联合国儿童基金会驻华代表处的艾滋病项目协调员林凯说："在艾滋病防治方面，中国领导层一年来的努力为各国领导人作出了榜样。"

艾滋病曾经是中国官员们的一个"禁忌"话题。但在温总理去年 12 月与艾滋病人握手后，从中央到地方的各级政府都开始高度重视艾滋病预防以及艾滋病患者的福利问题。

中央财政对艾滋病防治的拨款已由 2001 年的 1500 万元人民币提高到去年的 3.9 亿元。新增的资金为一系列新出台的措施提供了实施保障，这些措施包括为公民提供免费的艾滋病毒检测，为贫困的艾滋病患者提供免费医疗，为吸毒人员提供清洁针具和毒品替代品等等。

在河南这个 90 年代由于非法卖血导致大批村民感染艾滋病的中原省份，从去年起一批省政府官员开始进驻所谓的"艾滋村"，帮助染病村民得到及时的治疗和救助。

大众的艾滋病预防意识也在不断提高。在北京三里屯著名的"酒吧街"上，两周前立起了一大批宣传艾滋病防治的公益广告牌，而全国各地不少高等院校也纷纷对性教育、艾滋病知识讲座和免费分发安全套等新鲜事物敞开了校园的大门。

28 岁的北京艾滋病感染者李想亲身感受到，过去一年来"公众对艾滋病的歧视减少了，艾滋病患者的生存环境有了改善"。本月早些时候，一个展示艾滋病患者创作的艺术作品的小型展览在北京举办，3 天内吸引了 300 多名参观者，不少人甚至表示要把这些患者的画作买回家中收藏。

尽管成就显著，但胡锦涛 30 日在佑安医院与投身抗艾斗争的医务人员和志愿者座谈时指出，中国的艾滋病防治"仍然形势严峻"。

自 1985 年发现首例艾滋病病例以来，中国目前大约有 84 万名已知艾滋病病人和病毒感染者。联合国驻华卫生官员本周发出新的警告——艾滋病在中国的流行已经开始从高危人群（如性工作者、吸毒者和男性同性恋者）向一般公众蔓延。

胡锦涛30日向全党、全社会发出号召：“高度重视艾滋病防治工作，努力遏制艾滋病的扩散。”同日，10万本专门针对各级官员的《预防控制艾滋病党政干部读本》被分发到全国各省、自治区和直辖市。

世界卫生组织中国艾滋病项目协调官赵鹏飞指出：“胡锦涛主席看望艾滋病人并和他们亲切握手，将使各级党委、政府一把手亲自抓艾滋病防治工作成为必然。”

——新华社2004年11月30日

## 四、操作练习

（一）请谈谈你对下面这则消息的看法。

**发扬民主　加强团结　坚定信心　继往开来**

**×××三次会议胜利闭幕**

本报讯　×××三次会议圆满完成各项议程，×月×日上午在×××胜利闭幕。

省党政领导×××、×××、××× 到会祝贺，会议通过了×××、××××

××××、××××……

省××主席××在会上作了重要讲话。××指出……

上午×时×分、大会在代表们雄壮的国际歌声中闭幕。

（二）根据以下材料写一条倒金字塔式结构的消息，标题自拟，400字左右。

事件：13岁女孩骑单车避让市长车队，不慎落水失踪。

时间：2001年10月31日下午

地点：宁夏吴忠市中宁县新堡乡七星渠黄湾桥

结果：女孩下落不明。宁夏回族自治区党委同意吴忠市委关于建议副市长王明忠停职检查的意见。自治区纪检委组成调查组正进行调查。

事情经过：10月31日下午，13岁的初一女生王萍骑单车上学，路经黄湾桥时，迎面遇到驶来的车队，桥面很窄，王萍准备下车躲避车队时，不慎连人带车掉入渠中。她几次挣扎着浮出水面。当时，车队已全部停下，乘车的领导加司机有30余人在渠边观望，没一个人下水救助，致使王萍失踪。

资料：

1. 车队人员：副市长王明忠及所辖五县（市）的县市长、农业局长、水保局长等。

2. 桥：宽3米，长13米，没护栏。桥下是灌水渠。水深约2米左右。

3. 桥头附近一村庄70岁的村民黄中德说，他目睹了这一情况。下午4时左右，他在院子里听到有人喊救命，出来一看，渠岸上有很多人望着水面，一个穿红衣服的小女孩浮出水面，又不见了。他骂道：你们这些当官的，谁也不知道学雷锋。

4. 王明忠说，我不会游泳，但组织人员救助，找不到工具，所以耽误了救人。我们也拨打了110……

5. 王萍所在学校的老师们听说后，纷纷赶到出事地点。十几位老师向灌水渠下游寻找了20多公里，仍没有发现王萍踪迹。

# 第六章

# 申　论

## 第一节　申论基础知识

### 一、申论的含义和特点

（一）申论的含义

申论是一种应试文体，最早出现于2000年中央国家机关公务员录用考试中。经过几年的实践以及专家学者们的改进与完善，申论现已成为选拔性考试的一门基本科目，日益受到人们的重视。

申论，从字面上理解，“申”可以理解成陈述、说明，也就是概括、说明事理；“论”则是议论、论说、论证。所谓申论就是针对特定事实、特定话题提出自己的观点，并展开论述的一种应试文体。申论主要通过应试者对给定材料的分析、概括、提炼、加工，测查应试者的阅读理解能力、综合分析能力、提出和解决问题能力、贯彻执行能力和文字表达能力。

申论材料通常涉及某一个或某几个特定的社会问题或社会现象，要求应试者能够准确理解材料所反映的主要内容，全面分析问题所涉及的各个方面，并能在把握材料主旨和精神的基础上，形成并提出自己的观点、思路或解决方案，准确流畅地用文字形式表达出来。

申论试题一般由以下三部分组成：

（1）注意事项。是指针对考生应试作答提出的指导性建议。

（2）资料。申论所给定的阅读材料，从篇幅来看，一般在7500字左右；从内容来看，大多是一组集中反映社会生活中某一热点问题的带有新闻性质的文字材料。

（3）申论要求。主要包括三个方面：①对给定阅读材料的分析、整理、归纳与概括；②针对资料部分子材料的理解与分析或解决子材料中的存在问题；③针对整体材料存在的问题或问题的某一方面自选角度写一篇立意深刻、视野开阔的文章。

（二）申论的特点

申论这种考试形式主要有以下几个特点：

1. 材料的广泛性与非专业性

申论测试的目的是为了选拔国家公务员，因此十分注重对考生分析、判断、解决问题的能力等综合素质的测评。为反映这一要求，申论所给定的材料几乎没有范围的限制，涉及政治、经济、法律、文化等各个方面。

虽然申论考试所给定的材料具有广泛性，但多是人们熟知的、反映社会生活中热点问题的背景材料，可选择的范围较广，一般不会向某种专业性知识特别倾斜，以便保证考试的公平性。

2. 命题目的的明确性

一是表现在考查目的的针对性。虽然申论测试内容具有相对的不确定性，但测试考查的目标是明确的，针对性很强，即主要考查考生阅读、分析、概括、解决问题的能力、贯彻执行能力及语言表达能力。

二是表现在具有较强的现实针对性。申论考试中给定材料所反映的问题基本都是现实问题，是关系国计民生、政府亟须解决但又没有彻底解决的问题。这就要求考生多关心现实问题，熟悉社会并能对社会现实中的一些热点问题提出自己的看法与解决方法及途径。

3. 测试答案的不唯一性

申论核心是测查应试人员是否具备公务员的素养，答案是能力的体现。对待同一个问题，不同人有不同的认识，不同的解决方法，因此无论是提出对策或是对对策进行论证，都不会有一个确切、固定、唯一的标准答案。如提出对策部分，这部分是要提出解决问题的办法，这个办法要具有针对性和可行性。但是针对性和可行性是相对的，在不同地区以及发展中的不同阶段，解决问题的办法就可能不一样，更何况有的目前还没有一个确切的合理的方案，因此哪一种更为合理、针对性与可行性更强，要对若干个方案比较论证后方能确定。又比如论证部分，抓住什么问题、从什么角度论证、采取什么方法与结构，不同特长的考生会因人而异，因而也绝不会有一个具体唯一的标准。

4. 形式的模拟性

申论测试是模拟公务员处理日常工作的能力测试，这是由考试目的所决定的。因此，应试人员需站在政府角度思考问题。

## 二、申论应试应注意的问题

（一）仔细阅读“注意事项”与“申论要求”部分的内容

在拿到试卷后，考生首先务必要做的是快速地阅读一下“注意事项”部分的指导性建议，以便按其要求依次作答。

另外，考生在下笔作答前，需要仔细阅读“申论要求”部分的内容。

（二）深入细致地阅读给定资料

审读材料是申论应试的基础环节。只有认真仔细地阅读材料，才能切实把握材料反映的问题并提出切中题意的对策或方案。因此，考生不能在审读材料环节上吝惜时间，每个考生都必须用充足的时间去审读材料。一般来说，考试时间为150分钟或180分钟，考生用于审读材料的时间应在35—40分钟。

（三）站在设定的“虚拟身份”角度思考问题

申论考试着重考核的是发现问题和解决问题的能力。针对同一件事，不同的人由于身份不同，处在不同的工作岗位，观察事物的角度会有所不同，其提出问题的侧重点及解决方案也会有很大的区别。为此，申论试题大多为考生设定了一定的虚拟身份，考生在作答时对此务必要特别留意，一旦忽略了，就会答非所问。即使无角色限定，也应站在政府角度思考问题。

（四）作答要紧扣给定资料，点面结合

申论作答要求除最后的大写作题外，都是根据给定资料的子材料进行命题，或概述，或解释，或提建议。最后的大写作题也必须紧扣所有材料体现的命题主旨作答。

申论是模拟政府行为的考试，通过认识、解决某一个问题，找到解决一类问题的方式方法。一个典型案例是一类问题的代表。

（五）用语要朴实简明

申论写作的语言要朴实简明，遣词造句应当准确、简明、规范，戒除一切套话、空话。

（六）卷面书写工整，无错别字

书写质量直接影响到考生思想意图的表达，即使在答卷中有精练的概括、中肯的对策、精彩的论述，潦草的字迹也无法让人了解文中的内容。让阅卷人进行艰苦的“考订”工作，会造成阅卷人视觉和心理上的疲劳，从而产生“质量较差”的先入为主的印象。

# 第二节　申论各类题型的解题技巧

申论试题题型多样，有概括（或概述）、分析、名词解释、对策、写作等。而各种题型的解答都源于给定资料。下面，就材料的解读、各题型的解答技巧分别加以介绍。

## 一、给定资料的解读程序

解读“申论要求”——精读材料，吃透内容——跳读材料，理清脉络。

### （一）解读“申论要求”

考生在下笔作答前，需要仔细阅读“申论要求”部分的内容。其因有二：

第一，只有明确了作答要求，才能有的放矢，才能在审读过程中，把握中心，有效取舍材料。

第二，作答要求中，隐藏着许多关于材料的有效信息。一般情况下，概述题和写作题透露了材料的主要内容，这样，未读材料之前，便对材料的内容有了一个总体把握。以2008年国家公务员录用考试《申论》试题为例，第一题为“在怒江开发水电资源问题上有重大争议。请根据给定资料1—8，指出争议的焦点是什么，并对主张怒江水电开发和反对怒江水电开发的理由分别加以概述”。写作题中行政执法类，市（地）以下综合管理类考生为：从“怒江水电开发”说开去；省级（含副省级）以上综合管理类考生为：人与自然。从要求中可以明显看出，材料的主要内容是怒江水电开发问题存在争议，而问题实质是人与自然如何和谐相处的问题。这样，审读之前，已经有了一个整体轮廓，审读过程中，就要重点分析不同意见的理由，并在比较鉴别中初步形成自己的观点。

### （二）精读材料，吃透子材料内容

虽然诸多参考资料都建议先泛读，以便于整体感知材料，然后再精读，但这种方法是不可取的。因为在研读申论要求过程中，基本上对材料已经有了一个整体把握，且目标已明确，如果再进行泛读，事倍功半，过于浪费时间。最佳做法应是直接精读，第二遍再略读。当然精读也要有一定的策略。

1. 阅读第一遍——精读材料，把握主旨，注意关键

第一遍阅读方法：以精读为主，精读与略读相结合。建议第一遍阅读时间：25分钟左右。要边读边勾画关键词或关键句，及时评点并简略批注。

关键词或关键句是指揭示表现、原因、危害、对策的语词及结论性的语句。

（1）把握主旨句，整体感知具体描述性语句

主旨句即反映一段文字所要表达的主要内容的句子。主旨句一般情况下出现在以下几个地方：以提纲挈领的方式直接出现在段落最前方，即首句；以总结段落内容的形式出现在自然段的最后，即尾句；在段落的中间起到承上启下的作用。当然，有时一个自然段中会有两个以上关键句，每个关键句引领一项内容。

而材料中具体的描述性语句的出现有以下几种情况：作为典型事例出现；出现于主旨句之前或之后；作为干扰内容出现。对于第一种情况，要结合申论要求，整体感知，找出其反映的问题（可能包含原因）或经验；对于第二种情况，只要把握了主旨句即可，具体内容可以略读，一扫而过；对于第三种情况，直接略读即可。如2004年国家公

务员考试《申论》试题：

据中国汽车工业协会统计，去年1至7月，汽车全行业完成工业总产值3723.32亿元，同比增长29.44%；产品销售收入3598.88亿元，同比增长31.05%；利润总额221.90亿元，同比增长51.14%。主要经济指标增长幅度都比较大，实现了增产增收。1至7月，16家重点汽车企业（集团）完成工业总产值2036.4亿元，同比增长33.66%；产品销售收入284.31亿元，同比增长29.36%；利润总额113.71亿元，同比增长46.38%。利润总额的增长超过产值和销售收入的增长，均取得了良好的经济效益。汽车产业作为国民经济支柱产业的地位也越来越突出。据悉，去年8月份交通运输设备制造行业对工业增长的贡献率首次跃升至40个工业行业之首。以汽车制造为主的交通运输设备制造业取代电子信息通信业，已成为名副其实的领头羊。

该段中画线文字的前面近200字的数据描述只不过是为了说明汽车工业的成绩，即画线的文字而已。因此，可以快速扫视，只要能够找出画线部分即可。

（2）留心关联词，注意关键词

审视关联词语，能够得到诸多有效信息。如：因果关系中，强调原因的情况比较多见；转折连词出现的地方，强调的一定是后面的内容。

在申论考试材料中，往往涉及事件或问题的表现、原因或解决措施等问题。因此，要注意与此相关的常见词。如：根源、危害、教育、体制、领导、法律法规、监督、落实、经验教训等。

总结一类事物或现象时，也会出现一些起提示作用的词语：经调查、资料显示、反映、表明、看出、初步推断、分析、强调、指出、认为等等。例如2009年国家公务员考试《申论》试题资料5：

某专家认为，东莞为了产业转型不断探索而仍不得其门而入，全国其他地方的“东莞化”却如火如荼地进行。长三角地区被人津津乐道的“昆山模式”，其实和“东莞模式”并无本质差别，只是引进的制造业相对环保、高端而已。其他地方，包括武汉、成都、重庆、天津这些城市的新特区，也不乏类似“东莞化”的克隆者。内地省区提出“欢迎沿海地区产业转移”之类口号，实非明智的选择。

本段文字中“认为”一词，表明下文将谈专家的观点，即产业转型过程中存在的问题。

2. 阅读第二遍——跳读材料，分类组合，理清脉络

第二遍阅读方法：速读与跳读相结合。速读是要迅速采集有效信息；跳读是寻读第一遍阅读时不理解的地方。建议第二遍阅读时间为5—10分钟。

一般情况下，申论给定材料并不是一篇完整的文章，而是由诸多子材料组合在一起。子材料之间没有必然的逻辑关系。因此，第一遍阅读只不过是对整体材料的各个局部有了了解。要真正把握全貌，需将肢解的局部重新整合，使之成为一个整体。所以，必须在第一遍阅读的基础上，按一定逻辑关系对给定材料的内容进行分类组合。这个逻

辑顺序如前文所讲，现状怎样？有无成绩、存在什么问题、产生问题的原因何在、有无危害？如何解决问题？材料中给出了哪些可借鉴的经验或教训？

所谓分类组合，就是将性质相同的内容集中在一起，并按一定顺序排列。同时，要找到类别词。这样，所呈现的结构无外乎三种：纵式结构、横式结构、纵横交错式结构。

纵式结构：现状及问题——原因——对策。纵式结构体现的是逻辑顺序。

横向分类组合，内容一般呈现两种关系：并列或对立。并列关系如问题产生的原因可能有政治原因、经济原因、社会原因、文化原因；对立关系如积极方面和消极方面，正面和负面，成绩和问题。

随着申论命题的逐渐成熟，阅读量不断增加，材料内容上呈现多层次性，结构也愈加复杂，一般不会是单纯的纵式结构或横式结构，而是纵横交错式。

纵横交错式结构中，以纵向为轴，横向扩展。横向分类组合可存于纵式结构的每个环节。如：现象或观点可能有甲乙丙丁各类；现状可能有成绩和问题；原因可能有政治原因、经济原因、社会原因、文化原因等；影响可能有正面和负面；谈措施也可能存在多条。

## 二、各类题型的写作范式

（一）概括题型的解题原则与方法

1. 原则：条理清晰，点面结合。

2. 方法：一个完整的答案主要应该包括三个部分：总括句 + 分述句 + 道理句。

总括句，即答题内容的主旨句，句式模型为“时间 + 地点 + 事件 + （结果）”。

分述句，就是按一定逻辑顺序，将所要概述的具体内容有条理地表述出来。

道理句，要起到收束全文的作用（视具体内容而定有无）。

一般来说，除非有明确分条作答要求，概括题决不可以写成用数字序号表示的提纲形式，因为明显的数字符号容易割裂材料内容的完整性。要学会使用分号来表示条理。

例如 2006 年国考《申论》第一题：假设你是新录用的公务员，请用不超过 500 字的篇幅概述李部长谈话的主要内容，以供领导审阅，要求概述全面，观点明确，条理清楚，语言流畅。

参考答案：

9 月 20 日，社会发展问题研究专家，某某研究部李部长应新华网之邀，做客新华访谈，就政府如何应对突发性公共事件与网友进行在线交流，李部长的讲话主要包括以下四个方面的内容：

一、突发性公共事件发生的原因。他认为当前我国正处于突发性公共事件的高发期，自然灾害频繁出现，社会利益冲突增多，那些不好处理的一般事件就可能演变为突发性公共事件。

二、突发性公共事件的表现。包括三大类，一类是非人为的自然灾害，如地震、洪水、火灾、台风等；一类是人为的社会事件，如游行、上访、静坐、示威等事件；一类是两者兼而有之的，如重大传染性疾病、生产安全性事故等。

三、李部长讲了建立应对防御预案的重要意义。可以预防灾害，减少冲突，保护人民生命财产安全，维护社会稳定。

四、李部长讲了建立应对突发性公共事件防御预案的途径。他认为要采取党政统一的领导体制，采取国家为主的投资方式，采取人防和“己防”相结合的方式，鼓励民间资金和技术人员参与公共事件防御。

（二）名词解释解题范式

×××是（原因）+特征+上位词；

×××是特征+上位词+（原因）；

×××是（原因）+特征+上位词+下位词。

其中，“原因”视具体情况而定有无。

例如2007年国考《申论》题：根据“给定资料6”，试解释“存量土地”的含义。

资料6　现实的土地供应中到底存在不存在“地荒”？某专家的回答是否定的。他认为，在城市特别是大型城市，仍要提供土地，支持中小户型、中低价位商品住房的建设用地需求，要严格控制大户型和低密度的住房建设，坚决停止别墅建设。记者了解到，“长三角”地区的用地虽然非常紧张，但是仍然有很大的潜力。这种潜力主要来自于城乡之间的统筹，来自于土地的再利用和再调整。通过存量土地的调整和再整理，旧城旧村、老工业区和老企业改造，可以在已有土地中腾出新的用地空间，能在不占或少占耕地、控制新增建设用地总量的前提下实现经济和社会持续健康发展。

据悉，近几年来，我国房地产业用地占到了全国供地总量的30%左右。一边是建设用地的追加，一边是开发商叫喊“地荒”。问题在哪里？闲置问题实在是“地荒”的一个顽疾。2001年以来，江苏省苏州市区依法取消了184个项目，收回土地达66760亩。仅2005年，苏州市盘活存量土地2505宗，占建设用地面积的35.7%。一位业内人士说，大量的土地闲置，主要是因为一些地方不按经济规律办事，盲目铺摊子、上项目、大面积占用土地。同时土地管理措施不力，为一些地方变相非法批地、盲目征用或出让土地带来了可乘之机。当然，城乡规划之中的粗放用地也“消耗了”大量建设用地指标。按照国家关于城市规划建设用地的最高定额，一般城市人均用地面积最高标准是100平方米，首都和特区城市最高是120平方米。但有关部门统计，我国664个城市中，城镇居民人均用地已达133平方米，而世界上发达国家人均城市用地是82.4平方米，发展中国家人均城市用地是83.3平方米。有关部门负责人认为，必须严格控制建设用地的规模，今后土地利用必须保证60%以下是存量土地。据了解，60%的提法是新的表述，之前的表述是要求地方充分利用现有建设用地，不占或尽量少占农用地，而没有量化指标。

参考答案：

存量土地是指由于地方政府不按经济规律办事，土地管理措施不力，城乡规划之中的粗放用地等原因，造成的不合理占用、未被充分利用或完全闲置的还有开发利用潜力的城乡建设用地。

（三）分析和评论某个特定的社会现象的解题范式

××事件既有合理性的一面，又有不合理的一面。

其合理性表现在……其不合理性表现在……问题的实质在于……

因此，我们应当辩证地看待问题，对于××事件，要具体问题具体分析/要因地制宜，要……（对策）

例如：

据《民主与法制时报》报道，出于挽救网瘾少年的强烈责任心，愤然于网吧经营屡禁不止的违法行为，2006 年 5 月底，在以县委书记直接牵头的网吧整治风暴刮过之后，山西省方山县城所有的网吧被强制关闭，成为中国绝无仅有的“无网吧城”，此举引发广泛争议。持异议者认为此举“善意但不理性”，“侵害了网吧业主的利益”；支持者则称县委、县政府快刀斩乱麻，大快人心，为这位县委书记的铁腕鼓掌喝彩。

给定资料提供了山西省方山县取缔网吧的案例及由此引起的不同的反应，请用不超过300 字的篇幅对此事予以评议。要求：联系实际，观点明确，条理清楚，语言流畅。

参考答案：

目前，方山县取缔网吧事件既有合理性的一面，又有不合理的一面。其合理性表现在取缔网吧在一定程度和一定范围内防止一部分青少年沉溺于网瘾；其不合理性表现在尽管方山县取缔所有网吧的行为可以理解，但同时也关闭了当地获取信息和技术的通道，损害了大部分合法的网吧经营者的合法利益。取缔网吧事件的实质在于方山县相关部门放大了网吧的负面作用，而忽视了其积极意义。

因此，我们应当辩证地看待问题，应当看到互联网对社会发展有巨大作用，对网吧我们应扬其利、除其弊，不能因噎废食。各级政府部门应通过科学行政、依法行政对网吧进行管理，严格审批，加强监管，严厉制裁违法经营者，并加强对青少年正确应用互联网的教育。

（四）对策类题型解题范式

对策的总体形式：铺垫 + 主体（分论点） + 总结

1. 铺垫的写法

（1）针对……题，为……的，建议采取以下措施：

（2）针对……题，为……的，作为……门，本着……原则（理念、工作思路），建议采取以下措施：

2. 分论点的写法

主旨句＋具体做法

（1）主旨句尽量做到：字数相等、结构相同、语言具有区分度。同时要做到条理清晰，逻辑顺畅。常用以下逻辑顺序：

紧急重要→紧急→重要→不紧急不重要；

观念→制度（体制、机制）→执行操作；

按职能主次，直接→间接。

例如：

第一，要重视思想教育；

第二，要开展安检工作；

第三，要完善规章制度；

第四，要健全法律体系。

再如，如何解决传销问题：

首先，工商部门要宣布传销是非法的，对于传销所得的收入要予以没收，对参与传销的人员要按照相关的规定进行处理，严重的要移交司法机关，追究刑事责任；

其次，公安部门要集中查处一批大案、要案，逮捕一批传销大案、要案当中的首要分子和骨干分子，对那些参与传销的群众要多加教育；

然后，基层街道和社区要通过传单、宣传板、入户宣传等方式，教育老百姓，不要相信传销，不要参与传销；

另外，宣传部门，报纸、广播、杂志、电视、网络等媒体，要大力宣传传销的危害，要让大家认识什么是传销，如何防止进入传销网络，进入传销网络之后如何脱身等等。

（2）具体做法：谁来做＋做什么、怎么做＋目标。一般不分析原因，若要求则总体分析或逐条分析。如：

加强培训。交通管理部门必须加强对机动车驾驶员驾驶技能和安全意识培训，使其具备守规上路行驶的条件，保障电动车行使的安全。

（五）议论性文章的答题技巧

国家公务员考试《申论》测试中，写作是最后的一个环节，也是申论的落脚点。它能够充分考察考生的阅读理解能力、综合分析能力、提出和解决问题能力以及文字表达能力。写作一般包括审题、立意、构思、成文、修改几个环节。

1. 审题过程中，角色定位要准确

审题过程中，不仅要审内容要求、字数限制，更要注意有无身份限定。若有限定，则必须站在虚拟身份者的角度观察问题、思考问题。即使没有，考生也必须摆脱固有身份，站在虚拟身份——国家公务员的角度思考问题，也即具有“类公务员思维”，就是要像公务员一样思考所面对的问题。公务员和学生的思维方式相差甚远，学生看到一个问题的时候，主观性较强，往往是根据自己的好恶进行分析评判，倾向于归因分析，而且往往把问题的症结归于政府的行为过失或不作为，至于怎样解决这一问题，不是他们关注的重点。他们一般是指出问题，而不去解决。公务员看待问题，较为客观、全面。针对某一事件，不是想当然去下结论，而是全方位理性地分析现象发生的表层原因及深层原因，找出问题的实质，然后，着重思考如何解决问题。

只有站在公务员的角度去认识、思考问题，才能与国家公务员考试的目的相吻合。考生看到问题之后，不仅要思考问题产生之因，更要思考解决之策。思考目前应怎样解决这一问题（治标），长远来看应如何解决这一问题（治本）。在论证写作过程中，重点展开所提出的对策，而不是就问题和原因过多地分析。而且，围绕对策的分析，不是分析其意义，即为什么要这样做，而是分析如何做，某一种对策如何落实。

2. 立意过程中，把握材料的整体性

对材料的整体性把握包括两方面的问题：

首先，要透过现象，把握材料的实质，明确问题是什么。

申论试题的各个子材料表面上看杂乱无序，缺乏逻辑联系，但实际上有着内在的逻辑关系，即反应同一问题的不同方面。考生要从各个子材料中跳出来，居高临下进行俯视，整体把握材料，理清各子材料之间的关系，找出隐藏于现象背后的实质，才能避免就事论事，使论述深刻。例如，2008 年国家公务员考试《申论》试题所给定的材料反映的实质是如何协调发展经济与保护生态环境之间的矛盾问题，也即人与自然和谐相处的问题。如果仅局限于表面现象——怒江水电开发，就无法深入地分析问题了。

其次，理解命题意图，明确解决问题的方向。

考生要准确把握材料主旨或精神，明确解决问题的方向。如果指导思想错误，思路发生偏差，必然无法正确解决问题。

在阅读过程中，需注意以下内容：一是权威的话语。这些话语往往是解决材料所反映问题的定性话语，能为考生指明方向。二是相关的国家大政方针。例如：2008 年国家公务员考试《申论》试题，材料反映出对怒江水电开发存在争议，有人赞成，有人反对。那么，要不要开发，如何开发呢？材料 4 这样写道：

对引起巨大争议的怒江水电工程，2006 年水利部某负责同志表示，完全不开发保持原生态是不可能的，因为事实上怒江已不是原生态河流，但原先提出要充分利用怒江水资源，建设 13 级水电站，是一种掠夺性的开发。虽然当地希望尽早开发，但即便是没有争议的一两个水电站，也要在严格前期工作审查的基础上实施开发。要严格遵循先规划、后开发的原则，确保工程方案安全可靠、经济合理，有序推进开发工作。

水利部某负责同志的话语为争议定下了调子：开发是一定的。在如何开发问题上也提出了指导性原则。如果再结合参考文献和十七大报告内容，解决问题的指导思想就显而易见了：保护前提下的开发。

3. 构思过程中应注意的问题

（1）写作提纲的拟定

提纲是构思过程的记录，也是构思的结果。构思过程中，要及时将思路记录下来，否则，稍纵即逝。提纲的写法存在一定的技巧。下表列出了申论文章的构思模式：

| 第一层次 | | 第二层次（选材、论证） | 备注 |
| --- | --- | --- | --- |
| 标题（论点或论题） | | | |
| 开头 | 论点 | 问题——危害——论点<br>论点可针对所有或某一关键原因 | |
| 主体 | 主旨句 1（分论点或对策） | 为什么做？怎样做？重点是怎样做 | 递进式或并列式结构 |
| | 主旨句 2（分论点或对策） | 为什么做？怎样做？重点是怎样做 | |
| | 主旨句 3（分论点或对策） | 为什么做？怎样做？重点是怎样做 | |
| | 主旨句 4（分论点或对策） | 为什么做？怎样做？重点是怎样做 | |
| | …… | …… | |
| 结尾 | | 回扣总论点或升华主题 | |

先考虑第一层次：确立一个什么样的论点，从哪几个方面来写；然后考虑第二层次：每个方面选用什么材料，这几个方面存在什么样的逻辑关系，怎样开头、怎样结尾。

提纲初稿形成后不要急于写正文，要再次对提纲加以修改，梳理思路。经过第一遍的思考后，认识一定有所加深，这时，需要再次考察论点是否合适。若论点改动，需按第一遍的顺序重新思考。若论点没有改动，则再考虑主体部分的几个方面是否完备，先后逻辑顺序是否合适，谁主谁次，然后再考察材料是否能够有效证明分论点。

注意：语言要精练，可选用几个关键词，只要提起思路即可。

（2）标题与内容的关系

标题有论点型与论题型之分。所谓论点型，指标题即论点；所谓论题型，指标题只揭示文章讨论的问题，至于应试者所持观点在正文中揭示。我们将论点型标题称为“小题”，论题型标题称为“大题”。

论点型标题限定了文章的内容，在写法上多是“小题”大作。

论题型标题对文章内容的限制性较小，应试者只要在论题的范围内选择一个自己比较容易驾驭的论点即可。这样，在写法上存在一个“大题”大作与“大题”小作的问题。如 2006 年国家公务员《申论》考试考查的是应对突发公共事件的内容。要求让考生就如何提高政府应对突发公共事件的能力发表自己的看法，自拟标题，字数在 1000—1200 之间。我们不妨拟一个比较流行的标题：为应对突发公共事件开“方”抓“药”。这是“大题”。下面两种写法：

①“大题”大作

从“事前预防”“事中应对”“善后处理”全方位论证。此写法可以全面系统地解决问题，但笔墨分散，受篇幅影响，论述不易深入。

②“大题”小作

从其中某一方面入手，进行详细论述，把题目做大。此写法的关键在于第一自然段如何入题。要由面到点，点面结合。如：

要应对公共突发事件，需事前积极预防、事中及时应对、事后总结反思。但我认为事前预防、事后总结反思固然重要，但是公共突发事件具有不可预测性，防不胜防；事后总结反思，只不过是为预防提供经验教训而已。因此，应对公共突发事件关键在于事中及时应对。

这样，既照顾了“面”，又突出了“点”，逻辑严密，无懈可击。

4. 成文过程中应注意的问题

（1）材料的使用关键注意三点

第一，给定材料的引用方法。材料为观点服务，引用给定材料证明自己的观点，一要恰如其分，二不可长篇累牍引用。如援引事件，可写为“如给定材料中××事件”即可；引用材料中专家、学者的话语，直接引用或间接引用皆可，但一定要精要。

第二，网络材料的运用方法。要注意网络材料的真实性问题，引用时，要使用政府已有定论的材料。

第三，论证观点不是要堆砌材料，而是要对材料进行精辟分析，回扣论点。

（2）主旨句的使用问题

“条理性”是文章的评分标准之一，也是对公务员写作能力的基本要求，条理清晰的文章，容易把握写作意图，便于提高工作效率。要使文章具有条理性，除了使用恰当的结构外，主旨句的使用问题也不容忽视。

方法：将主旨句置于一自然段的开头，表达要准确、精炼。若一篇文章存在多个主旨句，各主旨句的句式要力求统一。这样，可以给人一种简约、和谐之美。

（3）开头范式

原则：提出问题——快速切入主题。

范式：（重要性）——（成绩）——问题——（原因）——危害——论点。

括号内容根据行文变化，可有可无。

**【例文1】**

随着新农村建设步伐的加快，农村经济取得了翻天覆地的变化。广大农民的生活状况得到了很大的改善，对精神文化生活的需求欲望越来越强烈。然而，由于文化基础设施落后、文体活动相对贫乏等原因，造成当前农村文化建设还是跟不上农民的需求。农村文化建设脱节，农村中不良现象、不良旧俗沉渣泛起，有的农民经常参与不健康的文体活动。这不仅造成社会危害，还害了农民自己，对于新农村的精神文明建设也有很大负面影响。因此，加强农村文化建设，在现阶段显得十分必要和紧迫。

——摘自《新时期农村文化建设的必要性和紧迫性》

思路：成绩——问题——危害——论点

**【例文2】**

仅是今年，环境事件就频频出现——4月以来，太湖蓝藻持续暴发，贡湖饮用水源一度出现污染，巢湖、滇池、三峡库区支流等流域也不同程度地出现蓝藻现象；7 月初，江苏沭阳饮用水源地遭受污染，城区供水被迫关闭，城区 20 万人口饮水用水受到影响……无数的事件表明，人类在进行开发的同时，无不需要保护环境！因此，发展经济的同时必须建设生态文明。

——摘自《人与自然》

思路：问题（典型事例）——论点

【例文 3】

“仓廪实而知礼节，衣食足而知荣辱。”在古人的认识里，丰衣足食是文明进步的基础。今天，粮食安全依然是构建和谐社会的物质基础和重要保障。胡锦涛同志在河南考察期间指出：“粮食问题关系国计民生，关系经济发展和社会稳定，我们一定要把粮食生产抓得紧而又紧。”独立自主、自力更生是我国基本的立国方针，解决粮食问题也必须立足于基本自给，采取多种方式抓紧抓好粮食生产。

——摘自《立足于自给保障我国的粮食安全》

思路：引言——重要性——论点

（4）结尾范式

原则：结尾要回扣总论点，结合时政，升华主题

范式：论点的重要性＋趋势

例如：

在当前我国社会正处于矛盾多发期之时，关心和保护农民工，进一步解决好农民工在劳动工资、就业环境、公共服务等方面存在的问题，切实保障农民工的经济、政治、文化和社会权益，为农民工创造一个公平、良好的工作和生活环境，化解有可能引发的社会矛盾或纠纷，对于促进改革发展稳定，对于全面落实科学发展观、构建社会主义和谐社会，具有十分重要的意义。

“江水滔滔，奔流不息，百折不回，终归大海。”只要我们顺应时代潮流，遵从人民意愿，坚定不移地走中国特色社会主义政治发展道路，就一定能够不断发展具有强大生命力的社会主义民主政治，为人类社会的民主政治发展作出更大的贡献。

5. 修改问题

作为应试文体，写作时间仅 60 分钟左右。没有时间起草，更没时间大修改。因此，只有依据提纲，直接落实到卷面，然后稍作改动。这样，有利于保持整洁的卷面。

方法：将文章通读一遍，注意有无漏字、错别字现象，标点符号的使用是否正确，句子是否通顺，语序是否需要调整。若需改动或调整，切忌乱涂乱画，只要标记明白即可。

## 三、操作练习

请在 180 分钟的时间内试做 2014 年中央、国家机关录用公务员考试《申论》（省部级以上）。

# 第七章

# 学术论文

## 一、学术论文的含义、特点和种类

（一）学术论文的含义

所谓学术，是指较为专门、系统的学问。所谓学术性，就是指研究、探讨的内容具有专门性和系统性，即是以科学领域里某一专业性问题作为研究对象。

学术论文是某一学术课题在实验性、理论性或观测性上具有新的科学研究成果或创新见解和知识的科学记录，或是某种已知原理应用于实际中取得新进展的科学总结。用以提供在学术会议上宣读、交流或讨论，或在学术刊物上发表，或作其他用途的书面文件。

学术论文应提供新的科技信息，其内容应有所发现、有所发明、有所创造、有所前进，而不是重复、模仿、抄袭前人的工作成果。

学术论文的作用表现在：可以记录新的科研成果，本身就是学术研究的有效手段；促进学术交流、成果推广和科技发展；促进科研的深化。是考核作者知识、科研水平的重要载体之一。

（二）学术论文的特点

1. 科学性

写作学术论文的目的，在于揭示事物发展的客观规律，探求客观真理，从而促进科学的繁荣和发展，这就决定了学术论文必须具有科学性。

所谓科学性，就是指研究、探讨的内容准确，思维严密，推理合乎逻辑。

学术论文的科学性，要求作者在立论上不得带有个人好恶的偏见，不得主观臆造，必须从客观实际出发，从中引出符合实际的结论。在论据上，应尽可能多地占有资料，以最充分的、确凿有力的论据作为立论的依据。在论证时，必须经过周密的思考，进行严谨的论证。

2. 创造性

人类的科研活动，主要是发现活动和发明活动。科学研究是对新知识的探求，创造性是科学研究的生命。

学术论文的创造性在于作者要有自己独到的见解，能提出新的观点、新的理论，对研究对象经过周密观察、调查、分析研究，从中发现别人过去没发现过或没分析过的问题。填补空白的新发现、新发明、新理论，在继承基础上的发展、完善，对已有资料作出的创造性综述，都是创造性的体现。包括选题新，结论新，方法新，资料新，等等。

没有创造性，学术论文就没有科学价值。

3. 理论性

一般来说，学术论文具有论证色彩，或具有论辩色彩。

学术论文在形式上属于议论文，但它与一般议论文不同，研究者对研究对象的思考，不是停留在零散的感性上，而是运用概念、判断、分析、归纳、推理等思辨的方法，深刻认识研究对象的本质和规律，经过高度概括和升华，使之成为理论。

4. 专业性

学术论文是作者运用系统的专业知识，去论证或解决专业性很强的学术问题。

论文内容的专业性，即是对某一问题的专门研究；论文作者的专业性，即是写作者要有深厚的专业理论素养；论文方法的专业性，即是适合本专业的研究方法和写作方法。

（三）学术论文的种类

按研究的学科，可将学术论文分为自然科学论文和社会科学论文。每类又可按各自的门类分下去。如社会科学论文，又可细分为文学、历史、哲学、教育、政治等学科论文。

按研究的内容，可将学术论文分为理论研究论文和应用研究论文。理论研究，重在对各学科的基本概念和基本原理的研究；应用研究，侧重于如何将各学科的知识转化为专业技术和生产技术，直接服务于社会。

按写作目的或功能，可将学术论文分为交流性论文和考核性论文。交流性论文，目的在于专业工作者进行学术探讨，发表各家之言，以显示各门学科发展的新态势；考核性论文，目的在于检验学术水平，成为有关专业人员升迁晋级的重要依据。

考核论文可分为学年论文、毕业论文和学位论文。

（1）学年论文：使学生初步学会运用专业知识进行科学研究的方法，一般从大三开始（有专业选修课程之后）；

（2）毕业论文：毕业生总结性的独立作业，考验学生综合运用所学知识解决实际问题的能力，一般在导师指导下选定题目，进行研究和撰写，完成后要进行答辩再评定成绩。

（3）学位论文：为申请学位提交的学术论文，一般分三级，即：学士学位论文（10000字左右），硕士学位论文（4万—5万字），博士学位论文（10万字）。一般同毕业论文合二为一。

## 二、学术论文的写作范式

（一）学术论文的撰写格式

前置部分 + 主体部分 + 尾置部分

前置部分包括：题名、论文作者、摘要、关键词、分类号 + 文献标识码 + 文章编号；

主体部分包括：引言、正文、结论；

尾置部分包括：注释、参考文献。

（二）学术论文各部分的写作要求

1. 题名（Title，Topic）

题名又称题目或标题。题名是以最恰当、最简明的词语反映论文中最重要的特定内容的逻辑组合。论文题目是一篇论文给出的涉及论文范围与水平的第一个重要信息，也是为选定关键词、编制题录和索引等二次文献提供检索的特定实用信息。

可见，论文题目十分重要，必须用心斟酌选定。

对论文题目的要求是：

（1）准确得体。论文题目必须能准确表达论文内容，恰当反映所研究的范围和深度，即题要扣文，文也要扣题。这是撰写论文的基本准则。

（2）简短精练。题目用词需要精选，字数要少。尽管题目的字数多少并无统一的“硬性”规定，但一般一篇论文题目不要超出30个字。

若简短题名不足以显示论文内容或反映出属于系列研究的性质，则可利用正、副标题的方法解决，以加副标题来补充说明特定的实验材料、方法及内容等信息，使标题既充实准确又不流于笼统和一般化。

（3）外延和内涵要恰如其分。命题时，若不考虑逻辑上有关外延和内涵的恰当运用，则有可能出现不当甚至谬误。

（4）醒目。虽然论文题目首先映入读者的眼帘，但仍然存在题目是否醒目的问题。因为题目所用字句及其所表现的内容是否醒目，会在一定程度上影响论文的效果。

2. 作者姓名和单位（Author and department）

这一项属于论文署名问题。署名一定要真实可靠。这是因为一是为了表明文责自负，二是记录作者的劳动成果，三是便于读者与作者的联系，四是用于文献检索（作者索引）。

（1）文章均应有作者署名。作者姓名置于篇名下方，团体作者的执笔人也可标注于篇首页地脚位置。译文的署名，应著者在前，译者在后，著者前用方括号标明国籍。各种补白短文，作者姓名亦可标注于正文末尾。

（2）对作者应标明其工作单位全称和所在省、城市名及邮政编码，加圆括号置于作者署名下方。

（3）多位作者的署名之间用逗号隔开；不同工作单位的作者，应在姓名右上角加注不同的阿拉伯数字序号，并在其工作单位名称之前加注与作者姓名序号相同的数字；各工作单位之间连排时以分号隔开。

示例：

熊易群[1]，贾改莲[2]，钟小锋[1]，刘建君[1]

（1. 山西大学教育系，山西 太原 030006；2. 陕西省教育学院教育系，陕西 西安 710061）

3. 摘要（Abstract）

摘要是对论文内容不加注释和评论的简短陈述。其作用是读者不用阅读论文全文即能获得论文的必要信息。

摘要应包含以下内容：从事这一研究的目的和重要性；研究的主要内容和指明完成了哪些工作；获得的基本结论和研究成果，突出论文的新见解；结论或结果的意义。

论文摘要虽然要反映以上内容，但文字必须十分简练，内容亦需充分概括，篇幅大小一般限制在字数不超过论文字数的5%。例如，对于6000字的一篇论文，其摘要一般不超出300字。

论文摘要不要列举例证，不讲研究过程，不用图表，不给公式，也不要作自我评价。为便于交流，还要有英文摘要。

摘要应能客观地反映论文主要内容的信息，具有独立性和自含性。以与正文不同的字体字号排在作者署名与关键词之间。英文摘要的内容应与中文摘要相对应。中文摘要前以“摘要：”或“［摘要］”作为标识；英文摘要前以“Abstract：”作为标识。

4. 关键词（Key words）

关键词属于主题词中的一类，主题词除关键词外，还包括单元词、标题词等。主题词是用来描述文献资料主题和给出检索文献资料的一种新型的情报检索语言词汇，正是由于它的出现和发展，才使得情报检索计算机化（计算机检索）成为可能。

主题词是指以概念的特性关系来区分事物，用自然语言来表达，并且具有组配功能，用以准确显示词与词之间的语义概念关系的动态性的词或词组。

关键词是反映论文主题概念的词或词组，是从论文中选取出来，用以表示全文主要内容信息款目的单词或术语。一般每篇可选3—8个，应尽量从《汉语主题词表》中选用。未被词表收录的新学科、新技术中的重要术语和地区、人物、文献等名称，也可作为关键词标注。关键词应以与正文不同的字体字号编排在摘要下方。多个关键词之间用分号分隔。中英文关键词应一一对应。中文关键词前以“关键词：”或“［关键词］”作为标识；英文关键词前以“Key words：”作为标识。

示例：

关键词：《左传》；语言艺术；修辞；交际语言

5. 分类号＋文献标识码＋文章编号

（1）分类号：应按照《中国图书馆分类法》（第四版）对每篇论文标引分类号。涉及多主题的论文，一篇可给出几个分类号，主分类号排在第一位，多个分类号之间以分号分隔。分类号排在关键词之后，其前以“中图分类号：”或“［中图分类号］”作为标识。

示例：

中图分类号：A81；D05

（2）文献标识码：按照《中国学术期刊（光盘版）检索与评价数据规范》规定，每篇文章均应标识相应的文献标识码：A—理论与应用研究学术论文；B—理论学习与社会实践总结；C—业务指导与技术管理性文章；D—动态性信息；E—文件、资料。

中文文章的文献标识码以“文献标识码：”或“［文献标识码］”作为标识。

（3）文章编号：凡具有文献标识码的文章均可标识一个数字化的文章编号，其中A、B、C三类文章必须编号。文章编号由每一学报的国际标准刊号、出版年、期次号及文章篇首页页码和页数等5段共20位数字组成，其结构为：XXXX－XXXX（YYYY）NN－PPPP－CC。其中文标识为“文章编号：”或“［文章编号］”。

示例：

文章编号：1000－5293（1999）01－0066－（09）

6. 引言（Introduction）

引言又称前言，属于整篇论文的引论部分。其写作内容包括：研究的理由、目的、背景、前人的工作和知识空白，理论依据和实验基础，预期的结果及其在相关领域里的地位、作用和意义。引言的文字不可冗长，内容选择不必过于分散、琐碎，措词要精练，能吸引读者读下去。引言的篇幅大小，并无硬性的统一规定，需视整篇论文篇幅的大小及论文内容的需要来确定。

7. 正文（Main body）

正文是一篇论文的本论，属于论文的主体，它占据论文的最大篇幅。论文所体现的创造性成果或新的研究结果，都将在这一部分得到充分的反映。因此，要求这一部分内容充实，论据充分、可靠，论证有力，主题明确。为了满足这一系列要求，同时也为了做到层次分明、脉络清晰，常常将正文部分分成几个大的段落。这些段落即所谓逻辑段，一个逻辑段可包含几个自然段。每一逻辑段落可冠以适当标题（分标题或小标题）。

段落的划分，应视论文性质与内容而定。以理科方面的论文为例，一般常见的划分方式有：实验原材料和材料/实验方法/实验结果和理论分析/实验装置和方法/实验结果比较与分析。由于学术论文的选题和内容性质差别较大，其分段及其写法均不能作硬性的统一规 定，但必须实事求是，客观真切，准确完备，合乎逻辑，层次分明，简练可读。

（1）文内标题力求简短、明确，题末不用标点符号（问号、叹号、省略号除外）。层次不宜过多，一般不超过5级。大段落的标题居中排列，可不加序号。

层次序号可采用“一、”“（一）”“1.”“（1）”“1）”；不宜用①，以与注释号区别。

文中应做到不背题，一行不占页，一字不占行。

（2）用字应符合现代汉语规范，除某些古籍整理和古汉语方面的文章外，避免使用旧体字、异体字和繁体字。简化字应执行新闻出版署和国家语言文字工作委员会1992年7月7日发布的《出版物汉字使用管理规定》，以1986年10月10日重新发表的《简化字总表》为准。

（3）标点符号使用要遵守GB/T 15834—1995《标点符号用法》的规定（参考文献著录中的标点作为标识的用法另据后文规定），除前引号、前括号、破折号、省略号外，其余都应紧接文字后面，不能排在行首。夹注及表格内的文句末尾不用句号。著作、文章、文件、刊物、报纸等均用书名号。用数字简称的会议或事件，只在数字上加引号；用地名简称的，不加引号。外文的标点符号应遵循外文的习惯用法。

（4）数字使用应执行GB/T 15835—1995《出版物上数字用法的规定》。凡公历世纪、年代、年、月、日、时刻和各种记数与计量（包括正负数、分数、小数、百分比、约数），均采用阿拉伯数字；年份不能简写，星期几一律用汉字；夏历和清代以前（包括清代）历史纪年用汉字，加圆括号注明公元纪年；多位的阿拉伯数字不能移行；4位以上数字采用3位分节法，即节与节之间空1/4字距；5位以上的数字尾数零多的，可以“万”“亿”作单位。数字作为词素构成定型的词、词组、惯用词、缩略语，应使用汉字。邻近两个数字并列连用所表示的概数均使用汉字。

（5）插图和照片应比例适当，清楚美观；图中文字与符号一律植字。插图应标明图序和图题，序号和图题之间空1字；图序以阿拉伯数字连续编号，仅有1图者于图题处标明“图1”；图题一般居中排于图的下方。图一般随文编排，图较多时也可集中排在文末或其他适当位置。插图的横向尺寸不超过版面2/3者，图旁应串文。图需卧排时，应顶左底右。插页图版可另编页码，并在图版上方标识文章篇名和所在页码。

（6）表格应结构简洁，具有自明性。尽可能采用三线表，必要时可加辅助线。表格应有表序和表题。序号和表题居中排于表格上方，两者之间空1字。表序以阿拉伯数字连续编号，仅有1表者，于表题处标明“表1”。表内数据一律采用阿拉伯数字，个位数、小数点位置应上下对齐。相邻行格内的数字或文字相同时，应重复填写。表一般随文编排，先见文字后见表。表格的横向尺寸不超过版面2/3者，表旁应串文。表需卧排时，应顶左底右；需跨页时，一般排为双面跨单页；需转页时，应在续表上方居中注明“续表×”，表头重复排出。

（7）文稿中的计量单位应严格执行GB 3100—3102—93《量和单位》的规定。

（8）文稿中的数学公式应简明、准确地表达各个量之间的关系，一般另行编排，主辅线须区分清楚。在不引起误解的前提下，某些公式也可夹在文句中间。数学公式的编排，应遵循量、符号的书写规则。

（9）每篇文章应尽可能排在连续页码上。确需转页时应在当页最末一行标点停顿处注明“下转第×页”；在接转部分之前注明“上接第×页”，字体与正文区别，加圆括号。转页应尽可能少，并不可逆转。

（10）分期连载的长文，应在每期篇名之后加注连载序号，文末加注“待续”，最末一期加注“续完”。

8. 结论（Conclusion）

论文的结论部分，应反映论文中通过实验、观察研究并经过理论分析后得到的学术见解。结论应是该论文最终的、总体的结论。换句话说，结论应是整篇论文的结局，而不是某一局部问题或某一分支问题的结论，也不是正文中各段小结的简单重复。结论应当体现作者更深层的认识，且是从全篇论文的全部材料出发，经过推理、判断、归纳等逻辑分析过程而得到的新的学术总观念、总见解。

结论的写作内容一般应包括以下几个方面：本文研究结果说明了什么问题；对前人有关的看法做了哪些修正、补充、发展、证实或否定。本文研究的不足之处或遗留未予解决的问题，以及对解决这些问题的可能的关键点和方向。

“结论”部分的写作要求是：准确、完整、明确、精练。

9. 注释

注释主要用于对文章篇名、作者及文内某一特定内容作必要的解释或说明。篇名、作者注置于当页地脚；对文内有关特定内容的注释可夹在文内（加圆括号），也可排在当页地脚或文末，序号用带圆圈的阿拉伯数字表示。

作者简介：对文章主要作者的姓名、出生年、性别、民族（汉族可省略）、籍贯、职称、学位等做出介绍，其前以“作者简介：”或“［作者简介］”作为标识。一般排在篇首地脚。同一篇文章的其他主要作者简介可以在同一“作者简介：”或“［作者简介］”标识后相继列出，其间以分号隔开。

如：

作者简介：李兰（1968— ），女，山西武乡人，副教授，博士，主要从事政治经济学研究，（Tel）0354－5467890，（E－mail）tyut009@163. com。

10. 参考文献（Reference）

在学术论文后需要列出参考文献。

其作用有：反映出真实的科学依据；体现严肃的科学态度，分清是自己的观点或成果还是别人的观点或成果；对前人的科学成果表示尊重，同时也是为了指明引用资料出处，便于检索。

中华人民共和国国家标准 GB7714－87《文后参考文献著录规则》及《中国学术期刊（光盘版）检索与评价数据规范》，分别对文后参考文献的著录项目与著录格式有明确的规定。

（1）采用顺序编码制，在引文处按论文中引用文献出现的先后以阿拉伯数字连续编码，序号置于方括号内。一种文献在同一文中被反复引用者，用同一序号标示，需表明引文具体出处的，可在序号后加圆括号注明页码或章、节、篇名，采用小于正文的字号编排。

（2）文后参考文献的著录项目要齐全，其排列顺序以在正文中出现的先后为准；参考文献列表时应以"参考文献："（左顶格）或"［参考文献］"（居中）作为标识；序号左顶格，用阿拉伯数字加方括号标示；每一条目的最后均以实心点结束。

（3）各种参考文献的类型，根据GB 3469—83《文献类型与文献载体代码》规定，以单字母方式标识：

M—专著，C—论文集，N—报纸文章，J—期刊文章，D—学位论文，R—报告，S—标准，P—专利；对于专著、论文集中的析出文献采用单字母"A"标识；对于其他未说明的文献类型，采用单字母"Z"标识；对于数据库、计算机程序及电子公告等电子文献类型，以双字母作为标识：DB—数据库，CP—计算机程序，EB—电子公告；对于非纸张型载体电子文献，需在参考文献标识中同时标明其载体类型，建议采用双字母表示：MT—磁带，DK—磁盘，CD—光盘，OL—联机网络，并以下列格式表示包括了文献载体类型的参考文献类型标识：DB/OL—联机网上数据库，DB/MT—磁带数据库，M/CD—光盘图书，CP/DK—磁盘软件，J/OL——网上期刊，EB/OL——网上电子公告。

以纸张为载体的传统文献在引作参考文献时不注其载体类型。

（4）参考文献著录的条目以小于正文的字号编排在文末。其格式为：

①专著、学位论文、报告

［序号］主要责任者．文献题名［文献类型标识］．出版地：出版者，出版年．起止页码（任选）．

示例：

［1］周振甫．周易译注［M］．北京：中华书局，1991.

［2］陈崧．五四前后东西方文化问题论战文选［C］．北京：中国社会科学出版社，1985.

［3］陈桐生．中国史官文化与《史记》［D］．西安：陕西师范大学文学研究所，1992.

［4］白永秀，刘敢，任保平．西安金融、人才、技术三大要素市场培育与发展研究［R］．西安：陕西师范大学西北经济发展研究中心，1998.

②期刊

［序号］主要责任者．文献题名［J］．刊名，年，卷（期）：起止页码．

示例：

［5］何龄修．读顾城《南明史》［J］．中国史研究，1998，8（3）：167－173.

③论文集中的析出文献

［序号］主要责任者．文献题名［A］．原文献主要责任者（任选）．原文献题名［C］．出版地：出版者，出版年．析出文献起止页码．

示例：

［6］瞿秋白．现代文明的问题与社会主义［A］．西学学会．从西化到现代化［C］．北京：北京大学出版社，1990. 121 – 133.

④报纸文章

［序号］主要责任者．文献题名［N］．报纸名，出版日期（版次）．

示例：

［7］谢希德．创造学习的新思路［N］．人民日报，1998 – 12 – 25（10）．

⑤ 国际标准、国家标准

［序号］标准编号，标准名称［S］．

示例：

［8］GB/T 16159 – 1996，汉语拼音正词法基本规则［S］．

⑥电子文献

［序号］主要责任者．电子文献题名［电子文献及载体类型标识］– 电子文献的出处或可获得地址，发表或更新日期/引用日期（任选）．

示例：

［9］王明亮．关于中国学术期刊标准化数据库系统工程的进展［EB/OL］．http：// www. cajcd. cn/pub/wml. txt/980810 – 2. html，1998 – 08 – 16/1998 – 10 – 04.

［10］万锦坤．中国大学学报论文文摘（1983 – 1993）．英文版［DB/CD］．北京：中国大百科全书出版社，1996.

⑦各种未定类型的文献

［序号］主要责任者．文献题名［Z］．出版地：出版者，出版年．

示例：

［11］张永禄．唐代长安词典［Z］．西安：陕西人民出版社，1980.

（5）注释集中排在文章末尾时，参考文献排在注释之后。

## 三、范文品读

### 古典想象中的现代书写
### ——论李碧华的小说创作

王俊玲

（扬州大学 现当代文学专业 2004 级研究生，江苏 扬州 225002）

摘 要：李碧华是一个很特别的言情小说家，一方面她沉迷于在营造的古典氛围中叙述那个人们心中最渴望的完美的爱情，同时生活在发达的香港，身边充斥着各种各样的现代人的爱情，又使得她不由自主地透过历史的迷雾，借助一些现代的手法，仔细考量言情小说中的永恒主题——爱情。于是在她的小说中就呈现出古典想象中的现代书写特征。

关键词：古典想象 电影手法 现代爱情

李碧华为香港著名女作家，学生时代便开始向《幸福家庭》《中国学生周报》投稿，至今发表了大量作品，且涉猎众多，小说剧本多产生广泛影响。根据她的小说《霸王别姬》《胭脂扣》改编的电影，分别获得1995年戛纳奖和1987年法国第十届第三世界影展金球大奖，更是使她蜚声文坛。她的小说大多描写男女之间的爱情，或缠绵悱恻，或不吝生死，或缘定三生，或绝望扼腕，形形色色，五彩斑斓。居高不下的销售量为她赢得了“天下言情第一人”的称誉。作为一个香港作家，李碧华面对着更多的文化碰撞，在她的小说中寄寓着传统的对真爱、对永恒之爱的追求，但同时在字里行间又对这种真爱的存在与否抱着一种冷眼旁观、怀疑的态度，充满了对所谓真爱的失望，流露出几许讽刺的意味。

## 一

李碧华的小说大多取历史做背景，信手拈来的许多古典诗词的运用，不仅看出作者深厚的古文功底，而且使得语言洗练传神，与其他消遣小说相区别，营造出优美的古典氛围。“山雨欲来风满楼”引自许浑的《咸阳城东》，“梦为远别啼难唤，书被催成墨未浓”引自李商隐《无题》，“冠盖满京华，斯人独憔悴”引自杜甫《梦李白》，而“迟迟钟鼓初长夜，耿耿星河欲曙天”则是白居易《长恨歌》中的一句。《霸王别姬》的每章标题，都是戏曲《霸王别姬》的唱词，使内容与形式得到了完美的结合。李碧华的小说虽为通俗小说，但对意境的追求使得她的小说上升到了一个高层次的美学范畴，试读她的作品，往往在看透世事的同时，又展现出人世无处不有的遗憾，留下种种象外之旨，言外之意，令人久久回味。《胭脂扣》的结尾，如花悄无声息地消失了，“她怎么了？究竟是找到，抑或找不到？”一切都没有答案，她似乎还有许多没说的话，却又只给我们一个模糊的渐渐远去的背影。读到这里，我们实在体会不出这是一种坦然放手的潇洒，还是旧伤撕裂的疼痛，一种难以言说的意味，在心灵震颤之余，我们不能不为之深长思索。《满洲国妖艳——川岛芳子》中那个心狠手辣，野心勃勃的金壁辉司令再见到当年被自己抛弃的初恋情人——山家亨时，前尘往事都涌了出来。自己早已经不是当年那个旧人，对方也不能再回头，一切都已然过去。一声轻轻地喟叹，也使读者从中咀嚼着一种沧桑的人生意味，在这样的古典氛围的蕴托中李碧华书写着古老爱情的神话。

范伯群先生在《中国近现代通俗文学史》中写道：“鲁迅在《中国小说史略》中将才子佳人划入‘世情书’之内，归‘人情小说’之属。而我们之所谓‘言情小说’的概念就是专指写男女之情的小说。”[①]作为“言情第一人”的李碧华其创作内容与中国传统的《西厢记》《红楼梦》及至后来的《玉梨魂》等一脉相传，都是写男女之间的感情纠葛，像《胭脂扣》中的如花和十二少，《诱僧》中的红萼和石彦生，《秦俑》中的蒙放和冬儿……他们的爱情都写得细腻而深沉，应该说在爱情描写里大多有虚构的浪漫成分，都渗透着理想主义的色彩，但纯洁崇高的爱情本身，依然有一种感染人，吸引人的力量，使读者的感情净化。《胭脂扣》里，十二少与如花的爱情是在阿楚和永定这一对现代男女的衬托、对比中来描写的。如花这个倚红楼的红牌，本来虚情假意、逢场作戏是她职业的一部分，可她却对海行少东发生了感情，不讲回报，只讲付出，两人蜗居在小房子中，还要她出去挣钱养他，可她还为他处处辩护，当永定问她，十二少有没有红起来时，她回答“不知道”，即使不知道十二少生死，也不许别人小看他，她从不想值不值，她只知道自己放不下他，用来世七年的时间换回七天，只为再见一面，只为弄个明白。而永定与阿楚的爱情则要现实得多，阿楚相信大丈夫不可一日无权，小丈夫不可一日无钱。从中我们可以看出对所选对象的标准不再是是否两情相悦，是否真心以对，而是摸得着、看得见的真真切切的实惠，这样一比如花对爱情的执著就令现代人瞠目结舌了。在李碧华的小说里，经常以生死作为一个衡量的标准，真爱就该为对方好，必要时可以自我牺牲。《诱僧》中的红萼公主，尽管石彦生有意回避她的感情，但她却一直暗中保护，甚至丢了公主的头衔，为了救心上人的命，亲自用身体活活地挡了一刀，直剖心房！最亲密的接触竟是死在爱人怀里的时候，爱情戛然而止，连叹息的机会都没有。《生死桥》中志高为了所爱的人的幸福，牺牲自己的感情成全了丹丹。《秦俑》里蒙放和冬儿这对痴情儿女，在面对一个人必须被杀死的局面时，两人都争先恐后地要为对方留下活路，一人已死，另一人完全有机会活下来，却也毅然选择生死相随，彼此为对方着想，这种看似过时的爱、纯情的爱在李碧华的笔下写得很感人。在她的小说中还有比较特别的，爱情从一开始就是绝望的，却越陷越深，以至因爱恋而成痴，却还不肯放。程蝶衣不仅是个戏魔，还是个情痴，在他最为珍贵的戏箱里，十年如梦一般收藏着他师哥第一次的签名，师哥的事他比谁都上心，虽然这种对同性的爱情是不正常的，不被人所接受的，但我们至少可以断定他对他的感情绝非一般下贱的情欲，而是饱含了真爱挚情，他为了所爱的人不惜任何代价，出生入死。因而他的痴也就更令人信服，更令人感动，也更令人同情。李碧华的小说形象含蓄地写出人生的本色和本味，写得委婉别致，写得韵味深长！

二

我们知道“私订终身后花园，落难公子中状元”早已成为言情小说的一种套路，如果没有在爱情观念上的不时更新，往往会步入雷同的死胡同中去，走向创作生命的衰竭，走向没落。李碧华小说的成功之处在于，虽然内容取材于历史，但却用一种现代精神重新观照，重新审视爱情的本质，这个永恒的话题真的承载着永恒的感情么？《青蛇》叙述的早已不是白蛇报恩，以身相许的故事，青蛇一句“不是色相吗？他长得不英俊，你肯要？”[②]直指白蛇内心，而许仙对送上门的白、青二蛇也是来者不拒，初到白庄，那小心向内张望的双眼只看到了两样东西：财和色。一曲古代人妖相恋的悲歌在现代演绎成了各取所需的交换，之所以死死纠缠在一起，不过是为了各自的利，情的下面是一个大大的欲字。这与现代生活多么相似，每一个人都步履匆匆，因为互相方便便一拍即合，也许金钱才是永恒的吧。而《胭脂扣》中超越阴阳的爱情也不过是掩盖了一场谋杀，在紧要关头是猜测，是衡量，信任的基石已经坍塌，撕开虚饰，爱情是侵占是控制，要使自己的所得最大化，宁可玉碎不为瓦全。李碧华说过："好男人不过是一瓶好的驱风油。"那女人又是什么呢？也许只是互相利用的对象而已。李碧华面对自己所写的这些言情小说可以说是清醒的。"我们都不懂爱情，有时愿意且以为这是一种风俗"。爱情成了潮流，谁都可以以游戏的态度来获得娱乐。一方面她构造了一个神话，一方面连她自己都不相信，不是每个青蛙都会变王子，不是每一双梁祝都可以化蝶。文中大量语气词"呢"的使用也增加了反讽的效果。挣扎在其中的人只能是绝望的一群，无从寻找安慰，归宿在哪里呢？既然没有所爱的，那只能回到所恨的人身边了。在《霸王别姬》中最了解蝶衣的人不是他的大师哥，而是他最厌恶的菊仙。《满洲国妖艳——川岛芳子》中，芳子辗转了一大圈却回到了夺去她童贞的虚伪的川岛速浪身旁，这才是现代人最大的悲哀。

李碧华小说上的成功是多方面地借鉴、融合中西文学艺术的结果，其中得力于电影者尤多，李碧华写过电视剧本，而电视是电影的发展，可见她是很了解这方面的艺术的。这些实践对她的小说创作很有影响。细心的读者会看出李碧华的小说里有很多电影的成分。李碧华对电影技巧的吸取和借鉴，大大丰富了小说的表现手段，将言情小说的艺术表现力提高到一个新的水平。电影艺术的最大特点，首先在于它充分的具象性，直诉之于观众的感觉——尤其是视觉。在《胭脂扣》中，十二少说要和如花分开，如花一字未语，只是一个劲地搓着汤圆，却怎么也搓不圆……作者用很强的电影语言刻画了人物痛苦的心理，营造了气氛。不仅如此，李碧华还会用组合得极好的成套镜头，包括远景、近景、特写的搭配来描写场景。在《诱僧》的祭天描写中我们可以看到："他们都穿着光铠，盔甲在阳光下闪着刺目光芒。看不清你我。所有人都站在高岗上欣赏，隔着滚滚飞腾的黄土。隔着那'兰陵王'假面，有一双眼睛紧紧盯着人和马……假面缓缓移开。"这是一个从远景到近景再到特写的过程。李碧华在小说中还有意地借用了电影的某些特技，以突破小说的叙事模式，并丰富了小说的表现手法，电影中的蒙太奇，或灵活地用来衔接过去和现在，或交替穿插多线索地展开故事情节。《诱僧》中，石彦生见到霍达，想起了他们第一次见面的情景，这是采用倒叙插入回忆。突然一只野鹿跃出，又将思绪拉回到现实中。这种将过去与眼前交替起来地组接方法，其效果等同于电影中的蒙太奇。李碧华借鉴电影技巧对叙事艺术所作的试验和革新，不仅强化了小说的画面感与具象性，大大丰富了小说的表现手法，最大的好处还在于调动了读者的想象力，通过以系列的电影语言帮助读者参与形象的塑造，使小说的阅读超越单纯的书面形态而进入无比活跃、栩栩如生的艺术天地。

李碧华就是这样在自己营造的浪漫、抒情的古典情境下，书写着一个个属于现代人的爱情故事。任何一个作家的创作都不可能是完美无缺的，仔细看她的小说，我们会发现有一些逻辑上的矛盾。《诱僧》中石彦生的母亲吃斋念佛，本应是个清心寡欲的老人，却对朝廷内的纷争清楚得很。而《秦俑》中被徐福作为宝贝的九转金丹，竟被一个涉世未深的冬儿轻易地偷到了。

参考文献：

[1] 范伯群. 中国近现代通俗文学史 [M]. 江苏教育出版社，1999 年，第 5 页.

[2] 李碧华. 青蛇 [M]. 人民文学出版社，1995 年，第 29 页.

——摘自《文教资料》2006 年 9 月号中旬刊

## 四、操作训练

1. ××作家（或××作品）语言研究
2. 古汉语词类活用和兼类词的区别和判断
3. 谈《诗经》中的婚嫁诗
4. 闻一多、徐志摩诗歌风格比较
5. 舒婷诗作简析
6. 古希腊神话传说中的文化精神
7. 现代化教学手段在语文教学中的应用

附录一

# 党政机关公文处理工作条例

## 第一章　总　则

**第一条**　为了适应中国共产党机关和国家行政机关（以下简称党政机关）工作需要，推进党政机关公文处理工作科学化、制度化、规范化，制定本条例。

**第二条**　本条例适用于各级党政机关公文处理工作。

**第三条**　党政机关公文是党政机关实施领导、履行职能、处理公务的具有特定效力和规范体式的文书，是传达贯彻党和国家的方针政策，公布法规和规章，指导、布置和商洽工作，请示和答复问题，报告、通报和交流情况等的重要工具。

**第四条**　公文处理工作是指公文拟制、办理、管理等一系列相互关联、衔接有序的工作。

**第五条**　公文处理工作应当坚持实事求是、准确规范、精简高效、安全保密的原则。

**第六条**　各级党政机关应当高度重视公文处理工作，加强组织领导，强化队伍建设，设立文秘部门或者由专人负责公文处理工作。

**第七条**　各级党政机关办公厅（室）主管本机关的公文处理工作，并对下级机关的公文处理工作进行业务指导和督促检查。

## 第二章　公文种类

**第八条**　公文种类主要有：

（一）决议。适用于会议讨论通过的重大决策事项。

（二）决定。适用于对重要事项作出决策和部署、奖惩有关单位和人员、变更或者撤销下级机关不适当的决定事项。

（三）命令（令）。适用于公布行政法规和规章、宣布施行重大强制性措施、批准授予和晋升衔级、嘉奖有关单位和人员。

（四）公报。适用于公布重要决定或者重大事项。

（五）公告。适用于向国内外宣布重要事项或者法定事项。

（六）通告。适用于在一定范围内公布应当遵守或者周知的事项。

（七）意见。适用于对重要问题提出见解和处理办法。

（八）通知。适用于发布、传达要求下级机关执行和有关单位周知或者执行的事项，批转、转发公文。

（九）通报。适用于表彰先进、批评错误、传达重要精神和告知重要情况。

（十）报告。适用于向上级机关汇报工作、反映情况，回复上级机关的询问。

（十一）请示。适用于向上级机关请求指示、批准。

（十二）批复。适用于答复下级机关请示事项。

（十三）议案。适用于各级人民政府按照法律程序向同级人民代表大会或者人民代表大会常务委员会提请审议事项。

（十四）函。适用于不相隶属机关之间商洽工作、询问和答复问题、请求批准和答复审批事项。

（十五）纪要。适用于记载会议主要情况和议定事项。

## 第三章　公文格式

**第九条**　公文一般由份号、密级和保密期限、紧急程度、发文机关标志、发文字号、签发人、标题、主送机关、正文、附件说明、发文机关署名、成文日期、印章、附注、附件、抄送机关、印发机关和印发日期、页码等组成。

（一）份号。公文印制份数的顺序号。涉密公文应当标注份号。

（二）密级和保密期限。公文的秘密等级和保密的期限。涉密公文应当根据涉密程度分别标注“绝密”“机密”“秘密”和保密期限。

（三）紧急程度。公文送达和办理的时限要求。根据紧急程度，紧急公文应当分别标注“特急”“加急”，电报应当分别标注“特提”“特急”“加急”“平急”。

（四）发文机关标志。由发文机关全称或者规范化简称加“文件”二字组成，也可以使用发文机关全称或者规范化简称。联合行文时，发文机关标志可以并用联合发文机关名称，也可以单独用主办机关名称。

（五）发文字号。由发文机关代字、年份、发文顺序号组成。联合行文时，使用主办机关的发文字号。

（六）签发人。上行文应当标注签发人姓名。

（七）标题。由发文机关名称、事由和文种组成。

（八）主送机关。公文的主要受理机关，应当使用机关全称、规范化简称或者同类型机关统称。

（九）正文。公文的主体，用来表述公文的内容。

（十）附件说明。公文附件的顺序号和名称。

（十一）发文机关署名。署发文机关全称或者规范化简称。

（十二）成文日期。署会议通过或者发文机关负责人签发的日期。联合行文时，署最后签发机关负责人签发的日期。

（十三）印章。公文中有发文机关署名的，应当加盖发文机关印章，并与署名机关相符。有特定发文机关标志的普发性公文和电报可以不加盖印章。

（十四）附注。公文印发传达范围等需要说明的事项。

（十五）附件。公文正文的说明、补充或者参考资料。

（十六）抄送机关。除主送机关外需要执行或者知晓公文内容的其他机关，应当使用机关全称、规范化简称或者同类型机关统称。

（十七）印发机关和印发日期。公文的送印机关和送印日期。

（十八）页码。公文页数顺序号。

**第十条**　公文的版式按照《党政机关公文格式》国家标准执行。

**第十一条**　公文使用的汉字、数字、外文字符、计量单位和标点符号等，按照有关国家标准和规定执行。民族自治地方的公文，可以并用汉字和当地通用的少数民族文字。

**第十二条**　公文用纸幅面采用国际标准 A4 型。特殊形式的公文用纸幅面，根据实际需要确定。

## 第四章　行文规则

**第十三条**　行文应当确有必要，讲求实效，注重针对性和可操作性。

**第十四条**　行文关系根据隶属关系和职权范围确定。一般不得越级行文，特殊情况需要越级行文的，应当同时抄送被越过的机关。

**第十五条**　向上级机关行文，应当遵循以下规则：

（一）原则上主送一个上级机关，根据需要同时抄送相关上级机关和同级机关，不抄送下级机关。

（二）党委、政府的部门向上级主管部门请示、报告重大事项，应当经本级党委、政府同意或者授权；属于部门职权范围内的事项应当直接报送上级主管部门。

（三）下级机关的请示事项，如需以本机关名义向上级机关请示，应当提出倾向性意见后上报，不得原文转报上级机关。

（四）请示应当一文一事。不得在报告等非请示性公文中夹带请示事项。

（五）除上级机关负责人直接交办事项外，不得以本机关名义向上级机关负责人报送公文，不得以本机关负责人名义向上级机关报送公文。

（六）受双重领导的机关向一个上级机关行文，必要时抄送另一个上级机关。

**第十六条** 向下级机关行文，应当遵循以下规则：

（一）主送受理机关，根据需要抄送相关机关。重要行文应当同时抄送发文机关的直接上级机关。

（二）党委、政府的办公厅（室）根据本级党委、政府授权，可以向下级党委、政府行文，其他部门和单位不得向下级党委、政府发布指令性公文或者在公文中向下级党委、政府提出指令性要求。需经政府审批的具体事项，经政府同意后可以由政府职能部门行文，文中须注明已经政府同意。

（三）党委、政府的部门在各自职权范围内可以向下级党委、政府的相关部门行文。

（四）涉及多个部门职权范围内的事务，部门之间未协商一致的，不得向下行文；擅自行文的，上级机关应当责令其纠正或者撤销。

（五）上级机关向受双重领导的下级机关行文，必要时抄送该下级机关的另一个上级机关。

**第十七条** 同级党政机关、党政机关与其他同级机关必要时可以联合行文。属于党委、政府各自职权范围内的工作，不得联合行文。

党委、政府的部门依据职权可以相互行文。

部门内设机构除办公厅（室）外不得对外正式行文。

## 第五章　公文拟制

**第十八条** 公文拟制包括公文的起草、审核、签发等程序。

**第十九条** 公文起草应当做到：

（一）符合党的理论路线方针政策和国家法律法规，完整准确体现发文机关意图，并同现行有关公文相衔接。

（二）一切从实际出发，分析问题实事求是，所提政策措施和办法切实可行。

（三）内容简洁，主题突出，观点鲜明，结构严谨，表述准确，文字精练。

（四）文种正确，格式规范。

（五）深入调查研究，充分进行论证，广泛听取意见。

（六）公文涉及其他地区或者部门职权范围内的事项，起草单位必须征求相关地区或者部门意见，力求达成一致。

（七）机关负责人应当主持、指导重要公文起草工作。

**第二十条** 公文文稿签发前，应当由发文机关办公厅（室）进行审核。审核的重点是：

（一）行文理由是否充分，行文依据是否准确。

（二）内容是否符合党的理论路线方针政策和国家法律法规；是否完整准确体现发文机关意图；是否同现行有关公文相衔接；所提政策措施和办法是否切实可行。

（三）涉及有关地区或者部门职权范围内的事项是否经过充分协商并达成一致意见。

（四）文种是否正确，格式是否规范；人名、地名、时间、数字、段落顺序、引文等是否准确；文字、数字、计量单位和标点符号等用法是否规范。

（五）其他内容是否符合公文起草的有关要求。

需要发文机关审议的重要公文文稿，审议前由发文机关办公厅（室）进行初核。

**第二十一条** 经审核不宜发文的公文文稿，应当退回起草单位并说明理由；符合发文条件但内容需作进一步研究和修改的，由起草单位修改后重新报送。

**第二十二条** 公文应当经本机关负责人审批签发。重要公文和上行文由机关主要负责人签发。党委、政府的办公厅（室）根据党委、政府授权制发的公文，由受权机关主要负责人签发或者按照有关规定签发。签发人签发公文，应当签署意见、姓名和完整日期；圈阅或者签名的，视为同意。联合发文由所有联署机关的负责人会签。

## 第六章 公文办理

**第二十三条** 公文办理包括收文办理、发文办理和整理归档。

**第二十四条** 收文办理主要程序是：

（一）签收。对收到的公文应当逐件清点，核对无误后签字或者盖章，并注明签收时间。

（二）登记。对公文的主要信息和办理情况应当详细记载。

（三）初审。对收到的公文应当进行初审。初审的重点是：是否应当由本机关办理，是否符合行文规则，文种、格式是否符合要求，涉及其他地区或者部门职权范围内的事项是否已经协商、会签，是否符合公文起草的其他要求。经初审不符合规定的公文，应当及时退回来文单位并说明理由。

（四）承办。阅知性公文应当根据公文内容、要求和工作需要确定范围后分送。批办性公文应当提出拟办意见报本机关负责人批示或者转有关部门办理；需要两个以上部门办理的，应当明确主办部门。紧急公文应当明确办理时限。承办部门对交办的公文应当及时办理，有明确办理时限要求的应当在规定时限内办理完毕。

（五）传阅。根据领导批示和工作需要将公文及时送传阅对象阅知或者批示。办理公文传阅应当随时掌握公文去向，不得漏传、误传、延误。

（六）催办。及时了解掌握公文的办理进展情况，督促承办部门按期办结。紧急公文或者重要公文应当由专人负责催办。

（七）答复。公文的办理结果应当及时答复来文单位，并根据需要告知相关单位。

**第二十五条** 发文办理主要程序是：

（一）复核。已经发文机关负责人签批的公文，印发前应当对公文的审批手续、内容、文种、格式等进行复核；需作实质性修改的，应当报原签批人复审。

（二）登记。对复核后的公文，应当确定发文字号、分送范围和印制份数并详细记载。

（三）印制。公文印制必须确保质量和时效。涉密公文应当在符合保密要求的场所印制。

（四）核发。公文印制完毕，应当对公文的文字、格式和印刷质量进行检查后分发。

**第二十六条** 涉密公文应当通过机要交通、邮政机要通信、城市机要文件交换站或者收发件机关机要收发人员进行传递，通过密码电报或者符合国家保密规定的计算机信息系统进行传输。

**第二十七条** 需要归档的公文及有关材料，应当根据有关档案法律法规以及机关档案管理规定，及时收集齐全、整理归档。两个以上机关联合办理的公文，原件由主办机关归档，相关机关保存复制件。机关负责人兼任其他机关职务的，在履行所兼职务过程中形成的公文，由其兼职机关归档。

## 第七章 公文管理

**第二十八条** 各级党政机关应当建立健全本机关公文管理制度，确保管理严格规范，充分发挥公文效用。

**第二十九条** 党政机关公文由文秘部门或者专人统一管理。设立党委（党组）的县级以上单位应当建立机要保密室和机要阅文室，并按照有关保密规定配备工作人员和必要的安全保密设施设备。

**第三十条** 公文确定密级前，应当按照拟定的密级先行采取保密措施。确定密级后，应当按照所定密级严格管理。绝密级公文应当由专人管理。

公文的密级需要变更或者解除的，由原确定密级的机关或者其上级机关决定。

**第三十一条** 公文的印发传达范围应当按照发文机关的要求执行；需要变更的，应当经发文机关批准。

涉密公文公开发布前应当履行解密程序。公开发布的时间、形式和渠道，由发文机关确定。

经批准公开发布的公文，同发文机关正式印发的公文具有同等效力。

**第三十二条** 复制、汇编机密级、秘密级公文，应当符合有关规定并经本机关负责人批准。绝密级公文一般不得复制、汇编，确有工作需要的，应当经发文机关或者其上级机关批准。复制、汇编的公文视同原件管理。

复制件应当加盖复制机关戳记。翻印件应当注明翻印的机关名称、日期。汇编本的密级按照编入公文的最高密级标注。

**第三十三条** 公文的撤销和废止，由发文机关、上级机关或者权力机关根据职权范围和有关法律法规决定。公文被撤销的，视为自始无效；公文被废止的，视为自废止之日起失效。

**第三十四条** 涉密公文应当按照发文机关的要求和有关规定进行清退或者销毁。

**第三十五条** 不具备归档和保存价值的公文，经批准后可以销毁。销毁涉密公文必须严格按照有关规定履行审批登记手续，确保不丢失、不漏销。个人不得私自销毁、留存涉密公文。

**第三十六条** 机关合并时，全部公文应当随之合并管理；机关撤销时，需要归档的公文经整理后按照有关规定移交档案管理部门。

工作人员离岗离职时，所在机关应当督促其将暂存、借用的公文按照有关规定移交、清退。

**第三十七条** 新设立的机关应当向本级党委、政府的办公厅（室）提出发文立户申请。经审查符合条件的，列为发文单位，机关合并或者撤销时，相应进行调整。

## 第八章 附 则

**第三十八条** 党政机关公文含电子公文。电子公文处理工作的具体办法另行制定。

**第三十九条** 法规、规章方面的公文，依照有关规定处理。外事方面的公文，依照外事主管部门的有关规定处理。

**第四十条** 其他机关和单位的公文处理工作，可以参照本条例执行。

**第四十一条** 本条例由中共中央办公厅、国务院办公厅负责解释。

**第四十二条** 本条例自2012年7月1日起施行。1996年5月3日中共中央办公厅发布的《中国共产党机关公文处理条例》和2000年8月24日国务院发布的《国家行政机关公文处理办法》停止执行。

## 附录二

# 公文常用特定用语简表

| 类别 | 用语名称 | 作用 | 常用特定用语 |
| --- | --- | --- | --- |
| 1 | 开端用语 | 主要用于文章开头，表示发语、引据 | 为、为了、为着、查、接、顷接、根据、遵照、依照、按照、按、鉴于、关于、兹、兹定于、今、随着、由于。 |
| 2 | 称谓用语 | 用于表示人称或对单位的称谓 | 第一人称：我、我单位、本人、本公司、我们、敝单位。<br>第二人称：你、你局、贵公司、贵方。<br>第三人称：他、该公司、该项目。 |
| 3 | 递送用语 | 用于表示文、物递送方向 | 上行：报、呈。<br>平行：送。<br>下行：发、颁发、颁布、发布、印发、下达。 |
| 4 | 引叙用语 | 用于复文引据 | 悉、接、顷接、据、收悉。 |
| 5 | 拟办用语 | 用于审批、拟办 | 拟办：责成、交办、试办、办理、执行。 |
| 6 | 经办用语 | 用于表明进程 | 经、业经、已经、兹经。 |
| 7 | 过渡用语 | 用于承上启下 | 鉴于、为此、对此、为使、对于、关于、如下。 |
| 8 | 期请用语 | 用于表示期望请求 | 上行：请、恳请、拟请、特请、报请。<br>平行：请、拟请、特请、务请、如蒙、即请、切盼。<br>下行：希、望、尚望、切望、请、希予、勿误。 |
| 9 | 结尾用语 | 用于结尾表示收束 | 上行：当否，请批示；可否，请指示；如无不当，请批转；如无不妥，请批准；特此报告；以上报告，请批转；以上报告，请审核。<br>平行：此致敬礼；为盼；为荷；特此函达；特此 证明；尚望函复。<br>下行：为要；为宜；为妥；希遵照执行；特此通知；此复；为……而努力；……现予公布。 |
| 10 | 谦敬用语 | 用于表示谦敬 | 承蒙惠允、不胜感激、鼎力相助、蒙、承蒙。 |

| 类别 | 用语名称 | 作用 | 常用特定用语 |
|---|---|---|---|
| 11 | 批转用语 | 用于上级对下级来文的批转处理 | 批转、转发。 |
| 12 | 征询用语 | 用于征请、询问对有关事项的意见、态度 | 当否、妥否、可否、是否妥当、是否同意、如无不当、如无不妥、如果可行等。 |

# 附录三

# 文章修改符号及其用法

| 编号 | 符号名称 | 符号形态 | 符号说明 | 用法示例 |
| --- | --- | --- | --- | --- |
| 1 | 改正号 | 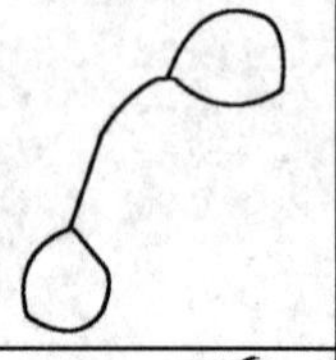 | 表明需要改正错误，把错误之处圈起来，再用引线引到空白处改正。 | 出<br>提高水口物质量 |
| 2 | 删除号 | 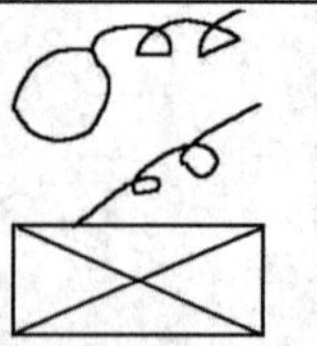 | 表明删除掉。文字少时加图，文字多时可加框打叉。 | 提高出口物物质量<br>结构完整，请文较通畅，但错别字较多。 |
| 3 | 增补号 |  | 表明增补。文字少时加圈，文字多时可用线画清增补的范围。 | 要搞好校 工作。注意 错误。<br>语法修辞方面的错误。 |
| 4 | 对调号 | 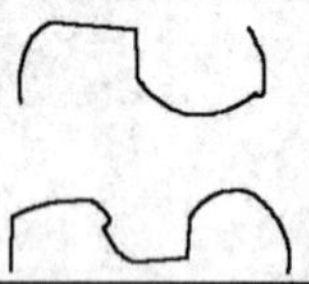 | 表明调整颠倒的字、句位置。三曲线的中间部分不调整。 | 认真经验总结<br>认真经结总验 |
| 5 | 转移号 | 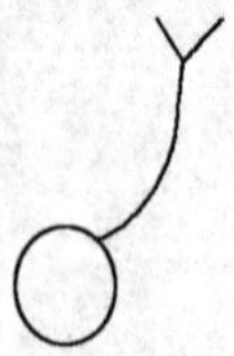 | 表明词语位置的转移。将要转移的部分圈起，并画出引线指向转移部位。 | 校对工作，提高出版物质量 重视。 |
| 6 | 接排号 | 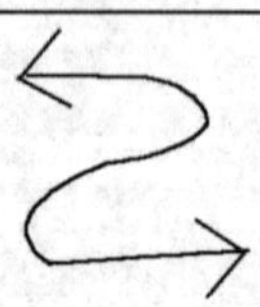 | 表明两行文字之间应接排，不需另起一行。 | 本应用文书，语言<br>通畅，但个别之处<br>…… |

| 编号 | 符号名称 | 符号形态 | 符 号 说 明 | 用法示例 |
|---|---|---|---|---|
| 7 | 另起号 | 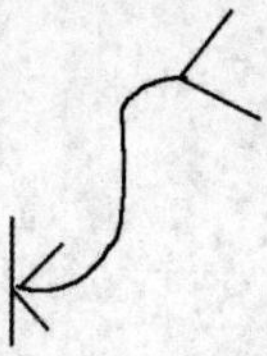 | 表明要另起一段。需要另起一段的地方，用引线向左延伸到起段的位置。 | 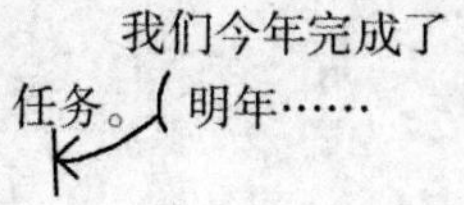 |
| 8 | 移位号 |  | 表明移位的方向。用箭头或凸曲线表示。使用箭头。是表示移至箭头前直线位置；使用凸曲线是表示把符号内的文字移至开口处两短直线位置。 | 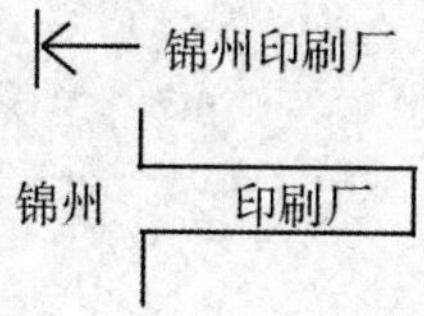 |
| 9 | 排齐号 | 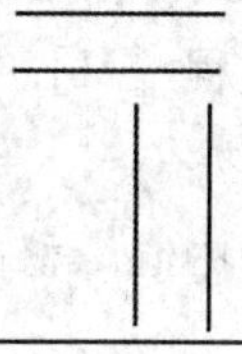 | 表明应排列整齐。在行列中不齐的字句上下或左右画出直线。 | 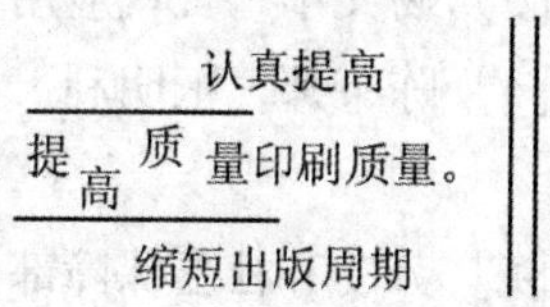 |
| 10 | 保留号 |  | 表明改错、删错后需保留原状。在改错、删错处的上方或下方画出三角符号，并在原删除符号上画两根短线。 | 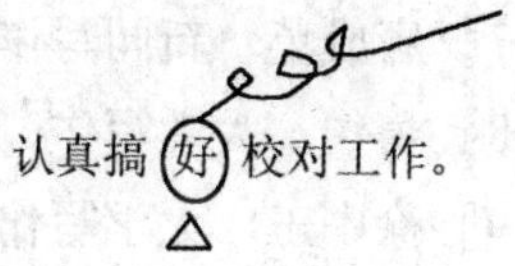 |

# 参考文献


［1］陈海燕. 实用文体写作［M］. 沈阳：辽海出版社，2007.

［2］孙宝水. 应用写作［M］. 2版. 北京：高等教育出版社，2000.

［3］杨文丰. 现代应用文书写作［M］. 3版. 北京：中国人民大学出版社，2006.

［4］陈荣邦，王明利，杨瑞杰. 实用文体写作教程［M］. 郑州：郑州大学出版社，2011.

［5］劳动和社会保障部，中国就业培训技术指导中心. 秘书国家职业资格培训教程［M］. 北京：海潮出版社，2003.

［6］张浩. 新编新闻写作培训教程［M］. 北京：北京工业大学出版社，2013.

［7］唐成英. 新闻写作与实训［M］. 北京：北京大学出版社，2013.

［8］吴俊. 大学写作［M］. 上海：华东师范大学出版社，2003.

［9］徐中玉. 大学写作［M］. 上海：复旦大学出版社，2004.

［10］董小玉. 现代写作教程［M］. 北京：高等教育出版社，2000.